COORDENAÇÃO EDITORIAL
Ivana Moreira

DESENVOLVENDO PAIS, FORTALECENDO FILHOS

© LITERARE BOOKS INTERNATIONAL LTDA, 2022.
Todos os direitos desta edição são reservados à Literare Books International Ltda.

PRESIDENTE
Mauricio Sita

VICE-PRESIDENTE
Alessandra Ksenhuck

DIRETORA EXECUTIVA
Julyana Rosa

DIRETORA DE PROJETOS
Gleide Santos

RELACIONAMENTO COM O CLIENTE
Claudia Pires

EDITOR
Enrico Giglio de Oliveira

ASSISTENTE EDITORIAL
Luis Gustavo da Silva Barboza

REVISÃO
Leo Andrade

CAPA
Edvam Pontes

DESIGNER EDITORIAL
Lucas Yamauchi

IMPRESSÃO
Gráfica Paym

Dados Internacionais de Catalogação na Publicação (CIP)
(eDOC BRASIL, Belo Horizonte/MG)

D451   Desenvolvendo pais: fortalecendo filhos / Coordenadora Ivana
        Moreira. – São Paulo, SP: Literare Books International, 2022.
        264 p. : foto. ; 16 x 23 cm

        ISBN 978-65-5922-457-9

        1. Educação de crianças. 2. Pais e filhos. 3. Família. I. Moreira,
    Ivana. II. Título.
                                            CDD 301.427

Elaborado por Maurício Amormino Júnior – CRB6/2422

LITERARE BOOKS INTERNATIONAL LTDA.
Rua Antônio Augusto Covello, 472
Vila Mariana — São Paulo, SP. CEP 01550-060
+55 11 2659-0968 | www.literarebooks.com.br
contato@literarebooks.com.br

SUMÁRIO

7   PREFÁCIO
         Ivana Moreira

9   DEPENDÊNCIA EMOCIONAL
         Adriana Lima

17   DIVÓRCIO SEM TRAUMAS
         Aliene P. L. Torres de Carvalho e Valéria Calente

27   ADOLESCÊNCIA É COISA SÉRIA
         Aline Eidt

35   NEUROCIÊNCIA: UMA PODEROSA CONTRIBUIÇÃO AOS PAIS E CUIDADORES
         Ana Lívia Piva

45   AH, SE O TEMPO VOLTASSE!
         Angela Miranda

53   COERÊNCIA E CONSISTÊNCIA NA EDUCAÇÃO DOS FILHOS COMO BASE PARA O SUCESSO
         Annie Bittencourt

63   DIFICULDADE DE APRENDIZAGEM: O QUE OS PAIS PRECISAM SABER?
         Bianca Balbueno

73   PARENTALIDADE ESSENCIAL: CONSTRUINDO PONTES ENTRE A CIÊNCIA E A ESPIRITUALIDADE PARA MEDIAR A RELAÇÃO PARENTAL E EDUCAR A PARTIR DA INTELIGÊNCIA DO CORAÇÃO
         Camila Cassia Capel

87   PAIS FELIZES CRIAM FILHOS SEGUROS: A IMPORTÂNCIA DA FELICIDADE DOS PAIS PARA ESTABELECER RELAÇÕES DE AFETO E SEGURANÇA COM OS FILHOS
         Carla Nakai

93	PEQUENOS UNIVERSOS **Claudia Batista da Silva Mendes**	
103	"ADOLESSÊNCIAS" **Claudia Farias**	
111	COMO A INFÂNCIA DOS PAIS PODE INFLUENCIAR NA FORMA DE EDUCAR SEUS FILHOS **Cristina Martinez**	
119	PAIS EMOCIONALMENTE CONSCIENTES CRIAM FILHOS EMOCIONALMENTE FORTES **Daniela Santos**	
127	COMO DESENVOLVER A AUTOESTIMA SAUDÁVEL DE CRIANÇAS E ADOLESCENTES? UM GUIA PARA PAIS **Fernanda Prata Leite Damiani**	
137	PAIS FERIDOS FEREM SEUS FILHOS **Jeicy Andrade**	
145	"TENTANTE" X "MÃE EM PREPARAÇÃO": UMA PROPOSTA DE CONCEITUAÇÃO E ACOLHIMENTO **Luana Andrade**	
155	ONDE ESTÁ NOSSA CONEXÃO? A IMPORTÂNCIA DOS VÍNCULOS AFETIVOS NA CONSTRUÇÃO DAS RELAÇÕES **Marcella Féres**	
163	O QUE ENSINAMOS ÀS CRIANÇAS QUANDO USAMOS PRÁTICAS PARENTAIS PUNITIVAS? **Maria Carolina Lizarelli Bento de Rezende**	
171	O QUE OS OLHOS NÃO CONSEGUEM VER **Mariana Ribeiro**	
179	PAIS SEMEADORES! **Mônica Fioravanti**	
189	A IMPORTÂNCIA DO ENCORAJAMENTO NO DESENVOLVIMENTO DAS CRIANÇAS COM DEFICIÊNCIA **Mônica Pitanga**	
199	DO AMOR AO CAOS: CONTEMPLE-SE! "PORQUE TUDO PASSA, ATÉ VOCÊ!" **Mônica Santos**	

207   AFETO E LIMITES NA PRIMEIRA INFÂNCIA
Paloma Silveira Baumgart

215   VAMOS TER UM BEBÊ!
Patrícia Magrath e Phil Magrath

223   PREVENINDO E INFORMANDO: ABORDANDO A TEMÁTICA DO SEXO E DA SEXUALIDADE COM NOSSAS CRIANÇAS E JOVENS
René Schubert

231   TRANSMITIR SAUDAVELMENTE AS FUNÇÕES MÃE E PAI ENSINA E PREPARA NOSSOS FILHOS PARA TEREM SUCESSO NA VIDA!
Roberto Debski

239   PAIS BEM PREPARADOS PREPARAM OS FILHOS PARA OS DESAFIOS DA VIDA
Stella Azulay

247   OS VÍNCULOS SÃO IMPORTANTES?
Waldyane Zanca Coutinho

257   INFÂNCIA SUBJUGADA: INFLUÊNCIA DA PARENTALIDADE NA EDUCAÇÃO DOS FILHOS
Zenir Pelizzaro

PREFÁCIO

Intencionalidade em vez de boas intenções

"A psicologia e a neurociência já provaram: as vivências entre pais e filhos na infância definem características que as crianças vão carregar para a vida adulta." Já perdi as contas das vezes em que repeti essa frase nos eventos que promovi. É disso que se trata: conscientizar mães e pais sobre o impacto, para a vida inteira, das interações que eles têm com seus filhos, sobretudo na primeira infância (mas não apenas nessa fase).

Já atingi, digamos assim, a "maioridade" como mãe. Meu filho mais velho, Pedro, completou 18 anos em 2022. Mas só há sete anos conheci a educação parental e compreendi que é preciso educar-se para educar; que criar filhos não é um ato 100% intuitivo, embora muitos ainda acreditem nisso. Hoje percebo, no meu primogênito, marcas da minha relação com ele na infância - que não foi ruim, mas que poderia ter sido melhor. Se eu tivesse, quando ele nasceu, os conhecimentos que tenho agora, muito da nossa história seria diferente.

E não escrevo isso como um lamento pessoal. Escrevo como um alerta. Quero que outras mães e outros pais tenham acesso às informações que me faltaram há 18 anos. Fui uma mãe cheia de boas intenções, mas me faltou a "intencionalidade" nas atitudes. Busco esse termo da pedagogia. Muitos pais acreditam que as escolas infantis são apenas um lugar onde os filhos vão passar o tempo enquanto os pais trabalham. Acham que os filhos estão apenas "brincando" sem se darem conta de que cada brincadeira no ensino infantil tem uma intencionalidade - uma razão de ser, um objetivo. Cada brincadeira é o treino de uma habilidade que será necessária muitos anos à frente.

É esta intencionalidade que me faltou e ainda falta à maioria dos pais. O entendimento de que suas atitudes serão fundamentais para o desenvolvimento de características que vão definir o futuro de seus filhos - muito mais do que os diplomas e certificados que eles vão conquistar com o passar dos anos.

Você certamente já ouviu falar de habilidades socioemocionais (ou *soft skills*). Cada vez mais, para além das habilidades técnicas, são essas competências que as empresas cobram de seus colaboradores. Mas é na infância que está o alicerce dessas habilidades.

Educar crianças dá trabalho, sim. Mas, como costuma dizer Telma Abrahão, pesquisadora no campo da neuroeducação e autora de best-sellers sobre parentalidade, dá muito mais trabalho tratar adultos marcados por traumas emocionais ocorridos na infância. Não, não estou falando de desamor, de progenitores que não amam suas crias. Mesmo amando profundamente seus filhos, muitos pais têm comportamentos que resultam em traumas infantis. Por ignorância, simplesmente. Há bem pouco tempo, a maioria dos pais achava normal bater nos filhos para educá-los. Será que eles não amavam seus filhos? Claro que amavam. O que eles não sabiam era como os castigos físicos podiam comprometer o desenvolvimento infantil.

Por isso, obras como esta coletânea são tão essenciais. Cada especialista que compartilha seus conhecimentos nas próximas páginas está contribuindo para combater o desconhecimento sobre questões ligadas às relações entre pais e filhos na infância e na adolescência. Se queremos ter um futuro com adultos emocionalmente saudáveis, capazes de construir a própria história de forma autônoma e também de contribuir positivamente para o coletivo, precisamos capacitar os pais de hoje para a missão de educar crianças. Precisamos desenvolver os pais para fortalecer os filhos!

Ivana Moreira

Como jornalista, Ivana Moreira é hoje diretora de conteúdo no Grupo Bandeirantes de Comunicação. Desde 2015, vem se dedicando aos estudos sobre parentalidade, com diversas certificações internacionais. É fundadora da plataforma de conteúdo Canguru, organizadora do Seminário Internacional de Mães e do Congresso Internacional de Educação Parental. É coordenadora editorial de diferentes coletâneas sobre parentalidade, entre elas *Primeira infância* e *Habilidades socioemocionais*.

1

DEPENDÊNCIA EMOCIONAL

Este texto é destinado às pessoas que tenham interesse em construir um ambiente emocionalmente favorável dentro de seu lar, para criar condições que permitam que as crianças desenvolvam relacionamentos saudáveis dentro e fora de casa – relacionamentos esses que permitam a pais e filhos desenvolverem capacidade emocional e maturidade para alcançar seus objetivos na vida, sem dependência emocional ou financeira.

ADRIANA LIMA

Adriana Lima

Contatos
drica.111@hotmail.com
Facebook: AdrianaLimaa
Instagram: @adrilima111
11 98351 2182

Graduada em Jornalismo pela Unip; MBA em Comunicação Empresarial pela Universidade Metodista. *Mentoring* em PNL, orientada pelo Dr. Jô Furlan (2007). Comissária de voo desde 2006 no grupo VRG Gol Linhas Aéreas, intercâmbio cultural na Flórida, EUA (2017). Trabalho voluntário com grupo de jovens, vinculado a uma denominação cristã, com propósito de auxiliar na construção da autoestima, foco e desenvolvimento humano com metas para o futuro. Intercâmbio em Barcelona, Espanha (2008). Imersão em Cape Town, África do Sul (2011). Vivência de estudos e trabalho em Perth, Austrália (2012/2013). Mentora em Produtividade pela Tríade PS, com Christian Barbosa (2017). Coautora dos livros: *Coaching – a hora da virada* vol. 2, (2018) e *Passou... e agora?* (2021), pela Literare Books.

A dependência emocional é um distúrbio de prioridades, e acontece quando um indivíduo deixa de ser importante na sua própria vida e depende de aprovação constante de outra pessoa para ser feliz e se sentir amado. O dependente se coloca em segundo plano e permite que suas decisões tenham interferência de outra pessoa. Isso compromete sua autoestima e impacta negativamente a vida, pois o indivíduo sempre dependerá da aprovação de outras pessoas.

Muitas pessoas têm dependência emocional. O que as diferencia é o percentual de uma para outra – alguns indivíduos possuem o nível de dependência muito alto e se tornam reféns de terceiros; já outros possuem baixa dependência emocional ou quase nenhuma, e se permitem ter uma vida mais leve em relação a fazer suas escolhas.

As causas da dependência emocional são, entre outras:

- medo de errar;
- medo da rejeição;
- medo do abandono;
- medo da manipulação;
- medo da humilhação;
- medo da traição.

Esse sentimento geralmente tem início na infância é consequência de situações traumáticas: abuso, maus-tratos, violência verbal ou física em casa, ausência de figura paterna ou materna, dificuldades financeiras no lar, preocupações com as necessidades básicas são alguns dos tipos de medo que dão espaço para que a criança desenvolva dependência emocional. Justamente nesta fase, quando a criança ainda está em desenvolvimento, é que os pais deveriam dar o suporte provendo, protegendo, cuidando e conduzindo essa criança para a vida adulta.

Alguns sinais de dependência emocional:

- vazio emocional;
- tédio;

- dificuldade em tomar decisões;
- dificuldade em relacionamentos;
- insatisfação constante;
- submissão ao outro;
- medo de ser abandonado;
- sinais de abstinência na ausência de alguém amado.

Conhecer as dependências emocionais ajuda a pessoa a fazer escolhas melhores para a sua própria vida, por exemplo, a dizer "não" quando algo a prejudicar, não se deixar influenciar por opiniões alheias negativas, não colocar seus objetivos de lado, reconquistar seu amor-próprio, deixar de viver em função das expectativas de agradar ou desagradar o outro.

É necessário identificar quais os tipos de relação de dependência emocional que cada um possui hoje nos seus relacionamentos pessoais, de onde elas vêm e por que travam suas vidas.

O dependente emocional tem em mente que é responsável por tudo e por todos ficarem bem ao seu redor, principalmente na relação com os familiares. Ele acredita ser uma espécie de guardião de todos, mas falta-lhe coragem para tomar decisões em sua vida.

Três indicativos de dependência emocional:

1. Incapacidade de fazer uma escolha que vai ser boa para si, por não querer desagradar alguém que ama.
2. Receio de receber críticas de pessoas que são importantes para o dependente.
3. As opiniões das outras pessoas têm peso e influenciam as suas próprias escolhas.

A dependência emocional interfere no fluxo natural de vida causando bloqueios ou travas. O distúrbio parece não apresentar grandes perigos, porém vai sutilmente matando a capacidade de execução e de realização, afinal, o dependente está com a mente e as emoções focadas em realizar as expectativas das outras pessoas ao seu redor, e esquece cada vez mais de si mesmo.

Um dos maiores obstáculos que as pessoas enfrentam e que as impede de se desenvolverem na vida pessoal, profissional e nos relacionamentos é a dependência emocional. É preciso identificar, tomar consciência e se posicionar com uma nova postura para minimizar os efeitos negativos dessas escolhas; e, justamente por ser uma **escolha**, é possível mudar os comportamentos com consciência. Toda vez que o indivíduo escolhe atender às expectativas dos outros e se coloca de lado, reforça esse padrão emocional que traz peso, cobrança ou falta de liberdade.

No processo de conscientização, é preciso coragem para a mudança de comportamento, o que pode acarretar a dor de desagradar alguém que é importante para o dependente ao assumir as consequências desse novo posicionamento na vida. É provável que o indivíduo rompa alguns relacionamentos baseados em dependência emocional e medo, pois, quando há mudança na postura, um dos elos da relação se rompe e perde a finalidade de existir.

Quanto maior o medo, mais forte é a tendência de permanecer em uma relação de dependência, e sair dessa relação também provoca dor.

Na infância, a criança aprende a se comportar de determinada maneira para agradar os pais e atender às expectativas deles em busca de amor e aceitação, e pode reproduzir tal comportamento na vida adulta. Muitas vezes, o ambiente impede que a criança tenha liberdade para fazer suas próprias escolhas e seguir o fluxo natural da vida, e assim ela cresce dentro de um molde e pode desenvolver um dos cincos perfis do distúrbio de dependência emocional[1].

O cuidador

Dedica a vida para cuidar dos outros, oferece o ombro amigo, ajuda financeiramente, executa tarefas que não lhe dizem respeito... Ele cuida de tudo, mas esquece de priorizar os cuidados consigo mesmo. O cuidador acredita que seu propósito de vida seja cuidar das pessoas – cuida dos pais, dos irmãos, dos parentes, dos vizinhos –, deseja ser útil e fazer o bem em busca de encontrar algum valor para si mesmo, gosta de se relacionar com pessoas problemáticas, pois assim pode se empenhar para ajudá-las e cuidar delas.

A criança que recebe a responsabilidade de cuidar de algo ou alguém que vai além da sua capacidade muitas vezes é o irmão mais velho, que precisa cuidar dos outros irmãos menores enquanto os pais estão no trabalho. Essa criança assume o papel de responsável pelos irmãos em vez de usar seu tempo como uma criança deveria usar para brincar, e aprende que sua função é "cuidar".

Ela percebe ainda que em casa não há provisão financeira suficiente para manter as necessidades da família e, desde cedo, a criança precisa trabalhar para ajudar no sustento da casa, assumindo o papel de responsável pelo lar.

A violência doméstica pode desencadear este perfil de dependência emocional. Quando a criança presencia brigas e entende que precisa defender a mãe de uma agressão do pai, seja verbal ou física, assume o papel de cuidador,

---

1 Base de estudos: O corpo explica – Cursos e treinamentos Ltda., desde 2018 atuando na área de desenvolvimento humano.

acredita que só ela é capaz de salvar aquela família e amadurece mais cedo para assumir a posição que seria a de um adulto.

Crianças que cuidam de adultos doentes ou assumem o papel de adultos da casa têm tendência a desenvolver esse distúrbio.

O cuidador acredita que o amor só virá se ele assumir a responsabilidade de cuidar da vida dos outros. Aprende a sofrer em silêncio, afinal, a família já possui problemas demais, e desenvolve um recurso de resolver os próprios problemas sozinho, pois seus pais já têm problemas demais.

A criança sofre e não conta aos pais, às vezes não recebe o amor que merecia e reforça o pensamento de que ela é o problema.

Como adulto, carrega peso demais nas costas, assume responsabilidades que não são suas e acha que fazer e cuidar são obrigações dele. Quando ganha dinheiro, usa boa parte para ajudar os outros e deixa seus desejos de lado, por acreditar que assim será reconhecido.

O campeão

É aquele que está em busca de aplausos, elogios e quer a validação de outras pessoas por reconhecimento de algo que realizou.

Quando criança, é do tipo que não pode tirar nota baixa na escola, tudo precisa ser perfeito, nunca recebe elogio dos pais, que são muito exigentes e altamente críticos, sempre com a intenção de estarem preparando a criança para a vida em um mundo extremamente competitivo.

A criança acredita que precisa ser perfeita para receber amor dos pais, pensa que só assim receberá validação deles, ela pensa que é sua obrigação alcançar determinado objetivo.

Na vida adulta, se torna uma pessoa insaciável em busca de novas conquistas, mas a satisfação dura pouco, pois nem sempre vem o reconhecimento como desejava. Está sempre se empenhando em um novo projeto em busca de nova validação e mais aplausos.

O que deixa a vida de um campeão travada é que ele precisa de alguém para dizer qual será o novo desafio a ser alcançado. Ele não tem sua própria expectativa de vida, e isso está vinculado ao fato de sempre precisar impressionar alguém exigente para mostrar sua capacidade de execução. Por isso se torna mais forte, mais capaz, mais incrível, características que reforçam o perfil de dependência emocional do campeão.

O bonzinho

Geralmente, é uma pessoa amável e solícita, realiza tarefas que são dos outros, não quer criar conflitos com ninguém, não reclama de nada, mas a questão deste caso é que o indivíduo com esse traço de dependência emocional deixa sua vida de lado para realizar ou satisfazer as expectativas dos outros com a intenção de não incomodar e se coloca em segundo plano.

Ele frequenta almoços de família sem vontade de estar lá, só para agradar os outros; no trabalho, assume compromissos que não são seus apenas para ajudar o colega; em casa, está sempre cansado, pois faz as tarefas que os outros não fizeram.

A pessoa boazinha faz de tudo para agradar, quer ser legal com todo mundo, quer ser amiga de todos, quer estar bem em qualquer situação ou ambiente. A princípio, isso não parece ser um problema, mas a longo prazo, se torna pesado estar nessa posição.

A mentalidade do bonzinho é focada no que os outros vão pensar a seu respeito. Quer, a todo custo, evitar o julgamento negativo ou críticas das outras pessoas com relação a ele; é importante que as pessoas gostem dele, sempre espera a aprovação alheia do que faz e não quer atrapalhar ou ser um peso na vida de ninguém.

O distúrbio é formado na infância. A criança tem a percepção de que não pode incomodar os pais e se torna invisível, calada, quieta. Em muitos casos, vive em um lar em desarmonia, com problemas financeiros em excesso e com pais sempre ocupados, tentando resolver questões de conflito na família ou entre o casal, ou, ainda, a criança com pais ocupados demais com o trabalho. Alguns pais cobram dela essa postura boazinha demais, reforçando essa cobrança com exemplos de como outra criança é boazinha.

A criança registra que só vai receber amor se for muito comportada. Quando adulto, se torna uma pessoa calada, medrosa, insegura e preocupada com a opinião dos outros sobre ela.

O coitadinho

Uma pessoa com esse perfil se coloca na posição de vítima, desenvolve uma mentalidade negativa sobre a vida e sobre si mesma, tem mania de perseguição, se sente azarada. Tem a vida recheada de problemas, acredita que sempre existe um culpado por tais problemas acontecerem, se posiciona como inocente em situações conflituosas e não se acha capaz de resolver nada.

Na infância, geralmente teve uma vida sofrida e passou por muitas dificuldades em casa, sentia que não era protegida ou vista o quanto deveria ser. Percebeu que só recebia atenção e amor quanto estava com problema, doente ou em apuros. Quando adulta, continua repetindo esse padrão de comportamento, e acredita que vai encontrar a atenção que faltou na infância – um par perfeito para o coitadinho é o cuidador, os dois juntos vão alimentar a dependência emocional um do outro.

O culpado

Acredita que tudo de errado ou ruim que acontece ao redor ou na sua vida é culpa ou responsabilidade sua, vive com a sensação de que prejudicou alguém e precisa ser punido por isso ou dar algo em troca para recompensar essa situação, e carrega o peso da culpa por algo que não é de sua responsabilidade.

Esse perfil de dependência emocional é formado na infância, quando a criança vive em um lar desestruturado, com pais que vivem em um relacionamento confuso, com muitas brigas, e quando a criança faz uma travessura, os pais explodem e colocam para fora todo o lixo emocional da relação entre o casal, descarregando a raiva na criança de forma injusta; a criança assimila que tudo o que ela faz de certo ou errado, de bom ou ruim pode acarretar resultados catastróficos. A visão de realidade fica distorcida, e a criança cria a sensação de que só faz coisa errada, se sente de fato a culpada da história e sente que precisa recompensar aquela falha que ela causou, só assim poderá receber novamente o amor e a atenção dos pais.

Quando cresce, a pessoa leva para as relações pessoais a percepção de que ela é a culpada por algo de ruim que possa ter acontecido, se culpa, chora, pede desculpas por tudo, acha que causa problemas para os outros, por isso se trava, se fecha para a vida, não se acha merecedora de nada bom e procura sempre aliviar esse complexo de culpa, abre mão da vida para tentar corrigir as falhas que acha que cometeu ou que prejudicaram alguém.

O culpado tenta compensar a sensação de culpa que sente decidindo fazer algo bom para alguém que ele pensa ter prejudicado.

A dependência emocional pode ser identificada e tratada. Conhecer o distúrbio é o primeiro passo para levar uma vida mais leve; o segundo passo é aprender a se colocar como prioridade em sua própria vida e deixá-la mais feliz: resgatar seus sonhos, criar objetivos de vida, cuidar da autoestima faz com que o dependente se fortaleça emocionalmente e crie coragem para romper limites.

Dependência emocional tem causa e também tem cura.

2

DIVÓRCIO SEM TRAUMAS

O divórcio não é o fim. A família continua. Essa continuidade da relação entre pais e filhos, após o divórcio, favorece o desenvolvimento saudável da criança e ajuda os pais no início dessa nova fase da vida. Nosso capítulo tem a despretensiosa intenção de levar os envolvidos a pensar nos superiores interesses dos filhos, especialmente no desenvolvimento emocional saudável, demonstrando que o divórcio não é o fim, mas o começo de uma vida nova.

ALIENE P. L. TORRES DE CARVALHO E VALÉRIA CALENTE

Aliene P. L. Torres de Carvalho e Valéria Calente

Contatos
aliene@alieneadv.com.br
11 3798 8664

valeria@alieneadv.com.br
11 3798 8691

Aline
Graduada em Direito, em 1985, pela Faculdade de Direito da PUC – Pontifícia Universidade Católica de São Paulo. Advoga desde então na área do Direito das Famílias e Sucessões. Professora de Direito Civil na graduação da PUC-SP, como professora assistente de 1990 a 1995. Professora de Direito Civil da UNIP – Universidade Paulista, de 1990 a 1995. Professora no Curso de Estágio da Ordem dos Advogados do Brasil Subseção São Paulo, de 1990 a 1995. Membro do IBDFAM – Instituto Brasileiro de Direito das Famílias.

Valéria
Graduada em Direito, em 1992, pelas Faculdades Integradas de Guarulhos. Procuradora do Estado de São Paulo – PAJ, de 1995 a 2001. Especialista em Direito Tributário – Largo de São Francisco, 1993. Extensão em Direito Ambiental, FMU, 2000. Atualização em Direito Médico pela Universidade de Coimbra, 2017. Integrou as Comissões de Direito Médico; Relações Internacionais; Direito Sanitário; Segurança Privada. Jornalista e palestrante. Colunista do Portal Cartão de Visita, R7 (2020), com matérias de interesse público. Diretora da Associação Brasileira de Advogados.

Introdução

Fomos convidadas a escrever sobre este tema bastante interessante, por envolver não só questões jurídicas como também afetivas, pessoais, financeiras e familiares, e acabar resvalando nos filhos, os quais, principalmente quando menores, são os mais afetados com o desfazimento do relacionamento dos pais e as mudanças na família como um todo, desencadeadas com esse processo de ruptura.

Não temos pretensão de dar lição de Direito, apenas ilustrar o leitor de uma forma mais humana, e nos sentimos gratificadas por participar dessa troca de ideias e experiências.

Histórico

O divórcio tem sofrido modificações importantes em nossa sociedade e no sistema legislativo nacional.

A Constituição Federal de 1934 trazia como preceito constitucional a indissolubilidade do casamento, em razão dos resquícios coloniais das Ordenações do Reino, que, impregnadas pelo Direito Canônico, o consideravam um sacramento, sem possibilidade de dissolução.

O desquite foi instituído no ano de 1942, a partir do artigo 315 do Código Civil de 1916. Era uma modalidade de separação do casal e de seus bens materiais, sem romper o vínculo conjugal, o que impedia novos casamentos.

Até 1977, o casamento era indissolúvel, e havia forte oposição contra a instituição do divórcio pelas bancadas legislativas tradicionalistas, por questões morais e religiosas, inobstante a sociedade clamasse por mudanças. Nesse passo, surgiram a Emenda Constitucional 9/1977, de autoria do senador Nelson Carneiro, permitindo a alteração constitucional favorável ao divórcio, e a promulgação da Lei do Divórcio, de nº 6.515, em 26 de dezembro de

1977, disciplinando a matéria no âmbito da legislação civil e processual, com alterações nos Códigos Civil de 1916 e de Processo Civil de 1973.

Porém, as suas restrições dificultavam a sua utilização: embora tivesse sido extinto o desquite, sendo ele substituído pela separação judicial, o casal que não completasse dois anos de matrimônio ainda não podia se divorciar; só se admitia o divórcio uma única vez; e o divórcio direto só podia ser decretado **quando houvesse a separação de fato por mais de cinco anos comprovada ou por conversão da separação judicial depois de dois anos.**

Com o passar do tempo, essas restrições foram enfraquecendo e caindo por terra, e o entendimento pacífico era de que a separação judicial põe termo à sociedade conjugal, ao passo que o divórcio dissolve o próprio vínculo matrimonial, tal como a morte.

Com o advento da mais recente Emenda Constitucional 66/2010 e a extinção da separação judicial (que aboliu a discussão sobre a culpa pela ruptura da vida conjugal e os motivos ensejadores dessa ruptura), o legislador contemporâneo acabou facilitando o divórcio, tornando-o obrigatório e impondo ao juiz a sua decretação. Ou seja, basta que um dos cônjuges queira se divorciar para que haja a extinção do casamento, não sendo mais possível obrigar alguém a manter-se casado contra a sua vontade.

Mas, para que esse decreto divorcista seja concedido, exige-se tão somente a resolução das questões afetas aos filhos menores: alimentos para a prole, com divisão de responsabilidades dos pais, obrigados moral e legalmente pelo sustento dos filhos menores e inválidos; quem assumirá a guarda; qual será a residência fixada para as crianças – do pai ou da mãe; e como se dará o regime de convivência com ambos os pais.

De resto, quanto à partilha, alimentos entre os cônjuges e outras questões atinentes ao casal, nada disso se impõe como condição para o decreto de divórcio, embora não se impeça que, havendo divergências, essas questões sejam judicializadas, em conjunto com a ação de divórcio e/ou por ações autônomas.

Os efeitos do divórcio

Recebemos os ensinamentos, passados de geração em geração, inclusive de cunho religioso, de que "o que Deus uniu, o homem não separa" ou que "o casamento é eterno". Os noivos fazem juras de amor recíprocas e indissolúveis, e algumas pessoas, presas a essas crenças, não conseguem se libertar dos vínculos matrimoniais, mesmo quando o relacionamento conjugal já faliu. Preferem suportar a relação ruim, fazendo de conta para a sociedade que tudo vai bem, por motivos variados: falta de coragem, medo do desconhecido, preocupação com os filhos, dependência financeira, emocional ou psicológica. Enfim, preferem continuar se anulando, sem perceberem que manter essa relação conjugal nociva contamina o ambiente familiar, faz mal para os filhos e principalmente para eles próprios, cônjuges que não mais comungam dos mesmos objetivos, da mesma cama, da mesma mesa e já têm vidas completamente separadas, inexistindo a comunhão de ideais e objetivos que os uniu no passado.

Não existe mais um casal. Agora cada um está por si e ambos, cada qual do seu jeito, buscando sublimar essa separação já consolidada com outros prazeres e afazeres. Mas e os filhos? Como ficam eles no meio dessa situação infeliz?

Outras ciências, como a Antropologia e a Psiquiatria, são muito mais profundas no estudo da ruptura gerada pelo divórcio. Vemos muitas menções de que o divórcio possui várias fases, e nesse caminho, certamente, os filhos, que são muito inteligentes, já sabem, na primeira fase, exatamente o que acontece e que os pais não estão felizes:

1ª fase – **Divórcio emocional:** quando ocorre o distanciamento do casal e a evolução da vida individual;
2ª fase – **Divórcio legal:** decisão de terminar o casamento, negociação e assinatura do divórcio consensual ou propositura do divórcio litigioso;
3ª fase – **Divórcio econômico:** desequilíbrio financeiro das partes, privação do uso de bens comuns;
4ª fase – **Divórcio parental:** quando o ex-casal possui filhos menores, discute-se quem é o mais apto a cuidar das crianças. Nessa fase, situações mal resolvidas levam à propositura de ações temerárias, como pedidos de alimentos em patamares incompatíveis, alegações falsas de abuso sexual ou alienação parental contra a prole etc. Há o desejo de vingança pelos afetos mal resolvidos da união desfeita, através da vida da criança;
5ª fase – **Divórcio social ou comunitário:** quando ocorre a mudança de grupo de amigos, separação das famílias materna e paterna, mudança de casa;
6ª fase – **Divórcio psíquico ou psicológico:** quando se encara o fato de se estar divorciado, reconstrução da independência e abertura a novos relacionamentos.

Os especialistas em Psicologia e Educação pregam que a família é a base da sociedade, que desde o nascimento estamos em desenvolvimento constante e, conforme crescemos, vamos agregando ao nosso ser e à nossa personalidade modelos e padrões de conduta que aprendemos com nossos pais, à base, principalmente, de exemplos de conduta.

Ora, se, quando crianças e adolescentes, vemos nossos pais desunidos, infelizes um com o outro, mas fazendo de conta que está tudo bem e em harmonia, é evidente que temos grandes chances de desenvolver conceitos bastante equivocados e falhos sobre casamento e família. E isso certamente, vai acarretar dentro de nós, crianças sem recursos internos e maturidade, sentimentos devastadores e extremamente prejudiciais, impedindo que possamos nos transformar em adultos saudáveis mental, psicológica e emocionalmente.

Nesse contexto, os filhos podem desenvolver conflitos de lealdade, um dos sintomas da síndrome de alienação parental; sentimento de culpa por poderem achar que a infelicidade do casamento dos pais foi causada por eles; raiva; estresse; dificuldades de aceitação dos pais ou de um deles; ausência de habilidades para superar problemas; frustração quando contrariados etc.

Nesse passo, é importante que os ex-cônjuges e pais se conscientizem de que a formalização da separação que já ocorre no seio da família, mas está camuflada, pode ser mais benéfica para todos e para o enfrentamento da nova situação, de forma que as perdas inevitáveis advindas da separação se transformem em ganhos futuros.

O primeiro passo para mudar é reunir os filhos e, numa conversa bastante franca, ambos os pais, em conjunto, devem contar que tomaram a decisão de se divorciar. Não é necessário citar os motivos, apenas dizer a verdade, ou seja, que não se amam mais como um casal, mas permanece o respeito, o carinho, a amizade, a consideração e que continuam se gostando como amigos; o que não é suficiente para manter o casamento. O mais importante é deixar claro para os filhos que eles continuarão sendo amados por ambos os pais. Essa fala lhes dará a segurança de que não haverá ruptura do contato com nenhum dos genitores, e que não ficarão desamparados.

Quanto mais natural for a conversa, melhor. Inclusive, uma sugestão que costuma amenizar os efeitos ruins dessa notícia é enaltecer as lembranças boas da família, dizer aos filhos o quanto são importantes para os pais, e até relembrar episódios engraçados do passado. Essas lembranças podem confortar os corações aflitos e espantar a tristeza. Ademais, todos nós temos o direito de buscar a felicidade.

O segundo passo seria o compromisso que os ex-cônjuges devem assumir, no sentido de ser terminantemente proibido falar mal do outro e criticar os eventuais erros que o outro cometeu, ainda que no âmbito pessoal esses erros continuem imperdoáveis ou causando mágoas, raiva e imputação de culpa. Afinal, errar é humano e julgar é muito fácil. No entanto, não podemos esquecer que todos nós temos autonomia para fazer escolhas, e muitas vezes a ação do outro foi consequência das nossas próprias ações.

Portanto, quando se fala em culpa, precisamos ter em mente que toda reação sempre corresponde a uma ação anterior. Em outras palavras, se eu agi assim é porque o outro agiu assado antes, e ficar julgando ou apontando o dedo para o nariz alheio só vai trazer mais raiva, provocação e novos sentimentos abjetos que, no mais das vezes, trazem mais prejuízos para nós mesmos.

Se não é possível perdoar, também é desnecessário trazer esses sentimentos ruins para os filhos.

Há coisas que não devem ser ditas aos filhos, jamais, não só para poupá-los de sofrimentos maiores do que o divórcio dos pais já lhes reserva, de perdas, como também para evitar que tomem partido de um ou de outro genitor.

Também é proibido fazer-se de vítima, pois os filhos não podem servir de bengalas para amenizar as dores dos pais.

O compromisso dos divorciandos deve ser firme no sentido de nunca se usar os filhos como instrumentos de agressão contra o ex-cônjuge.

À medida que os atos de execução desta separação vão sendo definidos, como a mudança de moradia, novas rotinas etc., os filhos devem ser informados por ambos os pais. Essa atitude lhes dará a segurança e a certeza de que são verdadeiramente considerados por ambos, pois é imprescindível que os filhos saibam que seus pais buscam a felicidade, estão alinhados e aliviados por chegarem a esse ponto, sempre de comum acordo.

Por mais difícil que seja divorciar-se, esse processo de ruptura não precisa ser traumático para os filhos. Tudo pode ser feito com tranquilidade, sem dramas e de modo transparente. Se necessário for, pode-se procurar o auxílio de profissionais de Psicologia e Mediação inclusive gratuitamente, pois o Judiciário possui setores especializados na solução de conflitos familiares, adotando em algumas Comarcas o Direito Sistêmico.

O auxílio de advogados é indispensável, não só para orientar os ex-cônjuges sobre questões patrimoniais, valores de pensão, regime de convivência e questões afetas à guarda e residência dos filhos menores, como também os assistir no processo de divórcio consensual perante o Juiz da Vara de Família – porque, havendo filhos menores ou incapazes, ainda é vedado o divórcio extrajudicial, em tabelionato de notas.

Recomenda-se, inclusive, a contratação de advogados familiaristas para tanto, pois estes estão bem mais a par dos direitos dos filhos e dos deveres dos pais do que um advogado generalista, além de mais familiarizados com a praxe das autoridades que oficiarão no processo de divórcio (o Juiz e o Promotor de Justiça), podendo, por isso mesmo, trazer a segurança de que todos os envolvidos terão seus interesses e direitos preservados.

É extremamente importante, ainda, que o acordo de divórcio atenda, da maneira mais segura possível, à vontade de todos, que cada qual dos divorciandos tenha consciência de que deve ceder em alguns itens para chegar a bom termo sem se prejudicar, e especialmente sem prejudicar os filhos, mesmo porque toda separação implica queda de padrão de vida e isso reflete na vida de todos, inclusive dos filhos.

Por fim, os entes da família desfeita deverão ter pleno conhecimento de que não se caminha se não houver uma parcela de sacrifício de todos, inclusive das crianças, cuja rotina sempre é alterada em vista do regime de convivência com ambos os pais.

Com efeito, muita compreensão e conversa são essenciais para um bom desfecho e um futuro sem traumas.

Não falaremos do divórcio litigioso, porque essa modalidade foge ao escopo deste trabalho e demandaria muitas páginas. Limitamo-nos a dizer que, se o divórcio consensual já é difícil, o litigioso é ainda mais traumático: eleva sobremaneira os custos financeiros e emocionais para as partes envolvidas.

E não é só: o divórcio litigioso não tem prazo certo para terminar, e o prolongamento dos vínculos decorrentes do casamento não finalizado, ainda que seja por meio de um ou vários processos judiciais, só causa perdas afetivas ainda maiores. Portanto, é prudente agir com maturidade, respeito pelo outro e por si mesmo, e especialmente com amor, desarmado, para enfrentar essa difícil ruptura, com vistas a um futuro melhor e à positividade.

Por fim, ressaltamos que o ideal é chegar a um acordo de divórcio que contemple as pretensões de todos os envolvidos e possa garantir que no futuro não serão ajuizadas novas ações para dirimir conflitos, oriundas de situações não contempladas, omissas, mal resolvidas ou que possam prolongar o desgaste.

Como se vê, o divórcio sem traumas é perfeitamente possível, basta ter paciência, coragem, desprendimento, sinceridade, manifestar desejos e pretensões com clareza, e ter disposição para a conversa e o enfrentamento de problemas em busca de solução, boa-fé, e muito amor, até mesmo incondicional, pelos filhos.

Nessa nossa longa trajetória profissional, pudemos observar que os clientes que conseguem se divorciar sem traumas se tornam pessoas mais felizes e seus filhos tendem a se tornar adultos mais saudáveis emocionalmente, do que aqueles cuja guarda é ou foi disputada como se essas crianças fossem troféus.

Desejamos que os divórcios sem traumas sejam a regra e que as pessoas se conscientizem de que os litígios não trazem paz nem felicidade, e possam resolver suas diferenças com mais leveza, naturalidade e desprendimento. Afinal, não há amor maior do que o que temos pelos nossos filhos. Eles são a razão do nosso viver.

3

ADOLESCÊNCIA É COISA SÉRIA

Este capítulo tem o intuito de aproximar mães e pais de seus filhos adolescentes, informando os reais acontecimentos que acompanham essa fase e ressaltando a importância desse período para o desenvolvimento do ser humano. Esta leitura será uma oportunidade para desconstruir estereótipos preconceituosos – que humilham os adolescentes e constroem barreiras que dificultam o diálogo e afastam familiares –, favorecendo um ambiente de respeito e diálogo em família.

ALINE EIDT

Aline Eidt

Contatos
linktr.ee/alineeidtadolescencia
eidtlaline@gmail.com
Facebook: @alineeidtadolescencia
Instagram: @alineeidt_adolescencia
TikTok: @alineeidt
YouTube: Descomplicando a Adolescência

Graduada em Enfermagem pela Universidade de Marília, pós-graduada em Saúde e Desenvolvimento de Adolescentes pela Faculdade Unyleya e especialista em *Parent Coaching Teen* e Vocacional, pela Parent Coaching Brasil. Facilitadora do projeto *Grow in Group* – educação emocional para crianças e adolescentes. Capacitada em diversos cursos na temática juvenil, inclusive em Prevenção ao Uso Abusivo de Drogas, pela Universidade Federal de Santa Catarina, e, Incongruência de Gênero na Infância e Adolescência, pela Artmed 360. Estudiosa sobre o desenvolvimento de adolescentes, já leu mais de 100 livros sobre os diversos temas ligados à adolescência e esteve presente nos dois últimos congressos internacionais sobre o assunto.

O conhecimento nos protege das verdades infundadas dos outros e nos liberta de padrões sem sentido.
ALINE EIDT

O mundo em que vivemos não é mais o mesmo em que viveram nossos avós ou nossos pais e, provavelmente em breve, não será mais o que é hoje. Todos sabemos – acredito que sejamos unânimes nesse ponto – que a mudança e a evolução são contínuas. No entanto, me pergunto: por que ainda muitos de nós usam o passado como referência para conduzir e justificar a educação dos adolescentes?

A comparação entre a família atual e a "família de antigamente" costuma gerar grandes debates; a configuração da família "antiga" parece ser sempre melhor, mais adequada. Na verdade, diversas particularidades marcam cada geração, e as mudanças são capazes de reconfigurar as dinâmicas e as ações familiares. Um bom exemplo, marca da geração atual, é a organização de espaço e tempo de trabalho, que está presente a todo momento e em todos os lugares em nossas vidas – na hora do almoço, na recreação em família e até mesmo na hora de dormir. A tecnologia nos mantém constantemente conectados por meio dos nossos celulares e computadores, quase na mesma proporção em que nos desconectamos dos nossos filhos.

Vale lembrar que pais desconectados de seus filhos têm maior dificuldade em entender as necessidades deles, o que pode levar mães e pais a terem comportamentos mais agressivos com seus filhos.

Os tempos mudaram e, para educar nossos filhos, é necessário mais do que referências antigas, é preciso conhecer e respeitar as mudanças que ocorrem na fase de vida deles. Talvez seja hora de acompanhar as mudanças do mundo e evoluir também nesse sentido. Atualizar nossas referências parentais poderá ajudar a nos conectar a essa nova geração e fazer dessa fase da vida um trampolim para o desenvolvimento humano.

Bem-vindo ao cérebro do adolescente

Por muitos anos, cientistas acreditaram que o cérebro de um adolescente era essencialmente como o de um adulto, diferenciando-se apenas em relação à experiência, ao tempo de vida. No entanto, nos anos 2010, a neurologia e a neurociência revelaram que, nos anos da adolescência, acontecem estágios de desenvolvimento cerebral importantíssimos. Então, muita calma nessa hora, digo, nessa fase! Adolescência é coisa séria.

Durante a adolescência, o cérebro muda, se remodela. As conexões são alteradas e algumas delas desaparecem permanentemente, dando lugar a outras. Essa é a lei do cérebro: use ou perca. As conexões em desuso são eliminadas em um processo de economia sem aviso prévio. É nesse momento que os adolescentes podem entrar em crise.

Ao longo dessa fase, acontece um tipo de "poda neural". Trata-se de mudanças estruturais em que a substância cinzenta do cérebro é transformada em substância branca. Entre a perda e o refinamento das sinapses (a sinapse é a região responsável por realizar a comunicação entre dois ou mais neurônios), a massa total do cérebro permanece relativamente constante, mas o funcionamento do cérebro é aprimorado graças às mudanças estruturais e químicas.

Esse é um processo muito importante, que deixa clara a relevância do desenvolvimento do adolescente, pois o ambiente em que ele vive e os estímulos que recebe serão responsáveis por essa reorganização cerebral – se assemelha ao que acontece com uma árvore, quando os galhos mais fracos são cortados para que os galhos importantes possam crescer mais fortes. É também nesse momento da vida que as habilidades se destacam, são aprimoradas e fortalecidas para a vida adulta.

Existem duas áreas no cérebro adolescente que merecem nossa especial atenção: o sistema límbico e o córtex pré-frontal. Elas são as protagonistas quando o assunto é impulsividade, reatividade, rebeldia e vulnerabilidade. Talvez sejam elas as culpadas pelo famoso rótulo "aborrescentes".

Sabemos que os adolescentes têm uma tendência a se exporem a situações de risco, até mesmo mais que uma criança e, em especial, quando estão entre amigos. Entenda, é muito importante para o adolescente se tornar independente dos pais e impressionar os amigos. Porém, o que quero abordar nesse momento é o que está acontecendo em seu cérebro e que pode influenciar diretamente tais comportamentos: a atuação do sistema límbico.

O sistema límbico está diretamente relacionado ao processamento das emoções e das recompensas; é ele que produz a sensação de prazer (recompensa) quando fazemos algo divertido ou assumimos riscos. As regiões de dentro do sistema límbico dos adolescentes são hipersensíveis aos sentimentos de recompensa ao assumir riscos, quando comparadas às de um cérebro adulto.

Enquanto isso, o córtex pré-frontal – área responsável pelo pensamento crítico, planejamento, automonitorização, empatia, resolução de problemas e controle de emoções, riscos e impulsos – é a última camada do cérebro a amadurecer. Assim, vive-se na adolescência um momento em que o sistema límbico atua mais livremente, sem o controle e o equilíbrio fornecidos pelo córtex pré-frontal.

Todas essas transformações podem ser sentidas e expressadas pelos adolescentes de maneira diversificada. De qualquer forma, esse é um período da vida em que o cérebro está passando por um profundo desenvolvimento. Nessa fase, o cérebro se encontra adaptável e maleável, o que torna esse período não somente rico em desafios como também em oportunidades fantásticas de aprendizado e criatividade.

A última chance

Há quem diga que a adolescência é a última oportunidade na vida de uma pessoa para que o cérebro seja drasticamente reformulado; é uma fase em que se pode realmente prosperar. Como o cérebro adolescente ainda está em desenvolvimento, sua plasticidade é incrível; ele é extremamente sensível às novas experiências. Assemelha-se ao que acontece nos primeiros cinco anos de nossas vidas, quando o cérebro cresce e se desenvolve rapidamente. Isso significa também que a adolescência pode ser uma janela importante para se aprender e fixar certos aprendizados.

Percebemos, porém, que é quase um clichê cultural dizer que essa é a fase mais complicada para os pais cuidarem de seus filhos. São muitos os adjetivos usados para caracterizá-la: ruim, difícil, desanimadora, terrível, complicada, enlouquecedora.

Prender-se a essas referências negativas sobre a adolescência só faz com que muitos pais desistam de "investir" em seus filhos, perdendo, assim, uma oportunidade incrível de transformar positivamente o cérebro e a vida deles. Lembre-se: é durante esse período que o cérebro humano mais se desenvolve. A adolescência é o momento ideal para se investir no desenvolvimento.

Conheça a verdade

A adolescência não envolve apenas mudanças na forma física, mas das capacidades mentais e uma grande transformação na forma de ser e viver. Todas as modificações que ocorrem nessa fase são necessárias para se criar importantes alterações que acontecem em nosso raciocínio, emoções, sentimentos, interação e tomada de decisões. Entre essas alterações, existem quatro qualidades, já abordadas pelo psiquiatra Daniel Siegel, que considero marcantes nessa fase:

- **A busca por novidades:** acontece em virtude do aumento do desejo de satisfação (sistema de recompensa alterado). Os circuitos cerebrais dos adolescentes recebem maior estímulo e ele é motivado a experimentar coisas novas. Tal fato é relevante, pois aumenta a capacidade do adolescente de desenvolver novas habilidades e superar os desafios.
- **O engajamento social:** os adolescentes estão mais sensíveis à ação da ocitocina, hormônio responsável por favorecer a formação de vínculos com outras pessoas, proporcionando, assim, a construção de novas amizades. Eles andam mais em grupo e agem socialmente, ampliando as oportunidades de adquirir conhecimento e relacionamentos pessoais e emocionais à sua experiência de vida.
- **O aumento da intensidade emocional:** as vivências nessa fase são mais intensas graças à atuação do sistema límbico e à falta de maturação do córtex pré-frontal – já falamos sobre eles anteriormente. Tudo é tão intenso que é possível, por exemplo, se tornar o melhor amigo de alguém em minutos. Assim, vive-se um período da vida mais favorável a situações e interações pessoais mais intensas.
- **A exploração criativa:** o adolescente começa a desenvolver o raciocínio abstrato e se torna mais questionador, capaz de enfrentar desafios cotidianos, buscar soluções, explorar o mundo e resolver problemas de forma mais criativa e surpreendente.

Todas essas mudanças contribuem para o desenvolvimento das competências e habilidades socioemocionais do indivíduo. Ter esse conhecimento possibilita compreender os desajustes e os desencontros das gerações, não para ser uma fonte de conflitos, mas um encontro de possibilidade de desenvolvimento humano. Quando a complexidade por trás dessa fase é ignorada, comportamentos são padronizados e costumes são impostos, o desenvolvimento humano é prejudicado. Adolescentes com potenciais incríveis podem ter a sua capacidade limitada por adultos que não os entendem.

As famílias anseiam ter filhos mais preparados, mais habilidosos, mais competentes; espera-se autenticidade deles. Porém, muitos educam os filhos baseando-se em padrões que os limitam: padronizam suas roupas, escolhem seu corte de cabelo e definem a sua religião. Quando o jovem tenta expressar suas ideias e seu jeito de ser, é silenciado. Segundo alguns pais, o adolescente ainda não tem idade suficiente para ter e dar opinião. "Você não tem que querer", "Não se intrometa" e "Cale a boca" são frases bem comuns na fala de alguns pais. Porém, a imposição não ensina; o ser humano aprende quando vê importância, ou seja, quando a teoria faz sentido. Os adolescentes precisam e devem ser orientados por adultos que os ensinem valores, ética e princípios familiares, e não que os anulem ou os limitem com padrões desrespeitosos, que muitas vezes não condizem com a realidade vivenciada em casa.

A verdade é que, durante os anos da adolescência, a mente altera a forma como pensamos, racionalizamos, nos concentramos, tomamos decisões e nos relacionamos com os outros. Compreender a natureza dessas mudanças pode nos ajudar a criar uma jornada de vida mais positiva e mais produtiva junto aos nossos filhos.

Encare o desafio

As mudanças ocorreram quase que da noite para o dia, e isso pode parecer assustador tanto para os pais quanto para os filhos. De repente, entender um ao outro e se comunicar tornou-se um desafio.

Muitos falam sobre adolescência, mas poucos a conhecem e a entendem profundamente. Existem muitas crenças e informações contraditórias a respeito do assunto que confundem pais e adolescentes – sem saber o que de fato esperar desse período.

Algumas mudanças marcam essa fase, nem sempre elas estão em sintonia com o desenvolvimento emocional e cognitivo. Uma hora você é criança e, na outra, é criança em um corpo de adolescente. Essa mudança descompassada nem sempre é percebida pelos pais; enquanto uma grande parte dos adolescentes ainda esteja tentando entender o que está acontecendo, muitos à sua volta já estão criando definições, rótulos e fazendo brincadeiras de mau gosto sobre seu corpo.

Pico de crescimento, odores diferentes surgindo, voz engrossando, pelos e espinhas aparecendo, mamas salientes e ocorrência da menarca (primeira menstruação) nas meninas e semenarca (primeira ejaculação) nos meninos são algumas dessas transformações físicas. Tudo isso acrescido ao interesse em relacionar-se amorosa e fisicamente com outras pessoas. Enfim, bem-vindo à PUBERDADE! Mas esse é um assunto para um próximo livro. Neste momento cabe ressaltar que, diante de tantas situações novas – muitas delas repentinas –, o adolescente fica, em sua maioria, assustado, confuso e inseguro, podendo surgir, então, momentos de tristeza, frustração e sensação de impotência, motivo pelo qual muitas vezes ele se isola no quarto e reage agressivamente.

A adolescência é, portanto, uma fase desafiadora para pais e filhos. Àqueles que já passaram por ela, fica a importante missão de acolher e orientar as mudanças, estimular a autonomia dos filhos, informar sobre as consequências de seus comportamentos e, principalmente, se dedicar à construção de vínculos mais fortes.

Enfim, a adolescência pode ser um período turbulento, de descobertas, responsabilidades, conflitos com pais, muitos sentimentos e emoções. Mas é a melhor fase para o desenvolvimento humano. Algumas mudanças são capazes de fazer uma diferença enorme. Assim, espero ter deixado claro neste capítulo que a adolescência não é uma fase para ser suportada, mas sim ser desenvolvida com empatia, respeito e diálogo familiar.

Referências

JENSEN, F. E. *O cérebro adolescente: guia de sobrevivência para criar adolescentes e jovens adultos.* São Paulo: Intrínseca, 2016.

LEDOUX, J. *O cérebro emocional: os misteriosos alicerces da vida emocional.* 4. ed. São Paulo: Objetiva, 1998.

SIEGEL, D. J. *Cérebro adolescente: A coragem e a criatividade da mente dos 12 aos 24 anos.* São Paulo: nVersos, 2016.

4

NEUROCIÊNCIA
UMA PODEROSA CONTRIBUIÇÃO AOS PAIS E CUIDADORES

Certamente você já se deparou com a Neurociência, tão em voga nos últimos tempos. Mas, afinal, o que há de especial nessa ciência e como ela pode contribuir com a educação das crianças? Neste capítulo, serão abordados importantes conceitos para embasar e orientar sua trajetória como mãe, pai ou cuidador principal.

ANA LÍVIA PIVA

Ana Lívia Piva

Contatos
www.analiviapiva.com.br
contato@analiviapiva.com.br
Facebook: www.facebook.com/analiviapiva
Instagram: @analiviapiva
19 97155 5358

Educadora parental em Disciplina Positiva certificada pela PDA - Associação Disciplina Positiva Brasil e Positive Discipline Association – Estados Unidos. Especialista em relações entre crianças e adultos na primeira infância. Graduanda em Pedagogia, pós-graduanda em Neurociência Aplicada à Educação pela Faculdade de Ciências Médicas da Santa Casa de São Paulo. Pós-graduada em Psicologia do Desenvolvimento e da Aprendizagem pela PUC-RS (Pontifícia Universidade Católica Rio Grande do Sul). Formada em Educação Parental Integral com Bete Rodrigues. Especialista em *Parent Coaching* Ferramentas pela Parent Brasil. Certificada em Apego Seguro - *Attached at the heart* do API (Attachment Parenting International). Certificada em Inteligência Emocional e Social pela Escola da Parentalidade e Educação Positivas de Portugal. Mãe da Luiza, meu maior combustível, minha faculdade diária e constante sobre a parentalidade.

A magia está não na técnica, e sim na criança. A magia está no seu incrível cérebro.
GLENN DOMAN

A Neurociência além do cérebro

Talvez você ainda não tenha feito essa associação, mas há muita semelhança entre a parentalidade e a Neurociência. Ambas são complexas, desafiadoras e igualmente fascinantes. Afinal, criar filhos e entender o cérebro não são trabalhos fáceis, mas com certeza podem ser grandes oportunidades de desenvolvimento para os pais.

Não tenho a intenção de ser técnica, porém, de maneira sucinta, serão abordadas definições indispensáveis para uma compreensão integral.

É primordial esclarecer que esta ciência não se reduz apenas ao estudo do cérebro. A Neurociência estuda o sistema nervoso em sua totalidade: o encéfalo (cérebro, cerebelo e tronco encefálico), junto à medula espinhal, consiste no Sistema Nervoso Central, enquanto o sistema nervoso periférico é composto pelos nervos periféricos e gânglios. Esse campo do saber examina as funções destas estruturas, processos intrínsecos ao desenvolvimento, possíveis transformações e intervenções ocorridas ao longo da vida.

Apesar de o cérebro ser, sim, um grande astro, pode-se perceber que opera com maestria apenas porque atua em conjunto com uma brilhante orquestra.

Motricidade: a mola propulsora do desenvolvimento

Alimentação, sono, amor, rotina etc. são indiscutíveis fomentos, bases para um bom crescimento infantil. E quanto ao movimento, seria sua única função permitir o deslocamento?

Com o enfoque além do cérebro, é possível começar a correlacionar como o desenvolvimento cognitivo[1] está diretamente ligado ao desdobramento do processo motor, a motricidade.

Segundo o neurocientista Daniel Wolpert, o cérebro não evoluiu apenas para pensar ou sentir, mas sim para produzir movimento. O autor é fatídico ao argumentar que só há cérebro em espécies que se movimentam.

Wolpert cita um modelo para comprovar tal informação: o tunicado, animal marinho rudimentar, quando jovem possui um sistema nervoso, porém na vida adulta se ancora em pedras no fundo do mar, onde permanecerá imóvel, preso nelas para sempre, e a primeira coisa que faz é digerir seu próprio cérebro. Este exemplo demonstra que, sem a necessidade de movimento, as estruturas do sistema nervoso perdem sua relevância.

Dito isso, é importante alinhar uma possível lacuna inerente ao tema: a visão simplista de que os movimentos são apenas os processos visíveis do corpo, dos membros e da locomoção.

Absolutamente tudo no corpo humano configura movimento, desde uma contração muscular, um piscar de olhos, até a própria fala, gestos mais abruptos ou que requerem maior destreza.

Seja voluntário, executado com consciência ou reflexo, para executar cada singela oscilação o cérebro se prepara de maneira singular.

A motricidade é, portanto, ponto de partida dos desenvolvimentos social, emocional e intelectual.

A importância do encorajamento motor

Como seres sociais, desde pequenos temos desejos inconscientes como pertencer, explorar, andar, falar, fazem parte do ser humano. Há uma volitude[2] intrínseca natural por conquistas e o primeiro passo para essas realizações é realizado por meio do processo motor.

Movimentos iniciam a vida social, pois são originários da genuína intenção do indivíduo de realizar a própria leitura de mundo. Vontades provocam ações a fim de traduzir e interpretar o ambiente, resultando em comportamentos.

No primeiro ano de vida, um bebê irá aprender mais habilidades motoras do que em qualquer outro período da vida.

Quando a criança se movimenta, caminha ao encontro do que ela mesma almeja da vida, edifica uma infraestrutura cerebral exclusiva. Significa dizer

---

1 Cognitivo: relativo à aquisição de conhecimento, cognição.

2 Volitude: provém do termo latim *volo*, que significa "quero".

que, em condições típicas, há desenvolvimento porque há vontade, propósito, um sistema motor, oportunidade e incentivo para se viver a experiência.

Crianças que são abastecidas pelo seu próprio encorajamento geram repertório pessoal e se tornam confiantes, capazes. Podem conseguir observar com mais facilidade sentimentos e emoções a partir de sua consciência corporal, todos fatores muito importantes para a gestão emocional.

Identificar o processo motor como um grande precursor, não apenas corporal, mas preditor inicial de ações e comportamentos, estimula cuidadores a reassumirem a importância de um brincar ativo e das atividades triviais cotidianas.

Sabe-se que oferecer ajuda e suporte às tarefas infantis é essencial e necessário, todavia, frequentemente cabe avaliar possíveis excessos, passíveis de prejudicar a evolução da autonomia e independência da criança.

Logo, antes de realizar qualquer atividade pela criança, que ela já seja capaz de executar, é essencial uma autorreflexão por parte do adulto. Fazer pela criança é mais fácil, mais rápido do que ensinar e aguardar o tempo dela? Há medo, falta de confiança?

A resposta, positiva e honesta, gera uma excelente autoavaliação parental, pois quando um auxílio vem camuflado pela conveniência adulta, mesmo que carregado de boas intenções, é indispensável ter consciência dos impactos.

Do movimento ao aprendizado

Uma criança no ápice de aprender a andar não desenvolve apenas atributos visíveis: tônus, postura, fortalecimento muscular. Outras inúmeras características intangíveis são necessárias para formar conexões neurais robustas: coordenação motora, espacialidade, equilíbrio, segurança de si mesma etc.

O corpo humano possui em toda a sua superfície receptores sensoriais que permitem que toda atividade, quando executada, seja sentida, identificada, enviada até o cérebro e decodificada por ele.

Isso se dá graças ao fato de o sistema nervoso ser informacional, de ter a capacidade de decifrar as percepções em qualquer nível corporal e encaminhá-las ao cérebro para uma tradução concreta.

Uma criança, ao tocar os pés na grama, por exemplo, através de um simples movimento, ativa receptores sensoriais localizados na sola de cada pé e por meio de sinapses[3] a mensagem é conduzida ao cérebro para interpretação e reconhecimento: "Esta é a textura da grama".

---

3 Sinapses são comunicações entre neurônios. A informação elétrica percorre o axônio do neurônio e estimula a liberação de neurotransmissores, que fazem propriamente a conversa com o próximo neurônio.

Uma vez que todo o sistema esteja perfeitamente interligado, é possível ao cérebro associar a grama com a cor por meio da visão, com o cheiro pelo olfato, com o tamanho pelo tato e descobrir tantas outras novas características em uma atividade particular. Mesmo que a criança ainda não saiba nomear a cor verde, a criação de um repertório é iniciada.

A criança, ao ser exposta uma única vez à grama, poderá não se lembrar da experiência no futuro, pois não houve um fortalecimento da atividade.

No âmbito das memórias, por senso comum, costuma-se dizer que elas são gravadas, mas memórias não são gravadas, são fortalecidas.

Assim, se a criança for incentivada a pisar na grama com frequência, as sinapses se fortalecerão pela repetição da prática, tornando possível uma formação de memórias de longo prazo.

Um sistema edificado por experiências

A Neurociência reitera que o cérebro é constituído e aprimorado a partir de vivências frequentes. As crianças, espontaneamente, corroboram esta afirmação quando repetem inúmeras vezes uma única atividade na qual estão inseridas.

Permitir que as crianças experimentem diferentes contextos, que não sejam tolhidas ao explorar o ambiente, por frases adultas em piloto automático como: "É perigoso", "Cuidado", com a devida segurança ao ambiente a que forem expostas, é prover um dinâmico e consistente aprendizado, já que o número de conexões neurais formadas é diretamente proporcional à quantidade de exposições deste cérebro.

Espaços abertos, parques, a natureza, os esportes são verdadeiros laboratórios estimuladores de cognição e podem auxiliar, inclusive, na autorregulação das emoções e na ansiedade.

Exatamente o oposto de quando estão envolvidas com aparelhos eletrônicos, em constante inércia, quando apenas recebem estímulos passivos, sem fomento para construir redes cerebrais relevantes. E está aqui a sutil diferença entre a brincadeira ativa e as telas ou similares eletrônicos.

Na ocasião em que criança produz ou se engaja em uma brincadeira, há uma gama imensa de possibilidades, criação, imaginação, ativação sensorial, práticas que acionam e estimulam diversas áreas cerebrais, que formam um acervo imensamente superior a uma experiência pronta para ser consumida, desprovida da necessidade do pensar.

Os estímulos advindos das telas podem estimular vias atreladas a prazeres imediatos, que ativam possíveis circuitos de recompensas. Esses circuitos estão, em sua maioria, associados a um neurotransmissor chamado dopamina, que também está relacionado a circuitos de dependência, gerando comportamentos de vício.

Brevemente, é significativo compreender que a dopamina atua também no controle do sistema motor e que sua deficiência pode vir a afetar a motricidade, assim como o seu excesso pode excitar atividades motoras.

Esta é uma das possibilidades aventadas pela ciência de que o uso de telas antes de dormir, por exemplo, não relaxa as crianças, pelo contrário, pode ativar a atividade cerebral, apresentando, assim, um efeito reverso.

Pode haver a impressão de que crianças ficam mais tranquilas diante de uma tela, mas, na verdade, a tradução é outra: são indivíduos passivos, com um cérebro satisfeito quimicamente, recebendo sem esforço altas doses de prazer e recompensa.

Parada diante de uma tela, anestesiada, a criança é ceifada da construção da sua própria coletânea cerebral e, por consequência, de vida.

Traçando um paralelo entre brincadeiras convencionais e telas, respectivamente temos o parquinho da esquina e a Disneylândia. Parquinhos não serão atrativos se forem feitas idas à Disney com frequência, repletas de superestímulos para o cérebro.

Há um mundo simples, natural, além dos eletrônicos convidativos à infância, em concordância com um cérebro em desenvolvimento que clama por movimentos.

Por convenção social, o desenvolvimento infantil tende a ser medido apenas ao passar dos anos, dos aniversários, mas para o sistema nervoso o tempo não significa necessariamente evolução: o importante são as experiências vividas, aprendidas, consolidadas.

Erro, o pré-requisito da automatização

A esta altura, inquestionavelmente, é fato que a aquisição de conhecimento começa bem antes do ambiente escolar e que todo e qualquer estímulo desde os primeiros dias de vida é necessário.

A escola vem em sequência para impulsionar o processo, também de relevância social, que precisa ter seu início em casa, com pais e cuidadores, desde sempre.

Ainda assim, há uma busca incessante pela famigerada leitura e escrita, porém, para se alcançar a alfabetização, há de se movimentar muito antes.

Uma preparação motora potente e muitos ajustes biológicos são indispensáveis para se tornar uma criança apta a essas funções cognitivas complexas.

Por isso, é imprescindível ponderar possíveis incentivos precoces aos processos infantis, principalmente os relacionados ao ler e escrever. O cérebro se prepara com prudência e excelência para cada execução, de maneira lindamente previsível e, ainda assim, com maestria consegue formatar um indivíduo único.

Para cada número ou letra é fundamental um contexto cerebral específico, para então ser plausível uma complexa automação exclusiva. E como é possível para o sistema tornar automático esses processos?

Atividades, quando executadas com frequência, conferem ao sistema nervoso relevância. Para tanto, é preciso aprimorá-las a ponto de não ser mais necessário pensar para executar a tarefa.

Produzir de maneira ágil nas próximas vezes é a arte de realizar um processo automático, praticável graças ao cerebelo.

Apesar da proximidade com a nomenclatura cérebro, cerebelo e cérebro são estruturas bem distintas. O fabuloso cerebelo é a segunda maior estrutura do encéfalo e, dentre atribuições relevantes, como a de estabelecer equilíbrio corporal, também tem por função automatizar a execução e o planejamento das experiências vividas.

Porém, isso ocorre apenas após diversas tentativas, erros, treinos e aprimoramentos. Isto é, o sistema cerebelar só torna os processos mecânicos ou automatizados após os erros.

Ao acertar na primeira execução, caso nunca mais a realize, a criança poderá até se esquecer da atividade. Entretanto, a cada tentativa e erro, devido à estrutura do cerebelo ser semelhante à dinâmica de um temporizador, a informação poderá ser aprendida, gravada e automatizada.

Talvez a partir daqui o erro não tenha mais a mesma conotação de antes, afinal, ainda que seja algo tão inaceitável socialmente, sob o ponto de vista científico se torna uma verdadeira oportunidade de aquisição de habilidades.

Uma criança incentivada a ter uma relação proximal e positiva com o erro é capaz de aprender a monitorar falhas, frustrações, ter autorregulação de comportamentos, além de ter um factível avanço na flexibilidade cognitiva, na capacidade de buscar soluções, de pensar em diferentes estratégias para resolver problemas. Ademais, possibilita a formação de uma base emocional, a evolução do aprendizado e do futuro desempenho acadêmico.

Abastecidos desta elegante compreensão que a Neurociência proporciona, com equilíbrio e sabedoria, pais e cuidadores têm em mãos a oportunidade de, ao fortalecer a significância das atividades motoras e dos erros, prover e desfrutar de uma infância em sua plena potência humana.

Referências

CONSENZA, R. M.; GUERRA, L. B. *Neurociência e educação. Como o cérebro aprende.* Porto Alegre: Artmed, 2011.

KANDEL, E. R. *et al. Princípios de neurociências.* Tradução de Ana Lúcia Severo Rodrigues *et al.*; revisão técnica: Carla Dalmaz, Jorge Alberto Quillfeldt. 5. ed. Porto Alegre: Artmed, 2014.

LENT, R. *Neurociência da mente e comportamento.* Rio de Janeiro: Guanabara Koogan, 2018.

MONTESSORI, M. *A mente da criança: mente absorvente.* Tradução de Jefferson Bombachin. Campinas: Kírion, 2021.

SELDIN, T. *Método Montessori na educação dos filhos.* 2. ed. Santana do Parnaíba: Manole, 2018.

TIEPPO, C. U*ma viagem pelo cérebro: a via rápida para entender a Neurociênci*a. São Paulo: Editora Conectomus, 2019.

5

AH, SE O TEMPO VOLTASSE!

Se você pudesse voltar no tempo sabendo tudo o que sabe hoje, a fim de mudar alguma coisa que não tenha ficado bem resolvida, ou mesmo para repensar algumas escolhas, para qual momento da sua vida voltaria: infância ou adolescência?

ANGELA MIRANDA

Angela Miranda

Contatos
angela@coachingeconsultoria.com.br
LinkedIn: linkedin.com/in/ângelamirandarh-carreira

Mãe do Egon, 28 anos, e do Nico, 15 anos, tem uma carreira altruísta, é executiva de RH há mais de 20 anos, preside grupos da categoria e atua como mentora executiva e social. *Executive/professional/parental/career coaching*, conselheira diretora da Abrapcoaching, membro do Grupo Excelência *Coaching* CRASP e Líder Infantil na Igreja. Doutora em Teologia e MBA em Gestão Empresarial e Pessoas pela FGV e FIA/USP. É também coordenadora de MBA Gestão Pessoas e *Faculty* na Falcons University – Gerando Falcões. Coautora nos livros *Um novo olhar para a Educação, Estressadas: o guia de sobrevivência da mulher do século XXI* e *Mentores e suas histórias inspiradoras*. É apaixonada por pessoas!

*Todas as pessoas grandes foram um dia crianças. Mas
poucas se lembram disso.*
ANTOINE DE SAINT-EXUPÉRY

Te convido a uma reflexão comigo:
Se você pudesse voltar no tempo sabendo tudo que sabe hoje, a fim de mudar alguma coisa que não tenha ficado bem resolvida, ou mesmo para repensar algumas escolhas, para qual momento da sua vida voltaria: infância ou adolescência?

Vamos falar sobre infância e transição

A infância é a fase de maior vulnerabilidade. A criança não possui maturidade mental, física, social nem espiritual. Depende em quase tudo de um adulto. As crianças precisam de guardiões da sua integridade física, moral, emocional, intelectual, sexual e psicológica.

Nós não temos que ensinar a empatia às crianças. As crianças se tornam empáticas ao se sentirem ouvidas e respeitadas pelos adultos em suas vidas.
LORI PETRO

Um determinado cientista vivia preocupado com os problemas do mundo e passava dias em seu escritório em busca de respostas para suas dúvidas. Certo dia, seu filho de sete anos invadiu seu santuário, resolvido como sempre a "ajudá-lo" a trabalhar. Vendo que seria impossível demovê-lo do escritório, o pai procurou algo que pudesse atrair sua atenção e deparou-se com o mapa do mundo numa capa da revista. Com o auxílio de uma tesoura, cortou-o em vários pedaços e, junto com um rolo de fita adesiva, entregou-o ao filho: "Vou lhe dar o mundo para consertar. Veja se consegue. Faça tudo sozinho." Pensou que, assim, estava se livrando do garoto, pois ele não conhecia a geografia do planeta e certamente levaria dias para montar um quebra-cabeça.

Angela Miranda | 47

Uma hora depois, porém, ouviu a voz do filho: "Pai, pai! É difícil consertar o mundo!", mas, todo orgulhoso, entregou a folha de papel com os pedacinhos colados. Para a surpresa do pai, o mapa estava completo! "Você não sabia como era o mundo, como conseguiu meu filho?", "É porque eu não sabia como era o mundo. Estava difícil consertar o mundo! Mas quando você tirou a capa da revista para recortar, eu vi que do outro lado tinha um homem. Quando você me deu o mundo para consertar, eu não conseguia, nem sabia por onde começar. Foi aí que eu me lembrei do homem, virei os recortes e comecei a consertar o homem, que eu sabia como era. Quando consegui consertar o homem, virei a folha e descobri que havia consertado o mundo!"

Eu desconheço o autor desta história, mas acho fantástica a correlação. Como as crianças vivem em um mundo mágico e são muito curiosas, elas estão sempre fazendo perguntas, viajando livres, com o pensamento sem freios.

As crianças são alegres, felizes, sempre sorrindo porque na sua cabeça não existe um arquivo chamado "coisas que podem dar erradas.
MARIANNE WILLIAMSON
(Líder espiritual e escritora estadunidense)

A adolescência é percebida como a fase de transição, passagem da infância para a vida adulta. Fase em que ocorre um turbilhão de acontecimentos impulsionados pela transformação física do ser. Essa transformação física vem acompanhada de mudanças mentais, emocionais, sexuais e sociais.

Junte a essas transformações, existem todas as expectativas e cobranças da família, que espera que o adolescente siga por uma vida em linha reta, dos amigos rebeldes ou não, bem como da sociedade. Cenário complexo que afeta ainda mais, e profundamente, os mais introspectivos. Portanto, a adolescência é a fase dos descobrimentos e experimentações.

A adolescência é uma fase de crise de identidade na qual a pessoa se encontra velha demais para ser um bebê e jovem demais para ser adulto.
SANDRO TUBINI (Psicólogo)

Sobre a adolescência

Na adolescência, são diversas as questões que concorrem entre si e que mexem com a identidade conflitante à personalidade. Em seu site, *It Brazilian Boy*, criado aos 15 anos, Matheus Rocca Vecchio Almeida faz uma comparação interessante entre a identidade e a personalidade da Geração Z (nascidos a partir de 2000). Ele diz:

> Num mundo cada vez mais competitivo, demonstrar-se original parece um exercício difícil de ser aplicado quando somos abordados por uma imensidão de informações já trabalhadas (e às vezes até mesmo mastigadas) por outros...

Matheus também utiliza o termo "unicórnio", muito usado no mercado para representar o sucesso, como forma representativa da identidade do ser em comparação com o "ambiente", referindo-se à personalidade. E assim ele diz:

> Assim, percebemos a força do nosso unicórnio (identidade) em tudo o que fazemos, porque afinal, o que vai te diferenciar dos outros é justamente a sua forma de agir, é o seu jeitinho de responder, é a maneira na qual você reage às situações com as suas características. Não o ambiente (personalidade) em que você está.

Partindo do princípio de que esta fase é chamada de transição, pode-se dizer que a adolescência tem o propósito de transformar, psicológica e socialmente, a criança em um adulto emocionalmente saudável. É importante considerar para o desenvolvimento do adolescente:

- **Praticar com ele o diálogo:** para uma atuação assertiva no desenvolvimento adolescente, é fundamental praticar o diálogo. Falar abertamente sobre as mudanças que estão por vir, sobre as transformações em seu corpo, sentimentos e emocional/afetivo etc. O adolescente precisa entender também que, possivelmente, fará parte de outros grupos não familiares e isso irá lhe exigir certas habilidades sociais. É necessário reforçar decisões e escolhas importantes que tomará e suas consequências físicas, emocionais e legais.
- **Desenvolver com ele a escuta ativa:** outra ação muito importante é ouvir. Ouvir com atenção e sem interrupções trará melhores condições de orientar e apresentar respostas mais bem preparadas e relevantes. O ato de ouvir é uma demonstração de interesse e respeito e fortalece o relacionamento ao ser percebido como apoio e confiabilidade. A escuta ativa cria intimidade, interesse genuíno (não é controle, é amor) e confiança. Tabus como sexo e drogas podem ser quebrados. Assuntos como amigos e paixões também podem e devem ser abordados sem julgamentos.
- **Acompanhar a saúde mental e emocional do adolescente:** é verdade que muitos problemas mentais e comportamentais vividos pelos adultos têm origem na infância e são agravados na adolescência. Ansiedade e depressão, por exemplo, se apresentam nessa fase, mas nem sempre perduram por longos tempos. No entanto, como é difícil saber ao certo quando o caso merece atenção clínica, é sempre bom consultar especialistas.

Estar atento ao comportamento do adolescente é sempre saudável. Ao perceber algum sinal de desvio, não hesite em perguntar como ele tem se sentido, como estão seus sentimentos sobre as coisas e pessoas, pensamentos que habitam frequentemente suas mentes. Abordar precocemente essa condição pode evitar casos mais graves no futuro. Se uma relação de confiança já estiver estabelecida, certamente o adolescente não deixará de compartilhar seus sentimentos e emoções, que muitas vezes são confusos para ele.

É importante sempre acompanhar sintomas físicos e emocionais de estresse, ansiedade e depressão. Situações como excesso de atividades, efeitos das mídias sociais, eventos socioeconômicos como recessão, violência e pandemia, transição para a faculdade, pressão acadêmica, isolamento social, traumas de infância, mudanças biológicas e incertezas quanto ao futuro podem agravar tais sintomas. As mídias sociais podem não alimentam a depressão, mas estimulam o isolamento social se forem usadas em demasia. É fundamental oferecer empatia e apoio, além de sempre incentivar o relacionamento social e até meditação. Caso haja necessidade de acompanhamento profissional, a terapia pode ajudar também no exercício de aceitação e compaixão.

Concluindo

A infância e a adolescência, via de regra, são aquelas fases em que o indivíduo é feliz e todos os seus problemas são hipotéticos.
ÂNGELA BEATRIZ SABBAG

Walter Mischel, um professor da Universidade de Colúmbia, ficou conhecido por conduzir seus estudos em *self control* (autocontrole). Dentro dessa área, um dos seus estudos mais aclamados foi testar o quanto o desenvolvimento de autocontrole em crianças impactava o sucesso destas no futuro. Como forma de testar essa hipótese, ele conduzia um experimento que ficou popular pelo nome de teste do marshmallow, aquele doce que conhecemos. O experimento consistia em colocar uma dessas gostosuras borrachudas e cheias de açúcar na frente de cada criança. A partir desse ponto, as instruções eram muito simples. O avaliador dizia que sairia da sala e voltaria no futuro (não especificando tempo, mas costumava levar 20 minutos). Se, quando ele voltasse à sala, a criança não tivesse comido o seu doce, ela ganharia mais um extra. Caso contrário, ela não receberia mais nenhum.

O que ele começou a perceber é que, com o passar dos anos, crianças que desenvolveram maneiras de treinar o autocontrole tiveram resultados melhores na adolescência e na vida adulta. Faz sentido. Negar alguns prazeres de curto prazo em troca de melhores benefícios de longo prazo pode ser transformador. O que está no caminho desse sucesso é o seu imediatismo.

> *Quando criança, e depois adolescente, fui precoce em muitas coisas. Em sentir um ambiente, por exemplo, em apreender a atmosfera íntima de uma pessoa. Por outro lado, longe de precoce, estava em incrível atraso em relação a outras coisas importantes. Continuo, aliás, atrasada em muitos terrenos. Nada posso fazer: parece que há em mim um lado infantil que não cresce jamais.*
> CLARICE LISPECTOR

Voltando à pergunta inicial...

Se você pensou na infância, eu diria que voltar a essa fase pode não ser uma boa escolha, pois a criança ainda não tem discernimento para tomar decisões e fazer escolhas – ela depende muito dos adultos, então, me parece não ser uma boa ideia, não acha? Mas há uma boa lição a ser extraída: conserte-se e você terá o mapa da vida mais claro para orientar a sua jornada. E imagine também o objetivo, aonde quer chegar...

Sêneca, filósofo grego, diz: "Não há bons ventos para quem não sabe para onde vai".

> *O meu fim evidente era atar as duas pontas da vida, e restaurar na velhice a adolescência. Pois, senhor, não consegui recompor o que foi nem o que fui. Em tudo, se o rosto é igual, a fisionomia é diferente. Se só me faltassem os outros, vá; um homem consola-se mais ou menos das pessoas que perde; mas falto eu mesmo, e esta lacuna é tudo.*
> MACHADO DE ASSIS

Voltar para a adolescência seria uma ótima opção, já pensou em juntar o poder característico da adolescência com tudo que sabe hoje?

> *Eu viveria a minha adolescência novamente para poder viver sem medo, sabendo que posso errar, que é permitido, pois faz parte do meu processo de amadurecimento. Fica mais difícil errar quando crescemos.*
> AUTOR DESCONHECIDO

Outra boa opção é a fase jovem adulta, mas, particularmente, eu escolheria a adolescência. É o ponto de convergência da energia jovem, da ousadia, da criatividade, do atrevimento.

Seria um ótimo recomeço!

> *Eu aprendi que a coragem não é a ausência de medo, mas o triunfo sobre ele. O homem corajoso não é aquele que não sente medo, mas aquele que conquista por cima do medo.*
> NELSON MANDELA

Ah, se o tempo voltasse!

> *Os ventos que sopram sobre o nosso rosto envelhecido pelo tempo, não nos fazem voltar à adolescência, mas, nos faz lembrar que para frente é o caminho, e que a nossa marcha será apenas para o infinito.*
> EDGAR FONSECA

Observação importante

Não considerei gênero nem trabalhei com linguagem neutra. Não faço distinção. Para mim, são seres humanos, e é indiferente o artigo associado à pessoa.

6

COERÊNCIA E CONSISTÊNCIA NA EDUCAÇÃO DOS FILHOS COMO BASE PARA O SUCESSO

Vejo, hoje, pais tentando dar uma educação melhor para seus filhos. Assistem a muitos vídeos, leem livros da moda e seguem influenciadores digitais. Contudo, devido à corrida atrás do sucesso nas carreiras, algumas vezes esquecem que o exemplo, a coerência e a consistência entre o que falam *versus* o que praticam é o que realmente fica registrado na memória e no entendimento das crianças.

ANNIE BITTENCOURT

Annie Bittencourt

Contatos
annie.bittencourt@cna.com.br
annielbittencourt@gmail.com
Redes Sociais: Annie Bittencourt
81 99117 7218

Diretora pedagógica das cinco unidades CNA Inglês Definitivo em Recife e Olinda. Trouxe para Recife a Red House International School, na qual atua como *School Principal*. Tem 38 anos de experiência na área de ensino de idiomas, com ênfase em formação de professores. É graduada em Letras (Inglês e Português) e em Licenciatura em Pedagogia. Tem mestrado em Ciências da Linguagem, MBA internacional pelo Instituto Português de Administração de Marketing (IPAM) e especialização em coordenação pedagógica pela Faculdade Santa Fé. Ministra as disciplinas de *Mobile Learning* e de Prática de Ensino na Especialização em Tecnologias Digitais nas Metodologias Ativas para o Ensino na Universidade Católica de Pernambuco. Em 2019, foi destaque do ano pelo Prêmio Tacaruna Mulher na categoria Educação. É coautora de mais de sete obras publicadas nas áreas de educação, aquisição de linguagem e empreendedorismo.

Em pleno século XXI, com toda a interferência das redes sociais, com o excesso de horas que as crianças passam na frente das telas, com ambos os pais na corrida para a construção de suas carreiras, com influenciadores digitais (muitos até sem terem a formação acadêmica adequada para tal) que sempre têm dicas e fórmulas milagrosas de como criar o "filho perfeito", educar filhos não tem sido uma tarefa fácil. Além disso tudo, os pais ainda enfrentam o medo de dizer "não".

Criar filhos emocionalmente fortes o suficiente para enfrentarem os desafios de seus futuros é uma difícil, mas essencial missão.

Então, resolvi juntar os meus 38 anos de experiência como educadora, empresária, como profissional que tem formação acadêmica na área de educação e como mãe de duas filhas íntegras, competentes e felizes (hoje elas têm 25 e 30 anos de idade), para aqui descrever algumas dicas que considero fundamentais para você criar e educar filhos que serão seres humanos admiráveis e úteis para o mundo.

1. Coerência e consistência

> Toda criança precisa, desde muito cedo, de pais coerentes e consistentes. Principalmente quando começa a ser educada, a ouvir o não e a receber limites.
> (LOBO, 1997)

Hoje, eu, como educadora, trabalhando na orientação de pais de crianças da educação infantil, em pleno século XXI, constato que a coerência e a consistência continuam servindo de base para a criação de crianças seguras e confiantes. Pois são pilares essenciais para a formação de seus valores e caráter.

Ser coerente é ser claro com seu filho e não se contradizer em palavras nem em atitudes. As crianças percebem tudo e ficam muito confusas quando constatam que os pais estão mudando de opinião ou posição sem ao menos explicarem a razão nem darem uma justificativa forte sequer, com um bom motivo que as convença de que essa "mudança" tem coerência também.

Já ser consistente tem a ver com você dar o exemplo e cumprir o que promete ou ameaça fazer. Ser consistente é, principalmente, agir de acordo com o que você ensina ao seu filho. Em inglês, há um ditado popular que traduz o que é ser consistente: *Walk your talk*! (Em tradução livre: "Aja conforme os princípios que você prega".)

Pais e educadores precisam valorizar a palavra dita. Precisam ser francos e honestos com a criança para que esta não comece a desacreditar dos adultos que ama. Afinal, se isso acontece, o pequeno perde a confiança em seus adultos de referência.

2. Gentileza e firmeza *versus* coerência e consistência, ou aliados?

Nelsen (2021, p. 218), em seu *best-seller Disciplina positiva para crianças de 3 a 6 anos*, afirma que gentileza e firmeza são as chaves da parentalidade eficaz. Já Lobo (1997, p. 62), afirma que toda criança precisa, desde muito cedo, de pais coerentes e consistentes.

E eu te pergunto: como ser gentil e firme ao mesmo tempo? Como ser coerente e consistente ao mesmo tempo?

Para mim, muitos pais confundem a gentileza descrita no texto de Nelsen (2021) com permissividade e falta de limites claros. Alguns pais até acham que ser gentil é evitar dizer "não" ao filho, com a falsa ideia de que "eu não quero gerar traumas na minha criança".

Só que o maior trauma não é os pais dizerem "não pode agora", mas é criar futuros adultos que não saberão respeitar as regras nem conviver em sociedade. E, pior ainda, o mundo vai se encarregar de dar os "nãos" que os pais não deram. E os "nãos" que o mundo vai dar nem sempre são gentis, suaves e amorosos. A vida adolescente e a vida adulta trarão "nãos" e, se seu filho não aprender a lidar com eles na infância, no futuro é que estes "nãos" serão muito mais dolorosos e traumáticos.

Portanto, é melhor aprender a ouvir um "não" amoroso e construtivo vindo dos pais, na infância, do que aprender pela vida, sem amor, sem gentileza e da pior forma possível.

A gentileza, descrita por Nelsen (2021), não significa ser omisso. Não significa que você não possa dizer "não" ou dar limites. Os limites claros e bem explicados à criança fazem-na refletir, pensar e a fortalecem.

Já coerência é você não se contradizer na criação dos seus filhos, nem nas palavras que usa, nem nas suas atitudes e exemplo. Aja em acordo com o seu discurso.

E, finalmente, os dois últimos conceitos, que para mim andam juntos, pois ser firme é ser consistente. Somos firmes e consistentes quando damos o exemplo, quando cumprimos o que prometemos, mesmo que nos doa. Para ser consistente, é preciso que os pais sejam muito firmes consigo mesmos na hora de educar, pois terão de agir de acordo com o que ensinam à criança.

Desse modo, estes quatro conceitos relacionam-se integralmente com a questão dos limites, já que todos esbarram em como os pais lidam com o ato de estabelecer limites e como não esmorecer diante das tentativas da criança em derrubar esses "náos".

3. Omissão na hora de estabelecer limites e dizer não

Há pais que preferem se omitir a dizer "não pode", pois é mais rápido e fácil se omitir do que ter de explicar os motivos do "não" a uma criança. Dizer "não" e lidar com a birra da criança dá trabalho, exige tempo, dedicação e segurança emocional.

Além de dar trabalho estabelecer limites, há ainda o medo de o que os outros vão dizer, já que negar alguma coisa para um filho atualmente pode soar como um pecado na reputação dos pais.

Antigamente, os pais diziam "criança não tem querer". O autoritarismo imperava. Daí, saímos do oito para o oitenta. De um extremo ao outro. E esse *gap* entre gerações causa muitos enganos e distorções na criação dos filhos.

Mas e as relações familiares hoje? Como estão se dando? O que está acontecendo é que os pais falam, explicam, acham graça, dão um sorriso morno, explicam novamente, colocam no colo, falam manso, tentam compreender... Fazem tudo conforme manda a "nova" psicologia, mas parece que a criança não quer entender o diálogo, pois está sendo criada na sociedade do prazer em primeiro lugar. Há muitas crianças que se acostumaram a pensar só nos seus próprios desejos, sem pensar no direito do outro.

> *É fundamental acreditar que dar limites aos filhos é iniciar o processo de compreensão e apreensão do outro.*
> ZAGURY, 2002

Dar limites, ensinar a compreender e enxergar o outro, segundo Zagury (2002, p. 17) são as "habilidades básicas e essenciais pra quem deseja criar seres humanos capazes de praticar o humanismo com a mesma naturalidade com que respiram".

Nesses meus 38 anos de carreira como educadora, já ouvi alguns pais dizendo que não querem "causar um trauma psicológico no filho". E que, por isso, têm medo de impor um limite, já que acham que este provocará necessariamente um trauma. Assim, acabam renunciando ao limite, que é base fundamental para qualquer educação.

Ninguém pode respeitar seus semelhantes se não aprender quais são os seus limites. Isso inclui compreender que você nem sempre pode fazer tudo o que deseja na vida. É necessário que a criança interiorize a ideia de que poderá fazer muitas, milhares, a maioria das coisas que deseja, mas nem tudo e nem sempre (ZAGURY, 2002, p. 17).

Os pais precisam discernir se a criança está só querendo satisfazer o próprio desejo, e fazer seu filho pensar no direito do outro. Os pais não podem se omitir. São os momentos de prova de fogo na educação dos filhos, em que pais precisam dar o "não", explicar o porquê e manter seu "não".

Ser firme (sem violência), conversar, explicar sem titubear e dizer "não pode", principalmente caso se trate de um valor essencial para a construção do caráter do filho. Os pais precisam estar de acordo no que entendem, juntos, serem valores inegociáveis – por exemplo, na educação, as tarefas de casa e responsabilidades escolares são inegociáveis.

Desde pequena, a criança precisa aprender que pode fazer muitas coisas, mas existem outras que não deve fazer, mesmo que sinta muita vontade ou prazer. Zagury (2002, p. 19) diz: "E tudo bem. Somos felizes assim, respeitando algumas regras básicas na vida. Especialmente se aprendemos a amar o outro e não apenas a nós próprios".

É essencial lembrar que a omissão é muito prejudicial, pois faz diminuir o afeto e a segurança interior de seu filho.

4. Limites

Você sabia que qualquer criança fica insegura se não tiver limites claros e firmes? Você sabia que as crianças que são criadas sem limites claros e firmes, no fundo, apresentam sinais comportamentais que indicam que se sentem desamparadas e até abandonadas?

Com certeza, você já deve ter lido ou ouvido palestras ou *lives* sobre o assunto "criação dos filhos". As redes sociais estão lotadas de "gurus" do tema. Mas precisamos investigar quem está falando e se possui a formação acadêmica adequada para estarem proferindo tais "ensinamentos".

Os pais, em sua maioria, querem oferecer o melhor aos seus pequenos, muito desejados e esperados. O amor e, às vezes, o excesso de medos de errar, podem "congelar" os pais em sua missão de serem pais. Não por maldade ou por negligência, mas, sim, pois neste mundo pós-pandemia 2020 a 2022, muita confusão, muitas incertezas e muitas dúvidas surgiram na criação das crianças.

Com o intuito de ajudar vocês, pais, a desvendarem essas incertezas, vou descrever aqui os princípios fundamentais na hora de estabelecermos os limites aos filhos:

- Todo pai/mãe quer ver seus filhos crescendo rumo à felicidade, como diz Zagury (2002). Mas, para tal, os pais precisam ajudar essas crianças a compreenderem o que é certo e o que é errado, o que é ética e respeito ao outro. Ensinar que os direitos são iguais para todos e que existem outras pessoas no mundo além da criança.
- Diga "não" aos filhos quando existir uma razão concreta e explicar qual razão é essa. Mostre as coisas que ele pode fazer e explique que existem coisas que ele não pode e que são inegociáveis.
- Um dos principais ensinamentos está em ensinar que cada direito da criança corresponde a um dever.
- Comece a observar o comportamento da sua criança para saber discernir entre o que é uma necessidade real do seu filho *versus* o que é apenas um desejo.
- Ensine seu filho a tolerar pequenas frustrações no presente, para que no futuro os problemas da vida possam, por ele, ser superados com equilíbrio e maturidade. Dizer "não" é saudável.
- Os pais precisam desenvolver a capacidade da criança em adiar a satisfação, para que ela saiba que tem de continuar lutando para alcançar essa satisfação no futuro. Esse ensinamento ajudará seu filho a entender que, se ele não conseguir entrar na universidade hoje, por exemplo, deverá continuar lutando, estudando e se desenvolvendo para alcançar seus sonhos.
- Cuide para que seu filho não cresça achando que todo mundo tem de satisfazer todos os seus desejos. Vemos crianças que têm verdadeiros ataques quando os adultos não satisfazem os seus desejos. Por isso, é necessário ensinar seu filho a lidar bem com as contrariedades e com os "nãos". Ensiná-lo a se autorregular, a respirar, a dar uma caminhada para esfriar a cabeça, a contar até dez ou beber um copo de água… Isso tudo o ajudará a desenvolver o equilíbrio emocional que vai precisar. Uma boa sugestão é você fazer em casa uma "roleta de escolhas", com a qual seu filho poderá escolher como deseja se acalmar e autorregular-se.

Foto: acervo pessoal da autora.

5. Conclusão

Seu filho vai precisar saber e entender que o limite existe mesmo e que ele é para valer. Contudo, tenha certeza de que a sua criança vai testar o limite imposto a ela, e os pais precisam entender que esse "testar" faz parte do ato de crescer.

Ao testar os limites estabelecidos pelos pais, a criança está mapeando a capacidade dos pais em serem coerentes, firmes e consistentes. Mas se você, com gentileza, conversa com seu filho, descendo à altura física dele, olho no olho, e explica por que esse limite é justo e importante, tanto para os pais quanto para a criança, ele vai aos poucos entendendo. E, após essa compreensão, ele passará a aceitá-lo e respeitá-lo.

Para que essa compreensão seja aceita, faz-se necessário que os pais sejam coerentes e consistentes, e que um não desautorize o limite imposto pelo outro.

Por isso, não é bom impor limites muito longos, pois a criança tende a esquecer o porquê do "não". Também é necessário não abrir exceções, nem que seja por uma única vez.

Os pais precisam estar em conformidade e de acordo com os limites estipulados às crianças, pois só assim sua coerência e consistência alcançarão o coração e o entendimento de seu filho.

E, para finalizarmos, lembro que os limites devem ser justos e bem pensados. Ter como objetivos principais o bem-estar geral e a segurança da criança. Explique o que pretende com aquele limite. Desse modo, a criança sentirá que está sendo amparada por adultos que sabem e escolhem o bem maior para ela. Essa previsibilidade trará a tranquilidade necessária para a formação de um futuro adulto, emocionalmente pronto para enfrentar os desafios da vida.

Referências

LOBO, L. *Escola de pais: para que seu filho cresça feliz*. Rio de Janeiro: Lacerda Editores, 1997. 577 páginas.

NELSEN, J. *Disciplina Positiva para crianças de 3 a 6 anos: como criar filhos independentes e felizes*. 4. ed. São Paulo: Manole, 2021.

ZAGURY, T. *Limites sem trauma: construindo cidadãos*. 47. ed. Rio de Janeiro: Record, 2002.

7

DIFICULDADE DE APRENDIZAGEM
O QUE OS PAIS PRECISAM SABER?

Os desafios constantes que uma criança enfrenta na fase escolar precisam ser compreendidos pelos pais, para que eles deem o apoio necessário nessa etapa tão importante da vida. A proposta deste capítulo é auxiliar os pais nesse processo de se colocar no lugar da criança, saber como organizar o ambiente de modo a favorecer esse aprendizado e incentivar a busca de ajuda profissional, caso haja suspeita de um transtorno de aprendizagem.

BIANCA BALBUENO

Bianca Balbueno

Contatos
balbueno.psicologia@gmail.com
Instagram: @bianca.balbueno

Psicóloga e pedagoga, especialista em Terapia Comportamental e Cognitiva e atua como professora no curso de especialização em intervenção comportamental aplicada ao TEA e DI e em Neuropsicologia; mestre em Distúrbios do Desenvolvimento. Tem experiência, desde 2013, em intervenção comportamental aplicada a crianças com transtornos do neurodesenvolvimento em contexto domiciliar, escolar e clínico. Atualmente realiza atendimentos e supervisão clínica na cidade de São Paulo.

Imagine-se criança, com 8 ou 9 anos, entrando em contato com cálculos, tabuada, enquanto há poucos anos você havia acabado de descobrir que números representavam quantidades. Além disso, houve um processo de alfabetização nesse caminho, novas palavras foram surgindo nesse universo de descobertas e aprendizagem, junções estranhas, Z ou S, X ou CH. Para nós, enquanto adultos, tudo isso pode ser muito simples, mas naquela época era um grande desafio.

Lembrar de como foi e buscar se colocar no lugar dessa criança, que está diante de tantas informações novas e que apresenta dificuldade em lidar com elas é de fundamental importância. O papel dos pais ao longo do desenvolvimento de seu filho é auxiliar nesse desenvolvimento, estabelecendo as regras, sim, mas, também, sendo lugar de acolhimento e afeto.

A dificuldade de aprendizagem é diferente dos transtornos de aprendizagem, e irei pontuar quais são essas diferenças, de modo que você possa observar o comportamento da sua criança e compreender se as sugestões tratadas aqui serão o suficiente para lidar com essa dificuldade, ou se é necessário o auxílio de profissionais especializados, pois caso a sua criança tenha um transtorno específico de aprendizagem ou um transtorno do neurodesenvolvimento, esse auxílio será essencial.

A dificuldade de aprendizagem consiste em uma defasagem momentânea que pode estar relacionada a um conceito específico ou uma dificuldade generalizada. Ou seja, a criança pode apresentar dificuldade em aprender conceitos matemáticos, mas nas demais matérias tem um desempenho adequado, ou pode apresentar uma dificuldade global. No entanto, essa dificuldade é momentânea e pode ser corrigida com aulas extras, acompanhamento de um profissional da Psicopedagogia, organização na rotina de estudos ou até mesmo modificação de estratégia de ensino. Por exemplo, a criança pode ter dificuldade em aprender dentro de uma abordagem construtivista e se adaptar melhor em uma escola com abordagem de ensino tradicional, ou vice-versa.

A dificuldade não tem uma causa neurológica, e sim ambiental, portanto, ajustes no ambiente da criança, modificando a forma de ensinar, fará com que ela aprenda mais facilmente.

Já os transtornos específicos de aprendizagem estão relacionados a alterações neurológicas e são diagnosticados por um médico neuropediatra ou psiquiatra infantil e por um neuropsicólogo, que irá avaliar o desempenho cognitivo atual da criança, identificar as habilidades cognitivas que sinalizam um déficit e indicar a intervenção mais apropriada. Sendo assim, é necessário um acompanhamento de longo prazo.

Para verificar se há possibilidade de sua criança ter transtorno específico de aprendizagem ou algum transtorno do neurodesenvolvimento que esteja impactando a aprendizagem dela, descreverei brevemente esses diagnósticos, com base no Manual Diagnóstico e Estatístico de Transtornos Mentais – DSM-V.

Os transtornos específicos de aprendizagem são déficits focais na capacidade de perceber e processar informações com a devida eficiência. Os sintomas são observados já nos primeiros anos escolares formais e são caracterizados por dificuldades persistentes e prejudiciais nas habilidades básicas acadêmicas de leitura, escrita e/ou matemática, deixando o desempenho do aluno muito abaixo da média em comparação com outras crianças da mesma idade (APA, 2014).

> Alice tem chorado muito quando tem de fazer lição de casa, está demonstrando chateação até para ir para a escola. Ela fala que não consegue ler direito porque as letras dançam no papel e que é muito difícil. Quando escreve, "come" letras, troca letras, escreve algumas palavras grudadas, parece que até inventa palavras, ficando tudo muito desorganizado no papel.

Outro transtorno do neurodesenvolvimento que pode interferir no processo de aprendizagem é o TDAH (Transtorno do Déficit de Atenção e Hiperatividade) que consiste em níveis prejudiciais de desatenção, desorganização e/ou hiperatividade-impulsividade. Os prejuízos relacionados a desatenção e desorganização dizem respeito:

- à extrema dificuldade em permanecer em uma tarefa;
- ao fato de a criança parecer não ouvir o que estão lhe dizendo;
- ao fato de a criança perder muitos pertences em uma frequência acima do esperado para a idade ou nível de desenvolvimento;
- ao fato de a criança demonstrar uma atenção flutuante.

Já a hiperatividade/impulsividade diz respeito:
- à inquietação;
- à extrema dificuldade em permanecer sentado;
- à dificuldade em aguardar,
- ao fato de apresentar atividade excessiva e costumar se intrometer em atividades dos outros.

Segundo APA (2014), esses sintomas são excessivos para a idade ou nível de desenvolvimento.

> Caio vive no mundo da lua. Quando falamos com ele, é nítido que ele não está mais prestando atenção depois de um determinado momento, e se você pergunta o que foi dito para ele, não sabe responder. Além disso, parece ter rodinhas nos pés, não para, a não ser que esteja jogando ou fazendo algo de seu interesse, caso contrário, não sossega. Tem um comportamento feio de cortar a conversa das pessoas para mostrar o que ele está construindo; se tiver algo que lhe chame a atenção na nossa mão, já vai pegando, parece que não tem paciência para esperar a vez. Estudar com ele é um tormento, acaba tirando a gente do sério porque, além de não prestar atenção no que estamos falando, se distrai até com o lápis que está na mão dele, fazendo "lutinha", como se fossem bonecos.

A DI (Deficiência Intelectual) tem por característica déficits em capacidades cognitivas amplas, como raciocínio, solução de problemas, planejamento, pensamento abstrato, tomada de decisão, aprendizagem acadêmica e aprendizagem pela experiência. Esses déficits interferem diretamente na independência pessoal e participação social devido aos prejuízos no funcionamento adaptativo do indivíduo. Já o atraso global do desenvolvimento é diagnosticado quando os marcos do desenvolvimento esperados em várias áreas do funcionamento intelectual não são atingidos (APA, 2014).

Caso haja suspeita de sintomas de qualquer transtorno descrito acima, não deixe de buscar uma opinião profissional, pois quanto mais cedo iniciar uma intervenção, melhor o prognóstico da criança.

> Pedro necessita de muita ajuda para fazer as coisas, demora mais para aprender em comparação aos coleguinhas de classe, e a professora está montando um currículo individualizado para ele, porque ele não consegue acompanhar o ritmo da turma. Além das demandas escolares, também precisa de mais ajuda para as tarefas do cotidiano e de autocuidado, sendo aquelas organizar as próprias coisas, se vestir sozinho, entre outras. Dentro de casa, é um menino mais falante, mas fora, mostra-se retraído por experiências negativas em contato com outras crianças, que ficaram tirando sarro da cara dele no parquinho.

O que fazer para ajudar a criança com dificuldade de aprendizagem?

A primeira coisa, e mais importante, a ser observada quando há dificuldade de aprendizagem é a qualidade do sono da criança. Isso porque é durante o sono que a criança irá consolidar suas memórias, o que irá impactar sua aprendizagem e desempenho escolar. Para isso, é importante verificar a quantidade de horas que essa criança dorme e a qualidade desse sono, ou seja, se ela se movimenta muito à noite, se acorda de madrugada, se de manhã a criança aparenta estar descansada e disposta. Caso haja dúvidas com relação à qualidade do sono da criança, uma possibilidade pode ser o uso de *smartwatches* ou *smartbands* para o monitoramento desse sono. Algo que pode auxiliar a melhora do sono da criança é a aplicação de técnicas de higiene do sono, que são modificações no ambiente para melhorar a qualidade do sono, sendo estas: o estabelecimento de um horário fixo para dormir e acordar – é importante que a criança não seja exposta à luz de eletrônicos duas horas antes de dormir, dando preferência a tarefas mais calmas como a leitura de um livro ou colorir um desenho, por exemplo; manter o quarto bem escuro durante a noite, ou seja, sem pequenas luzes ou interferência de luz da janela ou outros cômodos da casa, o que ajuda nesse processo de adormecer; é importante evitar atividade física no período da noite e a ingestão de bebidas com cafeína, como refrigerantes; de manhã, é fundamental que haja exposição à luz natural logo ao despertar, para sinalizar ao cérebro que amanheceu (a luz elétrica não cumpre esse papel); também é indicado que a criança realize algum tipo de atividade física de dia. Essas modificações ambientais podem melhorar a qualidade do sono da criança e ajudar a diminuir as dificuldades de aprendizagem, tendo em vista, além da consolidação da memória feita durante o sono, que dormir bem interfere no humor, na capacidade de concentração e na disposição da criança ao longo do dia (WALKER, 2018).

Tenha um espaço fixo de estudo. Ter esse espaço ajuda a criar uma rotina de sempre ir para lá quando se vai estudar, além de esse ser um estímulo para o estudo, pois sempre que se senta ali, lê, estuda, se concentra e isso se torna um hábito. Fazer as tarefas sentada à mesa da cozinha, ou no chão, na escada etc., além de atrapalhar esse processo de estabelecer um bom hábito, aumenta as chances de a criança se distrair com outras coisas e demorar muito, ou pior, de não realizar a tarefa proposta, gerando um estresse familiar desnecessário.

Estabeleça uma rotina de estudos utilizando um calendário ou *planner* que seja bastante visual, que fique fixo na parede do espaço onde a criança estuda e faz as tarefas escolares, de maneira que nem ela, nem você percam os prazos de trabalhos e lições de casa, além de se prepararem com antecedência para estudar os conteúdos das provas. Além do calendário, é importante estabelecer um horário para iniciar os estudos e cumprir o que se deve antes de o dia se encerrar, assim aumentam-se mais as chances de essa tarefa entrar na rotina da criança, pois todos os dias ela tem aquele compromisso, naquele horário.

Sobre as tarefas a serem cumpridas no dia, é necessário que sejam algo viável e que não desgastem tanto a criança de forma a desmotivá-la a ponto de o momento de realizar as tarefas se tornar maçante e cansativo. A ideia aqui é, além de introduzir esse momento na rotina da criança, também torná-lo agradável, para que ela desenvolva o prazer em aprender; isso vai depender do tom que os pais derem para essa situação, a empolgação com a qual chamam a criança para fazer as tarefas juntos.

Sendo assim, é importante que haja um acompanhamento, ou seja, sentar-se ao lado da criança e auxiliar em todo o processo, ou ao menos um monitoramento; ou seja, de tempos em tempos ver o que ela está fazendo, o quanto evoluiu na atividade ou se está "empacada", precisando de ajuda. Em vista disso, nem preciso dizer que é fundamental retirar distratores como celular e garantir que a criança não esteja acessando jogos ou vídeos em vez de cumprir a tarefa apresentada.

Verifique se a atividade está compatível com as habilidades da sua criança. Sendo assim, se a lição de casa é localizar numa revista palavras com duas letras R juntas, mas sua criança não é alfabetizada, você pode fazer uma pré-seleção das páginas que contêm as palavras solicitadas e ela só precisa procurar ali, naquela página. Isso irá diminuir a ansiedade da criança de ter de olhar diversas páginas e a manterá motivada, pois ela cumpriu a demanda, porém sem desanimar de ter de olhar um monte de revistas.

Inicialmente, algumas demandas precisam de incentivos externos para acontecerem, como prêmios e recompensas, mas, associando-se essas demandas com momentos prazerosos, é possível torná-las naturalmente motivadoras. Como algumas crianças têm dificuldade em aprender determinados conteúdos, o uso de incentivos externos pode ser um caminho interessante para aumentar a motivação da criança de realizar as tarefas escolares. Para isso, pode ser utilizado um "Quadro de Recompensas", no qual você pode combinar com a sua criança que, se ela realizar as tarefas escolares da semana, poderá ganhar um prêmio no fim de semana. Esse prêmio pode ser algo simples, contanto que seja de interesse da criança, como uma sobremesa favorita, ou ir ao parque, ir à casa de um amigo, assistir a um filme juntos etc. Quando se trata de recompensa, não é interessante que seja algo caro, pois a proposta é que essa criança receba recompensas ao final de cada semana. O que pode ser feito é, se a criança quer muito ganhar um videogame, que esse videogame seja a recompensa pelo trabalho realizado durante todo o ano: ou seja, tirou boas notas o ano todo, se empenhou nas tarefas escolares o ano todo, então sim, poderá ganhar o videogame. A proposta do Quadro de Recompensas é fornecer prêmios a curto prazo, porque crianças ainda não têm esse autocontrole a ponto de esperar uma recompensa apenas no final do ano. Um ponto importante a se salientar é que, se a criança não cumpriu a parte dela do combinado, ela não pode ter acesso à recompensa, de forma alguma! Afinal, para que ela vai se empenhar para ganhar algo, se ela pode ganhar "de graça"?

Qual é o impacto da dificuldade de aprendizagem na vida da criança?

Quando somos pequenos, nosso primeiro núcleo social são nossos pais, nossa família e, posteriormente, ampliamos nosso contato social com coleguinhas e professores na escola, e conforme vamos crescendo, vamos entrando em contato com pessoas diversas. É nesse contato com os outros que vamos desenvolvendo o que é chamado de autorregras ou crenças nucleares sobre nós mesmos, e com base nisso, estabelecemos o que é chamada de autoestima. Isso porque, em contato com outras pessoas, recebemos *feedback* dos nossos comportamentos. Ouvimos de nossa mãe que somos lindos, de nosso pai que somos espertos, da nossa professora que somos inteligentes, dos nossos amigos que somos legais. Mas também podemos ouvir que somos feios, burros, chatos, bagunceiros, preguiçosos, mal-educados etc. Esses *feedbacks* do ambiente irão ajudar a construir a forma como a criança irá se enxergar no presente/futuro.

Segundo Riso (2012) a autoestima é composta por quatro pilares: autoconceito, autoimagem, autorreforço e autoeficácia; o autoconceito diz respeito ao que pensamos sobre nós mesmos, sobre nosso caráter, valores e quem somos; a autoimagem é a nossa opinião sobre nosso corpo, nossa aparência física, está relacionada a elementos estéticos; o autorreforço é sobre o quanto nos gratificamos, nos premiamos; por fim, a autoeficácia é sobre o quanto acreditamos e confiamos em nossa capacidade de realizar atividades e conquistas na vida.

Quando uma criança que está passando por dificuldade de aprendizagem tem seu sofrimento diminuído é ofendida e punida por isso, a construção de sua autoestima é atingida, pois sua percepção de autoconceito e autoeficácia ficam prejudicados, levando a pensamentos como "sou burro mesmo", "não vou fazer porque não sou bom" etc. Ao perceberem esse tipo de fala vindo da criança, é fundamental que os pais se atentem à forma de lidar com essa criança e buscar entender que podem fazer em questão de suporte, organização de rotina e palavras de incentivo e afetividade, para ajudar essa criança a passar por essa fase difícil.

É importante deixar claro que não devemos blindar as crianças de situações difíceis, porém, é fundamental que, pelo menos dentro de seu núcleo familiar, ela receba suporte e *feedbacks* consistentes com a realidade, evitando a taxar negativamente; e que os *feedbacks* sejam referentes a ação da criança e não a características pessoais dela, pensando junto com ela em soluções para o problema que está enfrentando. Por exemplo, se a criança está com dificuldade em realizar uma atividade de matemática, em vez de falar para ela "Você é preguiçosa", pergunte para ela "Como eu posso te ajudar?", ou "Em qual parte você está com dificuldade?". Nesse momento, você pode tentar identificar qual é o ponto de dificuldades da sua criança e, junto com ela, tentar pensar em soluções, pensar em estratégias para resolver esse problema; e, principalmente, mostrar para a sua criança que você está ali por ela, para dar a ajuda de que ela precisar (sem fazer por ela) e que, se ela pensar em outras possibilidades, poderá encontrar uma alternativa, e se mesmo assim estiver difícil ela poderá pedir ajuda.

Com isso, é fundamental que você valorize o esforço da criança, o empenho dela em realizar a tarefa, em buscar alternativas, seja buscando videoaulas na internet, seja encotrando outros exemplos na apostila, ou ainda pedindo ajuda para os pais ou colegas. Fale para ela o quanto você fica feliz com o empenho dela em realizar as atividades escolares e que tudo bem se ela tiver dificuldade em alguma coisa, afinal de contas, todas as pessoas têm facilidade com alguma coisa e dificuldade com outra, e que o importante é que haja empenho para se fazer o melhor que puder sempre.

Além de proporcionar a organização em questão de ambiente descritos acima, como ter um espaço para estudar, horário fixo na agenda e incentivos com recompensas de atividade ou material, é importante também esse incentivo emocional por parte dos pais para que a criança tenha motivação intrínseca em fazer as tarefas: ou seja, uma motivação guiada pelo desejo de concluir a tarefa, sentir prazer em compreender aquele conteúdo, sentimentos esses atrelados a reforçadores sociais como elogio da professora e elogio dos pais e familiares próximos. Ou seja, inicialmente precisamos proporcionar incentivos externos para motivar a criança à realização das tarefas e, em paralelo a isso, proporcionar estratégias de busca por soluções e encorajamento. Com a exposição dessa criança as tarefas dentro desse contexto, entrar em contato com a resolução desses problemas aumenta a chance de essa criança se motivar pela própria resolução e por conseguir compreender os conceitos estudados, deixando de precisar de tantos incentivos externos, pois terá uma motivação intrínseca para realizar as tarefas. As Neurociências já apontam que aprendizagem associada com emoções positivas aumenta a capacidade da criança de lembrar o conteúdo estudado.

Em resumo, se sua criança apresenta dificuldades de aprendizagem, num primeiro momento procure observar quais são os aspectos específicos para os quais a criança apresenta dificuldade, procure organizar o ambiente de modo a melhorar a qualidade de sono e a organização para os estudos e, especialmente, a incentive e valorize seu esforço, pois é isso que no futuro fará essa criança lembrar com carinho de você; e não a poupe dos desafios da vida, pois são esses desafios que irão desenvolver repertório de enfrentamento e resiliência na vida adulta.

Referências

AMERICAN PSYCHIATRIC ASSOCIATION. *Manual Diagnóstico e Estatístico de Transtornos Mentais: DSM-5*. 5. ed. Porto Alegre: Artmed, 2014.

RISO, W. *Apaixone-se por si mesmo. O valor imprescindível da autoestima*. 2. ed. Academia, 2012.

WALKER, M. *Por que nós dormimos: a ciência do sono e do sonho*. São Paulo: Intrínseca, 2018.

8

PARENTALIDADE ESSENCIAL
CONSTRUINDO PONTES ENTRE A CIÊNCIA E A ESPIRITUALIDADE PARA MEDIAR A RELAÇÃO PARENTAL E EDUCAR A PARTIR DA INTELIGÊNCIA DO CORAÇÃO

Ao invés de respostas, deve-se provocar perguntas para que cada pai encontre a sua verdade e possa atuar de maneira autêntica, fazendo da parentalidade um caminho de autoconhecimento, porque cada ser humano é único e exige uma atitude diferente por parte de quem o educa. O caminho proposto é o da autoeducação: inteligência emocional e espiritual se unem – pensar-sentir e querer mediando a relação entre pais e filhos; o resultado é uma atitude educativa em coerência com o coração e uma manifestação da criatividade nas relações. Quando nossos desafios não encontram respostas e nossa alma confia em uma sabedoria que rege a vida, somos convocados para exercer uma parentalidade criativa. Se você chegou a esse ponto, talvez a parentalidade essencial faça sentido para você.

CAMILA CASSIA CAPEL

Camila Cassia Capel

Contatos
www.camilacapel.com
camila@hipstudio.com.br
www.parentalidadeessencial.com.br
Insightimer Teacher: https://bit.ly/3nUUOim
Instagram: @parentalidadeessencial
@camila_capel

É idealizadora do modelo de Parentalidade Essencial, uma visão científico-espiritual do ser humano. Tem uma formação multidisciplinar em áreas como Psicopedagogia, Antroposofia e Pedagogia Waldorf e Parentalidade Positiva; Treinamento de Habilidades Parentais; Educação de Pais e Autoeducação; Capacidade Analítica; Inteligência Emocional e Social; *Coaching* fundamentado na Medicina Tradicional Chinesa, Escuta Terapêutica; Nutrição Parental. É facilitadora de Meditação Ch'an e *Mindfulness and Compassion*, especialista em CBT – Terapia Cognitivo-comportamental, *Psych-k*, Programação Neurolinguística, e Técnicas de Comunicação e Mediação Transformativa. Sua visão sistêmica sobre o ser humano, que também vem das formações em constelações familiares, é base para sua atuação como escritora, com o objetivo de compartilhar aprendizados e experiências para inspirar pessoas a trilharem o caminho do autoconhecimento, possibilitando uma vida mais plena.

A esta altura, você já deve ter lido algo (ou muito) sobre o tema da parentalidade. Talvez já esteja colocando em prática muitas ferramentas e até tenha sentido uma melhora em sua relação com os filhos. Mas, certamente, percebeu que, na prática, há dificuldade de se aplicar algumas coisas ou até certa dúvida sobre como unir tantas informações e seguir um caminho coerente. Na verdade, temos um grande acúmulo de informações intelectuais sobre como sermos pai/mãe melhores e temos dificuldade em administrar tantas informações em nossa vida real.

    Foi nesse cenário que nasceu a **parentalidade essencial**, um chamado para a **autoeducação**, filhos se desenvolvendo de um lado e pais se desenvolvendo de outro, juntos em um caminho de aprendizado mútuo. Aqui, não há um mestre e um aluno, e sim dois seres que dependem um do outro para despertar uma sabedoria nata que cada um possui dentro de si. Esse caminho exige fidelidade, amorosidade e compaixão pelo outro e, principalmente, por nós mesmos, porque não podemos alimentar alguém se nosso próprio prato só contém migalhas. O problema é que achamos que, porque amamos, teremos pratos sempre cheios e não entendemos por que nos custa tanto doar paciência, tempo, atenção, carinho, disponibilidade, interesse, presença, compreensão... Isso não significa que não temos atitudes amorosas com nossos filhos, mas sim que não as temos sempre que queremos... Lemos um livro, saímos de uma aula inspirados e com coração repleto de boas intenções, mas, em poucos dias, ou até horas, vemo-nos fazendo exatamente aquilo que nunca queremos fazer ou repetindo coisas que, supostamente, são lições já aprendidas. Manifestamos atitudes que, racionalmente, sabemos ir contra nossos ideais de educação. Mas, como tudo passa, ficamos mal por um tempo ou sentimos leve culpa e seguimos em frente, torcendo para que nossos filhos não nos apresentem nunca mais aquele desafio e, assim, continuarmos aplicando mais facilmente a teoria que aprendemos.

Esse é o problema, queremos que algo se finalize, queremos a confirmação do futuro no hoje, queremos a certeza de que nossa educação "deu certo"; e hoje o que temos é apenas uma criança sendo criança, e que pode ser bem diferente das nossas limitadas concepções sobre educação. Queremos enxergar uma criança "bem-educada", esquecendo que educar é verbo contínuo e verbo é ação, é movimento, portanto não existe nada estático.

Não sabemos se nossas atitudes de hoje vão garantir os resultados que queremos e, apesar de óbvio, parece que não entendemos; queremos um resultado pronto, um atestado de que acertamos o caminho como uma "estrelinha" por bom desempenho escolar. Por esta expectativa, qualquer atitude nossa ou dos filhos que pareça contrária ao que idealizamos é encarada como uma confirmação de que não somos bons pais. Assim, tornamos a buscar mais técnicas, estudos, ferramentas; afinal, aquela técnica aprendida no último livro podia estar errada... E, afinal, existem mais outras tantas que podemos aprender. Isso vai aumentando o arsenal de recursos externos e tornamo-nos eternos buscadores. Ninguém é um buscador à toa; a busca por aprender, melhorar, curar, que vem disfarçada de amor ao conhecimento, esconde uma lacuna que ainda não conseguimos preencher em nosso ser e os filhos são aqueles que nos trazem a luz.

Os filhos iluminam nossas sombras, partes nossas que nem sabemos possuir, e seus desafios fazem parte do acordo mútuo que fizemos antes do seu nascimento, no período da **inatalidade**. Eles virão acionando nosso emocional infantil, construído quando éramos crianças e que, por algum motivo, não cresceu junto com nosso corpo. Para nos tornarmos adultos, tivemos de aprender a crescer carregando este passivo emocional, mas ele não cabia mais em nossos corpos adultos; assim, renegamo-lo à sombra. Esse acordo velado rege a relação entre mãe e filho e, até que tenhamos esta consciência, enxergaremos nossos filhos como pessoas que precisam ser educadas, consertadas, melhoradas, ensinadas a serem algo. E é isso que faz da parentalidade algo pesado, exaustivo e até desprazeroso, às vezes. A maternidade não pode ser algo gostoso apenas quando nos sentimos satisfeitos conosco porque nosso filho está na cama na hora em que achamos certo ou porque comeu toda a salada, fez todos os deveres ou não fez uma birra no mercado e ainda disse "obrigado" ao porteiro da escola. Essa é nossa satisfação infantil, de quando éramos menininhas de colégio e tínhamos de ser as boas alunas para sermos reconhecidas. Mas como dava trabalho conseguir se manter neste posto! Ou melhor, como dá trabalho ainda se manter nele.

Havia também aqueles que eram o oposto, nada faziam e eram totalmente avessos aos estudos; em compensação, morriam de raiva quando todos estavam em férias e precisavam passar o mês em recuperação ou repetiam o ano.

A questão é: conseguimos ser realmente felizes enquanto nossos filhos estão em processo de educação? Processo esse que, se tudo correr bem, deve ser para o resto da vida? Veja a gente aqui, discutindo o papel de pais e estudando, depois de muito crescidos, sobre como se educar para educar, mostrando que a educação é um processo sem fim para aquele que realmente deseja uma melhoria contínua enquanto ser humano. Se o processo é vitalício, como condicionar nossa tranquilidade no fim dele?

Ao mesmo tempo que as ferramentas – não apenas da parentalidade, como inteligência emocional, psicologias positivas, comunicação (poderíamos escrever uma página de boas técnicas efetivas e algumas até cientificamente comprovadas) – trazem uma boa prateleira de opções, elas necessitam de um trabalho contínuo de autoconhecimento. As necessidades que Marshall Rosemberg tão bem esquematizou para uma Comunicação Não Violenta (CNV) são uma excelente base para mantermos relacionamentos interpessoais mais maduros; mas como ser emocionalmente inteligentes se nossas necessidades de adultos que hoje somos, na verdade, são pedidos deslocados de amor e afeto que não tivemos de modo suficiente na infância? Como falar de limites para uma criança que ama seus pais incondicionalmente, mas nunca esteve em fusão emocional com eles e que, por isso, suplica por um contato mais íntimo, nem que seja por um safanão ou grito desses pais? Ainda, como falar em acalmar uma criança de três anos em surto na porta do jardim de infância com diálogos empáticos e explicativos, se a dor da separação não está em seu cérebro, mas está sendo vivenciada como dor em suas vísceras? No limite, como sermos a salvação para uma criança que sofre ou pede ajuda, se a nossa porção infantil carece ainda de tanta atenção e cuidado?

As necessidades da criança

Todos nós nascemos com a capacidade incrível de amar, faz parte da natureza humana; e quando falamos em amor, estamos falando de amar a um outro. No entanto, a capacidade amorosa precisa ser desenvolvida na infância. Muitos de nós dizemos que tivemos uma infância amorosa e um lar feliz, mas nem por isso estamos sentindo a amorosidade fluir naturalmente em nossas relações, sobretudo naquelas que mantemos com as pessoas que, supostamente, mais queremos expressar amor.

Ora, mas, então, onde está a ternura e amorosidade infantil que vivenciamos na nossa infância? É como se esta capacidade estivesse confinada em um local trancado em nosso ser e do qual não temos mais as chaves.

Por que não podemos carregar essa nossa porção tão maravilhosa durante toda a nossa vida? Em que momento tivemos de trancafiar aquela criança alegre, espontânea e verdadeira que um dia fomos? Mais ainda, onde está trancada a parte do nosso ser que carregava tudo isso?

Se perdemos esta capacidade é porque, no fundo, ela não foi cultivada em nossa própria infância. Quando um bebê nasce, ele necessita primariamente de um ponto de encontro com sua mãe, e esta ponte se dá através do encontro de olhares entre mãe e recém-nascido. Para a medicina tradicional chinesa, o coração se expressa nos olhos – este é o início de um processo que a escritora e terapeuta argentina especializada em maternidade Laura Gutman chama de **fusão emocional**. Trata-se de um estado em que mãe e bebê devem entrar para a sobrevivência da criança. Os partos em hospital, as dúvidas entre cesárea ou parto vaginal, o arsenal de exames "modernos" para detectar dezenas de síndromes e a necessidade de avaliar e dar notas sobre o desempenho do bebê (escala de Apgar, peso e a altura), todos esses processos que fazemos para nos sentir seguras e dentro do controle sobre a vida fazem do nascimento uma corrida contra a morte e não um local de boas-vindas para um ser que acaba de chegar e onde a mãe deveria estar tranquila para ser a primeira a fazer essa recepção, através do olho no olho e do imediato e longo contato com o bebê em seus braços quentes e amorosos. Segundo Gutman, a fusão emocional é o tanque de água onde mãe e filho pulam juntos, só assim a mãe poderá sentir exatamente o mesmo que o bebê sente, tanto no âmbito físico (frio, calor, fome, dor, desconfortos) quanto no âmbito emocional (medo, desproteção, ameaça e uma série de sensações desprazerosas que o fato de estar vivo traz). Só podemos sentir o que o outro sente quando estamos em total sintonia com ele. Quando adultos, sabemos nos comunicar por palavras e expressar nossas necessidades, mas o bebê tem muito pouco recurso e o choro é o meio de dizer à sua mãe do que ele precisa. As necessidades de um bebê precisam ser satisfeitas imediatamente, não são como as nossas, vindas de uma série de valores, crenças, regras familiares, culturais, sociais. Nossas necessidades já não são verdadeiras, elas partem de um discurso sobre o que é certo e errado, bom ou mau. Prova disso é que, mesmo após estudar sobre a CNV, continuamos não nos comunicando bem. Ainda segundo Marshall, devemos aprender a nos comunicar expressando nossas necessidades. Mas se a real necessidade não é percebida por nós, vamos continuar pedindo ao outro, infinitamente, como "sacos sem fundo"; insaciáveis porque, no fundo, pedimos errado, não sabemos do que necessitamos e queremos que outra pessoa supra o que nem nós sabemos que nos falta. E, ainda que ela faça tudo por nós, continuará faltando algo que não sabemos o que é, e isso é que torna a comunicação algo violento.

O bebê chora quando tem fome, por exemplo, porque comer é uma necessidade visceral legítima. O psicanalista e psiquiatra infantil inglês D. W. Winnicott define a fome como um tipo de dor que o aflige por também estar suscetível de ser esquecido pelo adulto. Contudo, logo achamos manuais e cartilhas da boa educação que dizem que devemos ensinar o bebê a esperar. Por que nossos bebês precisam aprender que não podem ser atendidos em suas necessidades com poucos meses/anos de vida se nós, no alto dos nossos trinta, quarenta anos, ainda não aprendemos a esperar quando sentimos um vazio? Nós o preenchemos imediatamente recorrendo ao celular, à vida social, a um copo de vinho ou ao que quer que seja. Talvez por isso não suportemos lidar com um bebê que grita dia e noite pelo peito ou uma criança que se joga no chão porque não quer se separar da mãe na porta da escola.

De fato, cabem muito bem as justificativas absurdas que a sociedade inventou para deixar nossos bebês sofrerem, este é o discurso da nossa sociedade atual, que foi construída com base na opressão das crianças em detrimento do bem-estar dos adultos. O antropologista Robert Edgerron resume o tema: "Até bem recente, todas as sociedades colocaram o bem-estar dos adultos acima dos das crianças, especialmente os mais novos".

Até agora, falamos das necessidades fisiológicas, porém existem o aspecto emocional, as necessidades da alma da criança.

Como falar a língua do bebê

Toda alma que chega ao mundo está mais ligada ao mundo espiritual, de onde acaba de chegar, do que à Terra. Seus três primeiros anos são verdadeiramente intensos, em especial, seus primeiros 1.000 dias de vida – andar, falar e pensar, até que, finalmente, ela consiga se autodenominar pela palavrinha "eu", custam-lhe aproximadamente três anos de trabalho intenso e uso de grande energia vital. Mesmo após esse período, ainda lhe resta um trabalho: desenvolver sua fisiologia, formar sistemas e renovar completamente tecidos. Ela precisará trocar o que recebeu pela corrente hereditária por um material próprio e isso demanda alta energia vital. O tempo que ela leva para fazer isso é de aproximadamente sete anos, e o fim do processo é marcado pela queda dos dentes de leite, sinal de que sua força vital foi maior do que a força hereditária; pois, uma vez que os dentes de leite serem as estruturas mais duras do corpo, são as últimas a serem eliminadas. Sob este ponto de vista, encaixa-se a epigenética, que hoje, assegura-nos que não são os genes que carregamos dos pais que determinam a manifestação de uma doença e, sim, a informação que o ambiente em que a pessoa está inserida transmite às suas células. Hábitos de vida, fatores emocionais e sociais conferem ao organismo um tipo de "ambiente", com hormônios e neurotransmissores circulantes, PH específico etc. E é ele, através da membrana da célula, que informará ao seu núcleo o tipo de proteína que ela deve produzir, estimulando, assim, a expressão gênica. A cada sete anos o ser humano renova seus tecidos, portanto, seu ambiente interno muda e isso tem influência sobre a expressão dos genes.

Nesse período, seu cérebro também está se estruturando e demora em média sete anos para que a criança esteja apta a elaborar os pensamentos **lógico e abstrato** que a habilitam a, por exemplo, conseguir pensar em algo que ela não está vivenciando naquele momento com seu corpo, como quando ela é capaz de elaborar um raciocínio ou planejar algo em uma sequência lógica. Portanto, como exigir da criança que entenda que o peito, ao qual ela suplica, não está disponível no momento em que ela sofre um vazio absurdo em sua barriga? Ou, ainda, que, quando chora desesperadamente no berço porque a costura do macacão a incomoda, deve aguardar no berço os minutos recomendados antes que sua mãe lhe tire da angústia, pegando-a nos braços? Lembre-se de que a realidade real não corresponde à realidade das sensações, ela experiencia a real sensação de ameaça à sua sobrevivência, e apenas a mãe sabe que não é verdade: portanto, é aquela que a natureza coloca como guardiã desse bebê para ajudá-lo a passar esses anos tão difíceis de sua vida. O mundo é um lugar onde existe fome, frio, sede, abandono, mas a criança não sabe interpretar nada disso e só sabe que sente prazer, desprazer ou neutralidade, sendo que as sensações de prazer ela tende a querer repetir e as de desprazer, evitar.

A esta altura, você deve se perguntar: como a mãe sabe o que o bebê precisa se não fala sua "língua"? A mãe fala a língua de seu bebê quando entra na fusão emocional com ele, quando mergulha com ele nesse "tanque de água"; então, magicamente ela passa a ter as mesmas percepções de seu bebê, mas com um diferencial – ela conta com a sua consciência desperta, o que não é o caso de sua cria. Ela, agora, poderá nomear com suas palavras o mundo que cerca o bebê.

As palavras ordenam nossa consciência, sobretudo as palavras daquele que nos entende intimamente, daquele que sente o que sentimos. É isso que a integração emocional entre mãe e bebê propicia à criança. A segurança de que sua vivência interior, no âmbito das necessidades físicas e emocionais, é codificada, interpretada, compreendida e atendida pela mãe. O fato de uma criança ainda não poder usar a linguagem verbal não significa que ela não compreenda coisas que se passam ao redor dela. Na verdade, ela compreende tudo que faça sentido e pertença ao universo emocional de sua mãe.

Na natureza, o filhote, após alguns dias, já está apto a sair do lado de sua mãe; o bebê humano nasce prematuramente em relação aos demais mamíferos. Portanto, consideram-se nove meses de gestação intrauterina e mais nove meses de gestação extrauterina. Nesta idade, o bebê tem um desenvolvimento semelhante a um outro mamífero, locomovendo-se sozinho, por exemplo. Entre os mamíferos, o bebê humano é, sem dúvida, o de maior inteligência e capacidades intelectuais. Essa capacidade lhe confere um cérebro que, segundo algumas correntes, não conseguiria passar pelo canal vaginal, caso ficasse na barriga da mãe por mais do que os nove meses e que, por isso, nasce prematuramente em relação aos demais mamíferos. A Neurociência, cada vez mais, entendem a relação entre o cérebro da mãe e o do bebê. Sabe-se da capacidade de autorregulação que o cérebro da mãe confere ao cérebro do bebê. Quando um bebê está chorando em desespero, seu cérebro está em uma espécie de "pane", e a simples presença do cérebro da mãe por perto é capaz de regulá-lo. Também o uso da cama compartilhada entre mãe e bebê confere ciclo de sono regulado do bebê a partir do ciclo de sono da mãe. Segundo dados do movimento Ciência do Início da Vida – CIV, criado pela psiquiatra dra. Eleanor Luzes, existem estudos que falam até na diminuição do risco de morte súbita em recém-nascidos que dormem ao lado de suas mães – isso porque interrupções de ciclos respiratórios, que podem acontecer quando são muito pequenos, são reguladas automaticamente pela presença da mãe dormindo ao seu lado. Outro defensor do contato constante entre mãe e bebê, o obstetra e cientista francês Michel Odent (1992) conta que, na Colômbia, alguns pediatras mandam os bebês nascidos prematuramente para casa depois de um ou dois dias, pedindo que as mães fiquem, dia e noite, com eles, em contato corporal absoluto, como bebês cangurus na bolsa da mãe.

Todos esses exemplos mostram que calor, contato, afeto, entrega, presença, integração física e psíquica absoluta da mãe são vitais. E o motivo é simples: apenas nessas condições a mãe saberá exatamente o que se passa no interior de seu bebê e poderá se colocar em inteira disponibilidade para atender seus desejos (entenda desejos não como vontades do ego e, sim, desejos de satisfação de suas necessidades viscerais). As necessidades emocionais são igualmente vitais, como as fisiológicas – a falta da primeira impacta o funcionamento de funções vitais.

E nossa criança?

Quando aprendemos sobre as necessidades de todos os bebês, podemos deduzir o quanto nos faltou. Através da autoconsciência, entramos em contato com aquele ser que um dia fomos, e assim pode surgir um sinal de autocompaixão e amorosidade por nós mesmos. Talvez, nesta hora, possa acontecer uma conexão íntima com nossos filhos, em que não os enxergaremos mais como seres vazios de informação e nós, como aqueles no papel de preenchê-los. O conhecimento da nossa própria biografia nos coloca em outro nível de relação parental. A consciência de si faz com que reconheçamos o que nos faltou, portanto, o que nos impede de dar tudo aquilo de que nossos filhos necessitam. Isso suscita na alma dos nossos filhos um sentimento de verdade: atuamos além dos papéis exclusivos de pai e mãe e nos relacionamos como seres humanos.

Os desafios trazidos pelos filhos são apenas sombras de nossa própria criança, que ainda vive dentro de nós, esperando ser escutada, aquela que um dia quis contar algo, mas ainda não possuía recursos para se expressar. Chamo esses desafios de chamados para uma parentalidade autêntica. Afinal, nossos filhos são únicos e nossa biografia também, e ao percorrermos nossas memórias autobiográficas, conseguimos resgatar nossas necessidades e exercitar a verdadeira compaixão por nossos filhos e autocompaixão pela nossa própria criança; observamos o que a ela faltou, o que ela ainda espera, o que ainda carregamos como sombras e em relação a que nossos filhos gentilmente se colocam no papel de representantes para que tomemos consciência.

A intenção é dar voz à criança, àquela que hoje se apresenta como nosso filho, mas, também, àquela que um dia nós mesmos fomos. E é assim, em um caminho de escuta e atenção, que percorremos a **parentalidade essencial,** um chamado à autoeducação – filhos se desenvolvendo de um lado e pais se desenvolvendo de outro, juntos em um caminho de aprendizado mútuo no qual usaremos o coração como órgão da inteligência e das verdadeiras respostas. Ao acessar esta verdade, podemos alcançar o nível da intuição, do *insight* e da manifestação da criatividade para conduzir nossas relações.

A autenticidade é algo que só pode surgir da individualidade, portanto, devemos, primeiramente, emanciparmo-nos de nossas histórias de infância, que estão tão profundamente enraizadas em nossa psique. Isso coloca a relação parental em outro patamar e torna a jornada um caminho iniciático, filhos se desenvolvendo de um lado e pais em um caminho autoconsciente, em busca do que é verdadeiramente essencial. Se essas palavras te tocaram em algum lugar, convido você para experienciar a **parentalidade essencial** por meio desse exercício conduzido por mim, experimentando um novo tipo de comunicação com seus filhos, por meio da inteligência do coração.

Essa experiência está disponível acessando o QR code acima e, também, pelo site ou aplicativo *Insightimer*®. Procure pela professora Camila Capel e a faixa *Comunicação com os filhos através da inteligência do coração*.

> Não há, basicamente, em nenhum nível, uma educação que não seja a autoeducação. Toda educação é autoeducação e nós, como professores e educadores, somos, em realidade, apenas o ambiente da criança educando-se a si própria. Devemos criar o mais propício ambiente para que a criança eduque-se junto a nós, da maneira como ela precisa educar-se por meio de seu destino interior (STEINER, 1923).

Referências

BAUER, D. H.; HARTMUT, G.; HOFFMEISTER, M. *Children who communicate before they are born: conversation with unborn souls.* Temple Lodge Publishing, 2005.

BURKHARD, G. Homem-mulher: a integracao como caminho de desenvolvimento. Antroposófica, 1999.

CAPEL, C. C. *Parentalidade essencial.* Leitura e Arte

CAYMMI, A. *Apostila para formação em TSFI* (Terapia Sistêmica Fenomenológica Integrativa).

DAMÁSIO, A. R. *O erro de Descartes: emoção, razão e o cérebro humano.* São Paulo: Companhia das Letras.

EEL JIA, J. *Ch'an Tao – conceitos básicos: medicina tradicional chinesa, Lien Ch'i e meditação.* Cone Editora.

GLASER, J. E. *Conversational intelligence: how great leaders build trust and get extraordinary results.* Routledge, 2016.

GOLEMAN, D. *Inteligência emocional.* Objetiva, 1996.

GRILLE, R. *Parenting for a peaceful world.* Vox Cordis Press, 2013.

GUTMAN, L. *A maternidade e o encontro com a própria sombra.* BestSeller, 2016.

GUTMAN, L; CORULLÓN, M.; CABRAL, L. C. *A biografia humana.* BestSeller, 2016.

KELEMAN, S. *O corpo diz sua mente.* São Paulo: Summus Editorial, 1996.

LIPTON, B. H. *A biologia da crença.* Butterfly, 2007.

LUZES, E. M. A necessidade do ensino da ciência do início da vida, tomo III. Tese de doutorado. Universidade Federal do Rio de Janeiro. Centro de filosofía e ciências humanas – Instituto de psicologìa, 2007.

MONTAGU, A. *Tocar: o significado humano da pele.* Summus Editorial, 1988.

ODENT, M. *Nacimiento: renacido.* Errepar, 1992.

ROSENBERG, M. B. *Comunicação não-violenta: técnicas para aprimorar relacionamentos pessoais e profissionais.* Editora Ágora, 2006.

SCHOOREL, E. *Os primeiros sete anos: fisiologia da infância*. Federação das Escolas Waldorf do Brasil, 2020.

SELG, P. *Inatalidade : a pre-existência do ser humano e o caminho em direção ao nascimento*. Antroposófica, 2020.

SIEGEL, D.; HARTZELL, M. *Parenting from Inside Out : how a deeper self-understanding can help you raise children who thrive*. TarcherPerigee, 2013.

STEINER, R. *Antropologia meditativa: Contribuição à prática pedagógica*. Antroposófica, 2016.

STEINER, R. *O estudo geral do homem: uma base para a pedagogia*. Antroposófica, 2022.

WINNICOTT, D. W. *A criança e seu mundo*. São Paulo: Zahar Editores, 1979.

9

PAIS FELIZES CRIAM FILHOS SEGUROS
A IMPORTÂNCIA DA FELICIDADE DOS PAIS PARA ESTABELECER RELAÇÕES DE AFETO E SEGURANÇA COM OS FILHOS

Neste capítulo, abordarei como pais mais felizes possibilitam o estabelecimento de conexões mais profundas e prazerosas com seus filhos, de tal modo que cada conexão que se estabeleça seja combustível para uma realidade mais positiva, em que ambos se sintam mais satisfeitos. Etimologicamente, felicidade significa qualidade ou estado de feliz; estado de uma consciência plenamente satisfeita; satisfação, contentamento, bem-estar. Para fazer feliz o outro, antes preciso eu estar preenchido de felicidade.

CARLA NAKAI

Carla Nakai

Contatos
carlanakai@hotmail.com
Instagram: carla.nakai
Facebook: facebook.com/carla.nakai
11 99900 0800

Pedagoga graduada pela Universidade do Grande ABC (2006), especialista em Educação Especial; pós-graduação *lato sensu* pela Anhanguera Educacional (2010); MBA em Gestão Empresarial pela Fundação Getulio Vargas (2019); *Customer Experience* – extensão – Pontifícia Universidade Católica de São Paulo – PUC-SP (2021). Pós-graduanda em Psicologia Positiva pela Pontifícia Universidade Católica de Rio Grande do Sul – PUC-RS (2022). Entusiasta de qualidade de vida, felicidade e desenvolvimento infantil. Bancária, voluntária, educadora, e mãe de três.

> *Felicidade não é uma estação onde chegamos,*
> *mas uma maneira de viajar.*
> MARGARETH LEE RIMBEUK

Comumente ouvimos que, quando nasce um bebê, nasce também uma mãe e um pai. Porém, ao passo que incorporamos o papel de criador que acolhe, materna, ensina e ama incondicionalmente, muitas vezes aquela persona que outrora se fazia tão presente aos poucos vai deixando de existir.

Basta observar como os pais são chamados nas reuniões de escola, festinhas de criança e como nós mesmos nos apresentamos àqueles que conhecemos após a chegada dos filhos: "Prazer, eu sou a mamãe da fulana", ou "O pai do ciclano". Conheço pessoas que, para mim, não possuem identidade própria. Diariamente, troco duas ou três palavras mas, quando me refiro, a elas sempre me refiro à mãe ou ao pai de tal criança, simplesmente porque eu não faço a mínima ideia de como ela se chama. O nome dela ou o que faz enquanto não está sendo pai ou mãe passa a ser irrelevante.

Parece bobagem, e na verdade não teria nada demais nesta situação caso se tratasse apenas de um evento externo. Algo que acontece na porta da escola ou naquele buffet cheio de brinquedos, doces e crianças correndo. Sem juízo de valor, a intenção aqui não é julgar quem abdica de vida profissional e opta por cuidar em tempo integral da família, nem tampouco de quem não tem outra opção a não ser terceirizar parte dos cuidados com os filhos a outrem. Cada escolha implica necessariamente em uma renúncia, e esses são apenas dois cenários que exemplificam as escolhas e renúncias intrínsecas à vida de quem tem filhos. A proposta é abrir os olhos, e cabe a reflexão acerca do que fazemos, se de fato minhas escolhas e atitudes diárias contribuem para minha realização e consequente felicidade própria e daqueles que convivem comigo. Ser feliz é relativo e isso implica me autoconhecer; ter ciência do que me satisfaz ou não para que então seja possível canalizar minha energia para fortalecer a mim e aqueles que me são caros.

Olhar para si é tão ou mais importante do que olhar para o outro.

Existe alguém frágil, indefeso, que necessita de atenção e cuidado de maneira contínua e contumaz, e esse alguém é você: pai ou mãe que se coloca em segundo plano para satisfazer as mais diversas necessidades daqueles que chamamos de filhos. Nada mais justo, afinal, parafraseando o Pequeno Príncipe, "Tu te tornas eternamente responsável por aquilo que maternas", mas há que se lembrar sempre que só é possível auxiliar alguém e proporcionar bem-estar aos mais vulneráveis se antes de mais nada nós estivermos bem. Lembra dos procedimentos de segurança antes do avião decolar: "Em caso de despressurização da cabine, máscaras de oxigênio cairão automaticamente. Puxem uma das máscaras para liberar o fluxo de oxigênio; coloquem-na sobre o nariz e a boca; ajustem o elástico em volta da cabeça e respirem normalmente. Auxiliem crianças ou pessoas com dificuldade somente após terem fixado a sua!". Certamente aquele aviso não está lá por acaso. Instintivamente, tendemos a querer proteger primeiro a nossa cria e nos deixamos para segundo plano. Se isso não fosse uma grande verdade, este anúncio seria desnecessário, não é mesmo?

Pois bem. Experimente então tentar acrescentar à vida pós-filhos um pouco de egoísmo. Apesar de ser uma palavra com conotação pejorativa, não me refiro aqui ao egoísmo em modo integral, presunçoso, mas aquele em que se percebe o quanto eu, indivíduo independente de ser pai ou mãe, também sou homem e mulher e, como tal, necessito ter meus próprios interesses atendidos.

Quem nunca viu ou nunca foi a mãe que passou o puerpério sem ao menos conseguir tirar o pijama.

Quem nunca viu ou nunca foi um pai que abandonou o *happy hour* ou o futebol de quinta com os amigos?

Toda mudança é desafiadora, e a promoção de tio(a) a pai ou mãe não é diferente. Aqueles que abdicam de seus próprios interesses e desejos em prol de sua prole, na maioria das vezes, se orgulham por isso, afinal o pagamento é recheado de sorrisinhos, beijos e abraços reconfortantes. De fato digno de orgulho. Mas é preciso se policiar, caso contrário a pena pode ser a de nunca mais tirar o pijama tampouco bater uma bolinha, e o pior: nunca mais se reconhecer e, não se reconhecendo, acreditar que a vida se tornou um grande infortúnio.

Pais são, antes de tudo, seres humanos e, como tais, possuem necessidades físicas, orgânicas e sociais. Não é porque um filho chegou que tudo o que você viveu, sentiu e se tornou antes de procriar precisa ser sacrificado.

Shawn Achor (2012), no livro *O jeito Harvard de ser feliz*, nos presenteia ao nos mostrar que é possível criarmos uma mudança positiva em nossas vidas, e para isso é fundamental que mudemos primeiramente nossa realidade. O caminho para melhorarmos nossa realidade seria, então, buscarmos e criarmos felicidade. Tarefa difícil, haja vista que cada ser humano é ímpar, além de haver na própria felicidade muita relatividade. Uns são felizes comendo chocolate, outros fazendo dieta. Achor (2020), em sua pesquisa realizada com um grupos de pessoas distintas passando pelos mesmos desafios, nos mostra que algumas ficam desesperançosas enquanto outras conseguem sucesso e felicidade no que fazem basicamente porque viviam diferentes realidades no que tange a mentalidade de algo ser ou não factível. Tais realidades estão intrinsecamente ligadas às lentes que utilizamos para encarar as agruras da vida. Há de se utilizar mais a lente que nos mostra tudo o que pode dar certo ao invés de focar na desesperança e pessimismo. Quando nos permitimos ser otimistas e enxergarmos que a felicidade é possível, canalizamos nossas energias para mudar positivamente o cenário em que nos encontramos. Não me refiro ao otimismo tóxico que menospreza qualquer tipo de problema ou dificuldade, tampouco dizer que o desafio de ter filhos será tarefa fácil e que será possível estarmos plenos todos os dias.

O desejo de todo genitor é ver sua prole feliz, e uma das formas de fazê-los felizes é demonstrando toda a satisfação que sentimos por termos eles ao nosso lado e que suas existências não são um fardo pesado, tampouco motivo da infelicidade de seus pais.

Por isso, pai/mãe, veja o mundo através das lentes das possibilidades e faça mais o que te faz feliz. Afinal, só consegue levar felicidade ao outro e ajudá-lo a trilhar o caminho da positividade aquele que antes foi capaz de olhar para si e cuidar primeiramente de sua própria felicidade. Dessa forma, teremos filhos mais seguros de si e aptos a buscar em o caminho da felicidade e sucesso.

Referências

ACHOR, S. *Por trás da felicidade*. São Paulo: Benvirá, 2020.

ACHOR, S. *O jeito Harvard de ser feliz*. São Paulo: Benvirá, 2012.

PEQUENOS UNIVERSOS

Este capítulo levará os pais a profundas reflexões sobre o quanto a chegada de um filho é uma explosão de transformações que conduz a um universo de possibilidades na construção diária de si mesmo e o quanto isso poderá impactar a construção do outro: neste caso, do próprio filho. Nesta leitura, será possível experimentar o sentimento de ser o genitor de um novo ser humano e os impactos desse grande desafio, sob a óptica de uma mãe que traz, em seus relatos, a grandiosidade de vivenciar a experiência da maternidade e tirar dela aprendizagens que a ajudarão a se reconhecer como um ser em constante construção.

Claudia Batista da Silva Mendes

Contatos
afettivaaprendizagem@gmail.com
Instagram: @afettiva_aprendizagem
Facebook: Claudia B. da Silva Mendes

Graduada em Pedagogia pela Universidade Norte do Paraná (2011), com pós-graduação em Gestão Educacional e Psicopedagogia Institucional e Clínica (Faculdade Católica de Anápolis), acadêmica do sétimo período do curso de Psicologia. Escritora de literatura infantil – *Aurora em: a menina dos cabelos de fogo e suas tranças mágicas*. De todas as suas atribuições, destaca sua paixão pela maternidade. Casada há 26 anos e mãe de três filhos adultos, viu na maternidade e nas relações que estabelece com a família a fonte para sua evolução como ser humano. Como profissional da Educação, vê na afetividade o caminho mais seguro para se alcançar uma aprendizagem significativa.

Nós nos transformamos em nós mesmos através dos outros.
LEV VYGOTSKY

Ainda carrego em mim a garota, a adolescente que tão cedo se tornou mãe. Eu nem sabia direito o significado dessa palavra minúscula. Só queria ser. Não imaginava que ela representava tão bem pequenos universos. No meu caso, três.

Eles surgem do nada e se tornam seu tudo. Está bem! Nem para todo mundo é assim. Mas a cada vez que eu esbarrava na notícia de que iria ser mãe, uma estrela gigantesca explodia no espaço e se transformava no meu pequeno universo.

Tão cheio de infinitas possibilidades, tão cheio de infindáveis dúvidas e... Sentimentos e... Amor.

Um amor tão distante daquele descrito no dicionário:

Amor
Substantivo masculino.

1. Forte afeição por outra pessoa, nascida de laços de consanguinidade ou de relações sociais.
2. Atração baseada no desejo sexual.

E não era nem um, nem outro. Era muito mais gigantesco, inalcançável e incompreensível, um universo inteirinho (como se ele tivesse começo, meio e fim) dentro de mim.

Agora, imagine isso tudo acontecendo com uma garota inacabada, imperfeita, que ainda não sabia direito qual era o seu lugar no mundo?

Essa era eu, uma mãe de três infinitos, pequenos universos, que se expandiram, ocupando espaço dentro do meu corpo, dentro do meu coração e dentro da minha alma.

É claro que eu não estou aqui para romantizar a maternidade. Não, não mesmo! Teve muita dor envolvida, teve desespero, teve desejo de fuga, teve raiva, teve lágrima... e ainda tem. Afinal, meus pequenos universos já não são tão pequenos, estão a cada momento se tornando imensidão. Cada um com sua própria trajetória na jornada também nada fácil de ser filho.

Universo primogênito – o primeiro impacto

Eu tinha 17 anos quando fiquei grávida do meu filho mais velho. A maternidade chega transformando tudo – o corpo, o ambiente, as pessoas à sua volta –, tudo é estranho, fantástico, perigoso. Parece um campo minado onde a gente pisa com a ponta dos pés, esperando a bomba explodir. Consultas, exames, roupas novas e grandes, mudanças de humor, ora amamos estar nessa condição, ora odiamos. Ah, eu odiei, sim, em muitos momentos, mas amei muito mais, em cada instante minúsculo da espera. E ele, o bebê, era um garotinho, um menino, aquela frase clichê: "Meu mundo azul". Que bobagem! Meu mundo estava de ponta-cabeça e eu via todo tipo de cor, da mais pálida à mais vibrante. Eu fiquei gigante. E me sentia horrível. Mas a cada movimento do meu pequeno universo se expandindo em um espaço tão meu e tão pequeno, que me roubava de mim mesma, reagia feito uma boba perdidamente apaixonada por alguém que ainda nem conhecia.

Ele nasceu e o primeiro sentimento foi de alívio. Era o fim do ciclo da gestação, mas... Que ilusão! A jornada estava apenas começando. Realmente, aquele homenzinho de 50 cm me roubava de mim mesma, do pai dele, das outras pessoas e o pior: eu não me importava. Já não sabia mais onde ele começava e eu terminava.

Esse é um momento muito difícil da maternidade, quantas mulheres param suas vidas para salvar a vida de seus filhos, que delas dependem para tudo... É aquele momento de latência que para muitas é suave, mas para outras, acostumadas a produzir, a ser na individualidade a sua melhor versão feminina, é uma catástrofe.

E os sentimentos se confundem entre o gozar do dom divino e universal de gerar e nutrir uma vida, e o desespero para voltar a viver sua própria vida em suas múltiplas vertentes.

Comigo não foi diferente. Amava ser a mãe dele, mas sentia saudade de ser apenas a filha de alguém. Mas à medida que ele crescia diante dos meus olhos, com tanta personalidade, com seu jeito único de me chamar de mãezinha, de me beijar, de dizer com os olhinhos que me amava, me fazia esquecer a parte difícil da "parada toda".

Nessa fase, eu me deliciava por saber que eu, apenas eu, era o universo dele.

Veio a fase do egoísmo. Deixá-lo crescer... Como assim? O mundo lá fora era perigoso demais para o meu principezinho. Fiquei apavorada de medo. Meu pequeno universo queria mesmo caminhar com suas próprias perninhas, tomar suas próprias decisões, fazer suas próprias escolhas. Tão independente, um verdadeiro lorde. Ele crescia, eu também! Veio a época da escola, dos amigos, da adolescência, dos primeiros amores...

Não é nada fácil estabelecer diálogos sobre determinados assuntos, eu era imatura demais para isso, e ainda carregava impregnadas em mim as raízes de uma criação mais tradicional na qual pais falavam e filhos ouviam. E pronto!

Mas esse espaço de fala, em que a gente podia se expressar de forma leve, ambos falando, ambos ouvindo, aconteceu de uma forma tão suave que, quando nos demos por nós, éramos confidentes. Nessa época, meu filho me ajudava na parte administrativa de uma escola que tínhamos: consertava computadores e, infinitas vezes, consertava minha vida todinha também. Era meu fiel companheiro.

Falávamos de tudo um pouco e confidenciávamos até segredos. Foi uma fase linda. Mas aos poucos eu fui percebendo que ele estava vivendo uma vida que não era sua. Era requisitado o tempo todo para satisfazer as minhas vontades de mãe e isso me incomodava muito. Apesar de saber que ele era comparável a uma grande árvore com raízes profundas que sempre estaria ali, era chegada a hora de deixar que ele começasse a construir sua própria história.

Tem momentos na vida de um filho em que é preciso ter a coragem de se retirar, de morrer simbolicamente, deixar a mãe devotada e dependente para trás e se tornar a espectadora, na arquibancada, torcendo para que cada jogada lhe renda bons pontos. E, se o vir perder, não sair feito louca, pulando o alambrado, invadindo o campo e atrapalhando todo o jogo.

É naquela hora que ele cresce, ele sofre, ele chora e você só pode oferecer um colo e um cafezinho quente. Há decisões na vida de um filho que só cabe a ele tomar. Na verdade, a maioria delas. Passamos a ser apenas boas conselheiras e é preciso muito esforço para ocupar esse posto também.

Quando uma mãe tem essa sensibilidade de deixar que o filho caminhe, avance, tropece, recomece, certamente estará dando ao mundo alguém seguro e capaz o suficiente para fazer-se feliz e aos outros também.

Hoje, embora ele continue sendo meu pequeno universo de infinito amor, tenho a tranquilidade e segurança para lidar com o fato de que, agora, outra pessoa ocupa um grande espaço na sua vida, que meu filho de fato não é uma mercadoria da qual eu seja a dona, mas que, apesar disso, ainda sou aquela estrela brilhante que tenta de alguma forma ser luz em seu caminho.

Esse processo de deixar crescer, deixar amar, deixar experimentar é desafiador, construído com renúncias, longas reflexões através de diálogos afetivos, nuances constantes de resiliência e altruísmo, que muitas vezes causam dor e preocupação, é de longe o mais seguro se quisermos vê-los bem, como seres humanos.

E, num susto, surge mais um pequeno universo

Eu ainda estava assimilando a chegada do meu primeiro pequeno universo quando, de repente, menos de um ano depois, lá estava eu, paralisada com mais um asteroide a passar raspando pela minha vida, e numa nova explosão de luz, um novo ser, um novo pequeno infinito já estava a caminho.

Compartilhar o mesmo leite não estava sendo favorável aos dois: era desmamar um para que o outro tivesse oportunidade de se expandir com toda pompa e circunstância. Aqui começa o processo de aprender a dividir, com o qual o ser humano tanto tem dificuldade em determinadas circunstâncias da vida.

A chegada inesperada de um novo bebê quando você ainda não se habituou com a rotina de um primeiro é devastadora, mas, ao mesmo tempo, fascinante, porque, na verdade, alguma experiência já se acumulou, e já não sentimos tanto medo, pelo contrário: uma coragem absurda nos invade. E a gente tem a certeza de que "quem dá conta de um, dá conta de dois, de três, e por aí vai".

Esse meu segundo pequeno universo era tão diferente do primeiro! Era intenso, crescia com desespero, movia-se como se o seu próprio universo (meu ventre) fosse pequeno demais para tanta vontade e curiosidade. Ele queria muito vir logo para o lado de cá.

Foram nove meses muito peculiares, um crescendo aqui dentro, o outro crescendo aqui fora... e ambos com exigências de filhos muito diferentes.

Nessa fase, uma mulher vive o ápice de sua essência, um desdobramento de papéis, funções, comportamentos que ela jamais imaginava ser capaz de administrar. E as vezes, não dá mesmo. Nesse período, coloquei a mulher que existia em mim, com todos os seus anseios, desejos, sonhos, em uma caixinha e guardei-a por um tempo. Não dava conta de ser as duas coisas: ou era a mãe apaixonada e cautelosa, ou a jovem mulher, com todo aquele desejo de viver, de ultrapassar limites, experimentar emoções e ir além e conquistar o mundo.

E, em um outono frio, assumia seu lugar no universo o meu segundo pequeno infinito.

Aqui não é possível continuar sem abrir um parêntese para a relação com o parceiro, o pai. Afinal, ele também estava passando por esse período e sendo afetado de muitas maneiras. Não dar muita atenção a ele me consumia também. Afinal, havia uma batalha acontecendo entre os hormônios dos vinte anos e toda a demanda de uma maternidade/paternidade recém-nascida.

Erramos, corrigimos, aprendemos juntos. Foi o período mais sombrio da nossa relação porque, para mim, ele tinha de sentir o mesmo que eu. Mas como podemos exigir que o outro nos responda da maneira que esperamos se o outro é o outro, vive suas próprias experiências de paternidade? Se eu sou uma mulher e ele é um homem, se nossas essências são diferentes?

Muitos casais se perdem nesse momento. Quando não entendem que maternidade e paternidade são experiências vividas de forma conjunta, mas de forma subjetiva, um compreendendo as particularidades e necessidades do outro, com afeto, empática e respeito, o caos pode se instalar na relação.

A linha invisível que nos unia se distanciou, mas uma força resiliente em nós não permitiu que se rompesse. Lutamos bravamente para isso: manter-mo-nos unidos de alguma forma.

Em um primeiro momento, até poderíamos pensar que esse esforço era pelos meninos, mas não. Era pelo amor que vinha antes de qualquer desafio. Ele era a origem, tinha que ser o meio, e queríamos muito que fosse para sempre. Os filhos não podem ter nada a ver com isso.

O amor pode se esconder atrás das cortinas do tempo difícil, da diversidade, do desafio diário dos muitos papéis que desempenhamos, pode estar ali, olhando pelas frestas, esperando a hora certa de reacender. Quase sempre ele só precisa de tempo, e se não desistimos a seu tempo, tudo se organiza favorecendo o sentimento. Mas é preciso que os dois queiram isso.

Voltando ao meu menino, o anjo azul, sim... Sempre achei que ele tinha jeito de anjo. Compenetrado no seu brincar, com suas peculiaridades que me deixavam às vezes brava, às vezes triste, às vezes louca. Ele era muito diferente de qualquer criança da sua idade. Gostava de coisas que eram incomuns. Tinha suas vontades inegociáveis, o não era sim e o sim era não. Muitos tropeços ao andar, seletividade alimentar, um jeito de se expressar tão incompreensível. Mas a sua verdade me fascinava, porque ele fazia exatamente o que eu tive vontade de fazer a minha vida inteira, mas as convenções não permitiam. E, no silêncio mais profundo da minha alma, eu o entendia, eu o aceitava, e mais, vibrava sem poder demonstrar (porque função de mãe é corrigir/ensinar) com sua autenticidade. Lidar com o crescimento de ambos, com tanta diferença, era meu martírio diário. Queria ser boa nisso, mas era muito complicado. À medida que cresciam, as diferenças provocavam ciúmes, insinuações de preferência, mas, por Deus no céu, não existia o preferido. Existem afinidades, temperamentos parecidos, pensamentos aproximados, o amor é na mesma proporção! Se é difícil para um filho entender, imagina para a mãe e o pai que sentem! E é assim mesmo.

Mas a amizade entre os dois era coisa linda de se ver. Amigos de verdade. Irmãos de sangue, alma e coração. Tinham e têm cumplicidade, respeito e afeto. O que fizemos para favorecer que fosse assim? Deixamos cada um ser quem realmente era. Tentávamos dar ao invés de impor exemplos. O respeito pela pessoa do outro sempre foi nosso estandarte. Acredito também que as personalidades dos dois se complementavam: um tinha raiz, o cuidador, o protetor. O outro, tinha asas e não se dobrava a nenhuma ventania. Voava mesmo. E, juntos, seguíamos a jornada acreditando muito um no potencial do outro.

Nessa etapa da vida, todos nós já sabíamos quais eram os sonhos do outro e nos apoiávamos mutuamente.

Meu terceiro universo – a estrela-guia

Desde menina carregava o desejo de ser mãe: mãe de menina. Pois é! Naquela altura do campeonato, já estava mergulhada demais no universo masculino, era muito azul, muito carrinho, muito videogame... Eu queria muito que a leveza de uma brisa rosada, como aquelas observadas nas tardes de outono em que tons alaranjados ganham suavidade com o rosa seco entrelaçado entre nuvens e raios frios do sol do poente.

Ela veio. Crescia como uma *lady* dentro de mim. Movimentos leves e suaves, horas de soninho, é incrível e não sei dizer como, mas sabia que era ela, minha menina, nem precisava de exame para confirmar. Mas essa foi sem dúvida a gravidez mais doce e mais difícil das três: emocional e fisicamente. Não entendia, mas estava mais vulnerável e insegura, tinha muitos problemas por causa dos sintomas da gestação. Tinha crises de choro e me sentia só. Era uma mistura de sentimentos.

Falando seriamente da realidade vivida na gestação, é comum que muitas mulheres se sintam assim. Existem muitas questões envolvidas: hormônios interferindo no metabolismo e trazendo muitas mudanças no corpo, o ambiente em que estão gerando essa vida, as relações que estabelecem com as pessoas à sua volta, a partir desse novo papel que assumem diante da sociedade. Sua psique também muda radicalmente, porque esse momento traz reflexões profundas sobre que se era e em que está se tornando, e buscar esse equilíbrio demanda muita energia. Além do mais, existe uma cobrança em torno desse papel: o da mãe ideal. Tudo isso faz com que se elevem os riscos de desenvolver alterações psicológicas nesse período, até mesmo desencadear transtornos de humor (BAPTISTA; OLIVEIRA, 2004).

Eu já estava vivendo esse processo pela terceira vez e fazia diariamente uma análise interna de consciência do quão bem ou não eu desempenhava essa função. Nessa altura, ainda tinha de considerar que havia um casamento e uma relação conjugal em jogo também, além dos sonhos de uma mulher que ainda batia forte nas paredes do meu inconsciente dizendo: "Ei, quando é que a gente vai poder conversar sobre nossos sonhos pessoais?".

Tudo era diferente em mim, o corpo, a mente, o espírito. E eu ficava tentando não me perder de mim mesma. E ficava triste quando olhava para mim e não me reconhecia, não reconhecia a minha essência original. Estava tudo muito misturado.

Muitas mulheres vão precisar de ajuda, sim, para balancear tudo isso e conseguirem ser felizes atuando em cada um desses papéis. A busca por apoio psicológico é de extrema importância, pena que naquela época eu não tinha essa consciência e tentava resolver sozinha meus próprios conflitos.

Mais uma vez o outono era especial para mim, me trazia em uma tarde fria e iluminada meu terceiro pequeno universo. Dessa vez, um ser iluminado com a força de todas as suas ancestrais, uma menina mulher, que chegou para ser o ponto de equilíbrio entre os outros dois universos. Ter uma menina é ter uma melhor amiga, que na verdade é sua miniatura, mas que consegue ser ao mesmo tempo sua versão infinitamente melhorada.

Quando era bebê, se conectava a mim com a profundidade do seu olhar: negro e atento, brilhante e intenso. Talvez a suavidade da nossa relação na sua infância me impediu de viver com ela muitas coisas que eu hoje queria ter vivido. É como se sentisse sempre que eu mais precisava dela do que ela de mim. E foi nesse ponto que acho que falhei com minha estrela. Houve períodos em que muita coisa me roubava de estar mais presente em sua vida. Seu jeitinho silencioso me deixava confortavelmente acomodada. Muitas coisas ela viveu sozinha e isso vai me doer para sempre.

Mas é preciso acreditar que há tempo para correções, para resgates, para ressignificar relações. Ela foi me ensinando a ser uma mãe melhor, eu fui aprendendo a enxergar a preciosidade desse meu terceiro universo, tão feminino, tão empoderado, tão forte, tão sereno, tão cheio de tudo que uma mulher precisa para fazer acontecer no mundo.

Acredito que a relação entre uma mãe e uma filha é algo poderoso, carregamos em comum o dom da vida, temos a mesma essência poderosa do feminino e isso agora nos conecta de modo especial. Apesar de sermos diferentes em muitas coisas, nos amamos respeitosa e admiravelmente até o infinito.

Os cinco universos

O tempo passou. E continuamos nossa jornada. Somos os cinco. Os cinco pequenos universos. Eu nos defino como "universos" porque é isso que somos: cinco pessoas com possibilidades infinitas, pais e filhos que, com suas singularidades e subjetividades conseguem aprender juntos. Nunca foi e nunca será fácil, mas o tipo de relação que estabelecemos: pai e mãe, irmãos e irmã, pai e filhos, mãe e filhos, tem funcionado bem porque sempre colocamos nossas fragilidades à vista do outro, o respeito nos ajuda a não tirar proveito disso e o amor sela tudo com chave de ouro.

Desenvolvermo-nos como pais, de forma realista e sem esconder nossas vulnerabilidades tem nos ajudado a fortalecer nossos filhos. Não queremos que sejam iguais a nós, mas queremos que sejam felizes com as escolhas que têm feito, assumindo com responsabilidade o amor que dedicam e recebem do mundo.

Referências

BAPTISTA, M. N.; BAPTISTA, A. S. D. E.; OLIVEIRA, M. G. Depressão e gênero: por que as mulheres se deprimem mais que os homens? *Temas Psicologia*, 7(2), 143-156. 2004. Disponível em: <http://pepsic.bvsalud.org/scielo.php?script=sci_arttext&pid=S1413-389X1999000200005#:~:text=Os%20fatores%20biol%C3%B3gicos%20e%20neuroendocrinol%C3%B3gicos,hormonais%20no%20corpo%20da%20mulher.> Acesso em: 28 set. de 2022.

VYGOTSKY, L. S. *Pensamento e linguagem*. São Paulo: Martins Fontes, 1999.

11

"AdolEssências"

Compreender os processos do cérebro, as características e as necessidades dos adolescentes nos permite trabalhar em pilares para uma comunicação integral que compõe as relações entre pais e filhos. Adolescência tem jeito, sim! Depende do nosso preparo para nos comunicarmos nas três dimensões: emocional, social e física. Quando alinhamos isso, acessamos nossos filhos por meio de uma conexão genuína e empática, e os conduzimos nessa fase tão especial: a transição para a vida adulta.

CLAUDIA FARIAS

Claudia Farias

Contatos
www.claudiafariascoaching.com
www.claudiafariascoaching.com/blog
claudiajfarias@gmail.com
Instagram: @claudiafariascoaching
Facebook: Claudia Farias Coaching
+1 603 509 6858

Psicóloga, pós-graduada em Gestão de Pessoas e Psicologia Organizacional, *master coach* pela Sociedade Brasileira de Coaching, *Expert Parent Coach, Teen & Vocacional Coaching* pela Parent Coaching Brasil. Mestranda em Neurociência. Atua há mais de 20 anos com treinamento e desenvolvimento para jovens e adolescentes, 12 anos como *coach* de executivos com mais de 600 horas de atendimento de *coachees*. *Coach* para adolescentes, usando o *Teen Smart* como um programa de desenvolvimento de adolescentes confiantes. Na parentalidade, atua com o desenvolvimento de famílias, criando conexões sólidas e duradouras entre pais e adolescentes na gestão de emoções e mudanças de comportamentos para criar famílias saudáveis. Idealizadora do blog *Tudo acaba em gente!*

A mudança saudável para a idade adulta é em direção à interdependência, não ao isolamento completo do tipo "faça você mesmo".
DANIEL J. SIEGEL

Muita gente ainda acha que o cérebro se desenvolve até o final da infância e isso gera uma cobrança enorme para que adolescentes tenham comportamentos e reações maduras, pensamentos organizados e emoções controladas. Cobrar o adolescente a assumir o seu "tamanho e identidade" é um exemplo de crenças negativas que precisam ser atualizadas após as descobertas sobre o desenvolvimento do cérebro adolescente nos últimos vinte anos. A sociedade precisa entender que a adolescência não é uma época indesejável, e sim a continuidade da formação de um ser humano adulto, um processo.

É comum ouvirmos: "a adolescência não tem jeito, o caráter da criança já está formado... Não dá mais para voltar e consertar essa fase da vida". Apesar de todos os blocos essenciais do cérebro estarem formados até os seis anos de idade, na adolescência acontecem processos que afetam a personalidade, os relacionamentos e as emoções, influenciam as escolhas, ações e reações e o cérebro continua se desenvolvendo por meio da **neuroplasticidade**.

Aprender sobre o cérebro nos permite criar estratégias para ajudar nossos filhos de 13 a 24 anos a desenvolverem suas mentes, formando adultos seguros e confiantes, muito além do estigma dos hormônios, distúrbios e inconsequências que temos enraizados.

Os **neurônios** são as células do sistema nervoso responsáveis por receber e transmitir as informações. Na adolescência, o cérebro passa por um processo delicado de **poda sináptica**, ou seja, eliminam-se conexões entre os neurônios (chamadas sinapses), provocando a perda das informações que não são usadas, abrindo espaço para novos processos de aprendizado. Isso preparará o "design" da pessoa que está em transição.

Ao perdermos sinapses, ganhamos 3.000 vezes mais velocidade de conexões que no período da infância! As ligações entre os neurônios recebem uma camada de **mielina** (camada de gordura branca), responsável por aumentar a velocidade de transmissão do sinal entre as células, fazendo com que o adolescente se interesse por muitas coisas e adquira mais conhecimento, mais sensações. O **córtex frontal**, a parte do cérebro que faz análises, ainda está imaturo, incompleto e não racionaliza o que recebe. Esses estímulos são processados na **amígdala cerebral**, que está associada às emoções, aos impulsos de defesa que geram a agressividade responsável pela sobrevivência humana. O comportamento instintivo e não o racional, fazendo-o decisões por impulso e impensadas. Logo, as respostas do adolescente não são as racionais, ou seja, precisam da "lapidação" desse cérebro.

A boa notícia é que, enquanto o córtex frontal se desenvolve totalmente até os 25 anos, como educadores parentais podemos ajudar a exercitar o cérebro a executar a racionalização, evitando que a impulsividade tome conta da vida do adolescente. Isso depende do acervo de informações e estímulos que o adolescente receberá: interesses, experiências, trocas, desafios que os direcionem positivamente para a fase adulta.

Após a poda, um novo processo cerebral começa: a remodelagem, que integra e acomoda o que aprendemos para usarmos as informações na vida prática e nos capacitar a flexibilizar o aprendizado. A **neuroplastia**, que é a capacidade do cérebro de criar caminhos de aprendizados e adaptar-se a situações vivenciadas, ou seja, reprogramar o cérebro, permitindo que novas sinapses sejam realizadas. É por meio dessas alterações que é possível obter novas respostas para determinados comportamentos e medos, podendo estruturar uma informação para o caminho de aprendizado constante.

A neuroplasticidade acontece desde a infância, mas a frequência aumenta na adolescência. O aumento na velocidade das respostas e esses processos, alteram a personalidade do adolescente, tornando-os mais vulneráveis. O adolescente fica exponencialmente exposto ao perigo, às interações. Consequentemente, os pais sofrem ao ver que tudo que foi construído antes está mudando profundamente. Os pais pensam que estão perdendo o filho querido. Podemos dizer que esse processo de adaptação passa a ser não só do adolescente, como também dos pais e da sociedade, porque toda essa energia condensada e desordenada precisa de regulação externa. É como se emprestássemos o nosso **córtex frontal** para os adolescentes.

Segundo Daniel Siegel, existem quatro características essenciais que são vitais para o desenvolvimento da identidade do adolescente e isso forma a ESSENCE, mencionada no livro *Tempestade cerebral: o poder e o propósito do cérebro adolescente*:

ES: *Emotional spark* (entusiasmo emocional) – intensa influência emocional, maior que a racional; contrariedades e frustrações. Os adolescentes não têm uma personalidade pronta, estão descobrindo a si mesmos: explosão de emoções.

SE: *Social engagement* (compromisso social) – empurram os pais para longe e seguem os amigos, propiciando a formação de vínculos com outras pessoas; busca do grupo, busca da identidade. Ocitocina ativada: relacionamentos.

N: *Novelty seeking* (busca da novidade) – busca por novas sensações e experiências para descobrir formas de realização pessoal. O cérebro gera recompensas através da dopamina, o hormônio da motivação: experimentar e escolher.

CE: *Creative explorations* (explorações criativas) – o adolescente é questionador, crítico e explorador do mundo. A adolescência e o momento favorável para desenvolver vários pontos de aprendizado: exploradores.

Segundo Siegel, saúde e bem-estar estão relacionados. Um mecanismo compartilhado de **integração**, em uma comunicação à qual pais e filhos trazem bagagens e características diferentes, compartilhando experiências com gentileza e respeito para criar vínculos afetivos.

É preciso mudar a maneira como tratamos os adolescentes no modo **emocional** e **social**, pois isso os afeta **fisicamente** também. Precisamos acertar o que comunicamos a eles nessas três dimensões, pensando como o cérebro reage e trabalha. Segundo Daniel Siegel, existem **quatro necessidades** que precisam ser atendidas para determinar que nossa comunicação seja integral.

1. **Ser visto** – não apenas ver com os olhos, mas sintonizar. Construir a comunicação que conecta emocionalmente, usando o contato visual, o toque, o ajuste do tom de voz, a expressão facial, gestos, ritmo e a hora certa para entender como nosso filho está naquele momento. Ser empático.
2. **Segurança** – gerar confiança, sem ameaças, sem medo, não provocando defesa e reatividade. Ser neutro.
3. **Acalmado** – lidar com emoções e situações difíceis, com acolhimento para ouvir, sentir e agir. Ser receptivo.
4. **Protegido** – uma vez acolhido, o adolescente sabe que esse é o lugar onde ele pode se abrir, mostrar-se e buscar ajuda. Internalizar o bem-estar de proteção junto aos filhos. Ser próximo.

Uma vez que conhecemos as características e necessidades, podemos trabalhar em **oito pilares** para mudar os comportamentos e estabelecer a harmonia na família:

1. Acalme o seu fogo interno: treine diariamente por 10 minutos, faça exercícios que o levem a ouvir seu corpo, a perceber suas emoções. Investigue sua mente. O que tem incomodado, como tem reagido, como deseja mudar essa reação, o que deseja sentir no lugar do que tem sentido. Trabalhe para encontrar os seus desafios, usando a respiração e o controle das emoções para manter-se calmo diante desses sentimentos. Existem diversos exercícios de *mindfulness* que ajudam a entrar em controle e foco.

Quando fazemos esses exercícios, nos damos conta do poder da nossa mente. Ficamos conectados com o lado direito do cérebro, que está ligado às emoções, e evitamos que ele atue pela amígdala, pelo emocional. Acalmamos a química que inunda o cérebro e começamos a nos desafogar através da respiração. Uma vez que conseguimos guiar nossos pensamentos de forma mais tranquila, começamos a acessar o lado esquerdo do cérebro, que é o lado racional. Paramos de reagir.

2. Acalme o fogo interno do seu filho: regule os seus gestos, expressões faciais e tom de voz. Precisamente, ao regular sua comunicação corporal, você reduz as barreiras para acalmar o "fogo interno" que está acontecendo no cérebro do seu adolescente. Desarme os gatilhos e oxigenize o cérebro dele, ajudando-o a organizar as suas ideias. Evitando que essa inundação aconteça com frequência, você muda a conexão com ele a partir da sua postura neutra.

3. Evite explodir emoções negativas: mude o repertório que desencadeia a química negativa no cérebro do seu filho, aquelas falas erradas que geram julgamento, insinuações e outros sentimentos que possam minar todo o seu trabalho de conexão. Foque em obter informações, entender o que se passa, o que ele pensa e o que fez deve ser o seu objetivo.

4. Nutrir positivamente: crie situações em que você possa estar do lado do seu adolescente, conhecendo, observando, validando positivamente as qualidades dele de maneira real e autêntica. Não simples elogios, mas algo que seja relevante na rotina de vocês e que favoreçam o diálogo e o relacionamento. O cérebro do adolescente trabalha em busca de recompensas, ele também consegue ser crítico o suficiente para reconhecer uma situação verdadeira e a boa intenção. Um bom modelo para usar com o adolescente é completar a frase: "Quando você... Eu sinto... Porque..." e usá-la sempre que estiver diante de uma oportunidade. Um exemplo de quando você conversa com o jovem na mesa e ele responde de maneira legal, tranquila e você associa a frase: "Quando você conversa comigo eu me sinto muito feliz porque conseguimos nos aproximar e isso é muito importante para mim". A prática aumenta a conexão e transforma o ambiente, pois o jovem passa a entender a importância dele na sua vida, na família e no dia a dia, gerando uma identificação positiva dele em relação ao mundo.

5. Faça manutenção dos pilares: em time que está ganhando se mexe, sim. Uma hora ou outra, novos assuntos, novos impactos. Você deve se preparar para isso. O cenário pode mudar em segundos e essa comunicação deve definir o que somos, o que queremos e, assim, aos poucos, construímos o desenho dos valores da família, criando códigos de conduta familiar. Nossas heranças alimentam as experiências e ajudam a construir o caráter, não podem ser únicas nem ser impostas, precisam ser acomodadas, do ponto de vista dos pais, da sociedade e dos filhos. Deve-se permitir pensar diferente e acatar várias falas para se encontrar um meio de formar esse novo olhar. Não criamos cópias de nós mesmos, e por isso temos pensamentos diferentes, com respeito e criando limites nos quais a família acolha e oriente. Seu jovem não está pronto, confrontar os desafios dessa fase pode ser um erro muito grande. Lembre-se: quanto mais você estiver ao lado do seu filho, mais você pode tornar-se influente na vida dele. Diálogos, trocas sobre modelos de valores, falar das consequências de decisões erradas, retratar a empatia e respeito ao próximo fazem com que haja uma responsabilidade compartilhada.

6. Comunicação emocional: enxergar por trás da cena. Olhar a emoção por trás da situação para entender o que seu filho quer mostrar com um comportamento, em qual o cenário isso ocorre. Os sentimentos de inseguranças, desafios, pressão do grupo e medos muitas vezes não são colocados para fora. Estar perto, observar, colocar-se no lugar do adolescente, usar a empatia, assumir que eles são seres mais frágeis e em construção. Lembre-se da sua adolescência e de quantas coisas você não pôde expressar e então coloque-se no lugar do seu filho.

7. Consistência: o segredo de todo sucesso é a continuidade. Bases arrumadas, ajustes diários e trocas contínua, otimizando rotinas diária da família, validando o que é importante, aumentando o respeito e o amor. Não desista. O cérebro entende hábitos quando são repetidos por 23 dias consecutivos.

8. Integrar os conceitos: entendendo que o ganho não é momentâneo, passamos a ver o progresso na família, nas suas relações e isso facilita qualquer situação na prática diária, gerando relacionamentos positivos e duradouros.

Como diz o dr. Siegel: "Vamos usar nossa mente para mudar as funções do cérebro a nosso favor". Tudo começa com a regulação das emoções. Somos seres complexos e brilhantes, equilibrados entre o domínio da emoção e da racionalidade, daquilo que externamos para o outro e de onde nos ligamos internamente, essa é a magia para se criar adultos fortes.

Nessa jornada, as necessidades devem ser atendidas, e os pilares, construídos em um objetivo comum: priorizar as relações.

Os pais vencerão os desafios, os filhos vencerão os medos e permanecerão conectados de tal forma que não haverá barreiras capazes de quebrar a conexão entre eles.

O propósito de tudo recai no começo de toda a história: o amor incondicional e o prazer de ser família até a próxima geração.

Referências

BLAKEMORE, S. *Inventing Ourselves: The Secret Life of the Teenage Brain*. New York: PublicAffairs, 2018.

BLAKEMORE, S. The Mysterious Workings of the Adolescent Brain. *TEDGlobal*. 2012. Edinburg, Scotland. Disponível em: <https://www.ted.com/talks/sarah_jayne_blakemore_the_mysterious_workings_of_the_adolescent_brain.> Acesso em: 29 set. de 2022.

GOTTMAN, J. M. *Raising an Emotionally Intelligent Child*. New York: Simon & Schuster Paperbacks, 2015.

KOLB, B. E; WHISHAW, I. *Neurociência do comportamento*. Barueri: Manole, 2002.

NAGOSKI, E.; NAGOSKI, A. *Burnout: The secret to Unlocking the Stress Cycle*. New York: Ballantine Books, 2020.

SIEGEL, D. *Brainstorm: The Power and Purpose of the Teenage Brain*. Los Angeles: Tarcher Perigee, 2015.

SIEGEL, D. How the Teen Brain Transforms Relationships. *The Greater Good Science Center Magazine*. Disponível em: <https://greatergood.berkeley.edu/article/item/how_the_teen_brain_transforms_relationships>. Acesso em: 3 jul. de 2022.

12

COMO A INFÂNCIA DOS PAIS PODE INFLUENCIAR NA FORMA DE EDUCAR SEUS FILHOS

Neste capítulo, iremos refletir como as relações, atitudes, ações e pensamentos dos pais influenciam o comportamento dos filhos.

CRISTINA MARTINEZ

Cristina Martinez

Contatos
www.vercrescer.com
crismartinez@vercrescer.com
Instagram: @cri_martinez_
Facebook: @Cris Martinez
11 99741 7644 / 11 99588 4001

Mãe do Henrique, casada, pedagoga, apaixonada pelo desenvolvimento infantil. Diretora e mantenedora da Escola de Educação Infantil Ver Crescer há 19 anos. Formada pela Unifesp em Medicina Comportamental. Certificada pelo CCE (*Continuing Coach Education*) – International Coach Federation – *Coaching as a Strategy for Achievement,* certificado *Coaching* Infantil, método Kids *Coaching* pelo Instituto de Coaching Infantojuvenil/RJ. Formada em Constelação Sistêmica Familiar – Ápice Desenvolvimento Humano, *Coaching* Estrutural Sistêmico Organizacional e educadora parental do Programa Encorajando Pais com a psicóloga Aline Cestaroli. Autora do livro infantil *O Solzinho de todas as cores* (Literare Books). Ministra palestras e *wokshops* voltados à primeira infância e presta assessoria e mentoria pedagógica para educadores.

O que acontece na infância não permanece na infância, carregamos conosco para a vida adulta.
CRISTINA MARTINEZ

Ao nos libertarmos dos constrangimentos do passado, podemos oferecer aos filhos os relacionamentos espontâneos e carinhosos que os levam a florescer.
DANIEL SIEGEL

A autoconsciência e o autoconhecimento trazem a reflexão sobre a própria história, as próprias experiências da nossa infância ganham o protagonismo à liberdade de escolha e desenvolvemos recursos para agirmos com mais consciência, não só com nossos filhos, mas também com as decisões da vida.

O que acontece na infância não permanece lá, carregamos isso para a vida adulta. Hoje, estudos em Neurociência têm comprovado que a significação que os pais atribuem às experiências da infância têm um efeito profundo na maneira como criam seus filhos. A narrativa dos pais, quando olham para a sua infância, para sua própria história, tem uma influência grande, forte, na relação e na maneira como criam seus filhos.

Ao identificar o estilo parental desse pai e fazer o resgate de como era o estilo parental dos pais deles, perceberemos uma repetição de padrões ou até mesmo uma negação de tudo que vivenciaram em suas infâncias. Esses pais vivenciaram em suas infâncias uma negação e não querem repetir os padrões dos seus genitores; farão tudo totalmente diferente e, por muitas vezes, acabam caindo no oposto extremo, ou ficam permissivos ou autoritários, e sabemos que nem outro é respeitoso e eficaz em longo prazo para o desenvolvimento das nossas habilidades.

Conhecer e compreender que provavelmente existem questões mal resolvidas da infância ajudam a estabelecer um relacionamento saudável com os filhos. Entender que todos nós temos uma criança interior, que tem tudo registrado nesse corpo e guarda marcas, experiências, memórias que ficam armazenadas e às quais, inconscientemente, não temos acesso. A Neurociência nos fala hoje que temos uma amnésia infantil nos cinco primeiros anos de vida; quase não temos memória consciente sobre esse período até a vida intrauterina, mas tudo o que aconteceu nessa fase está registrado em nosso corpo, em nossa mente.

Olhar para as questões mal resolvidas da infância e como elas se apresentam nas relações com os nossos filhos é fundamental para que se ganhe mais flexibilidade, e para que esses pais exerçam o papel de líderes da família. Um bom líder é aquele que assume a responsabilidade e desperta o potencial do outro. Dessa forma, esses pais teriam o conhecimento das suas próprias questões e ganhariam poder de influência maior.

Segundo Siegel (2020): "Pesquisas em desenvolvimento infantil demonstram que a segurança do apego de uma criança pelos pais é altamente correlacionada com a compreensão dos pais a respeito das próprias experiências iniciais na vida".

Quando os pais têm consciência das suas questões, estando disponíveis, abertos a exercer uma parentalidade responsiva, para se conectarem com seus filhos, geram uma grande influência no desenvolvimento do apego na influência dessa relação. Se os pais não têm consciência das questões mal resolvidas, tendem a repetir os seus padrões negativos de interações familiares. Sem esse autoconhecimento, sem compreender sua própria história e suas próprias questões, acabam repetindo padrões, como "Meu pai me batia e eu não quero bater no meu filho". Saiba que isso não é suficiente para quebrar padrões, até mesmo porque esses gatilhos são acionados em nós por meio dos comportamentos de nossos filhos, porque de alguma forma não foram curados dentro de nós, e assim repetimos os padrões da nossa infância: "Eu queria agir diferente com meu filho e ajo da mesma forma que minha mãe fazia comigo na minha infância". Isso ocorre porque existem questões profundas, sutis, subjetivas, que no comportamento da criança despertam esses gatilhos em nós. Os filhos são fontes de oportunidades para os pais entrarem em contato com essas questões da própria infância que não foram bem resolvidas. Quando nos tornamos pais, somos responsáveis pela criação, pela formação de uma futura geração, de formar um legado para o mundo; os pais têm essa oportunidade de trazer esse autoconhecimento, porque muitos comportamentos desses filhos despertam nesses pais gatilhos emocionais, situações da própria infância com as quais, se forem vistas como uma oportunidade de crescimento e de desenvolvimento pessoal, os pais terão muito a ganhar.

Exercício para resgatar sua criança interior

Nossa criança interior nos oferece a espontaneidade, a iniciativa, a curiosidade, um olhar otimista, a alegria, o riso, a criatividade e a capacidade de amar plenamente. É preciso conectar-se com essa criança interior que vive em você.

Feche os olhos e deixe que apareçam em sua mente lembranças daqueles momentos em que você riu com descontração, os momentos de maior prazer; deixe que por alguns minutos passe o filme dos momentos de maior desfrute em sua vida. Escreva ou faça um desenho colorido desses momentos.

- Registre a qualidade ou fatos relacionados a esses momentos e observe o que o deixava tão feliz em cada um deles: contato com a natureza, valorização, leitura, amigos etc.
- Que prioridade você está dando em seu dia a dia a cada uma dessas coisas que lhe fazem bem?
- Faça uma lista de novas permissões para a sua vida atual que ajudem a construir esse futuro desejado.
- Olhe para sua história, a fim de verificar o que você trouxe da infância para a vida adulta, o que você está ensinando para os seus filhos. Serem autoritários? Liberais? Pacientes?

Viva a vida hoje!

Ao desenvolverem uma consciência sobre suas próprias questões, os pais conseguem assumir a liderança de suas próprias vidas e exercem uma influência positiva na vida dos filhos. Ao olhar para dentro de si, esses pais refletem e ressignificam suas próprias experiências e adquirem mais flexibilidade e responsabilidade para criarem uma conexão com os filhos.

É preciso entender que todos os pais fizeram e fazem o melhor que eles podem com a consciência, com o conhecimento, com as informações que eles têm. Ninguém teve uma infância perfeita, todos fazem o melhor que podem e muitos de nós viemos de educação violenta, mas estamos passando por um período de quebra de paradigmas, de despertar da consciência, de outro olhar, para uma ressignificação de todo um processo com a criança.

Muitos adultos até hoje acreditam que, sim, que as crianças precisam ser punidas, para que elas aprendam a se comportar; esses adultos carregam dentro de si uma criança ferida, que foi maltratada, negligenciada. Muitas vezes, esses pais sofreram traumas severos na sua infância.

Então, por esses pais estarem frequentemente desconectados da sua realidade interna, estes querem controlar o comportamento dos filhos, quando na verdade eles deveriam fazer o movimento de olhar para dentro de si, compreender quais são essas questões não resolvidas, que estão despertando sentimentos em relação ao comportamento dos filhos. Ao fazer o exercício de olhar para mim e de compreender que isso é "meu" e quais são os gatilhos, quais são as minhas necessidades que não estão sendo ou não foram atendidas, quais são as minhas feridas emocionais que estão sendo ativadas nesse momento e o que eu posso curar em mim, para que eu consiga conectar-me com meu filho.

Segundo o dr. Daniel Siegel, nós não escutamos verdadeiramente nossos filhos, porque as nossas experiências internas são tão ruidosas que abafam todos os outros sons.

Busque o autoconhecimento, olhe para si e conecte-se com as suas questões, para que você então possa olhar para essa criança que está à sua frente e enxergue nela os comportamentos desafiadores que ela apresenta e as oportunidades de aprendizado, de conexão e de cura nessa experiência. Dar aos filhos aquilo que não teve pode ser difícil, mas também curador, restaurador, e isso trará ganho, evolução, quebra de padrões, para que outras habilidades sejam desenvolvidas e impactem positivamente outras gerações.

Para que haja um sistema equilibrado, pais e mães precisam deixar de ser criança e precisam assumir o lugar de adulto. Se eles têm dentro deles uma criança magoada, traumatizada ou emocionalmente abandonada e não têm clara essa consciência, não irão conseguir olhar realmente para os filhos. Ao curar sua criança interior, você ressignifica seu passado, desfruta seu presente, transformando, assim, seu futuro.

Referências

MURGO, G. R. *Gestar-se: resgatar a criança interior.* Semente Editorial, 2013.

SIEGEL, D. J.; HARTZELL, M. *Parentalidade consciente: como o autoconhecimento nos ajuda a criar nossos filhos.* nVersos Editora, 2020.

SOARES, A. C. *A criança interior ferida: como o que sofremos na infância influencia na nossa vida adulta.*

13

PAIS EMOCIONALMENTE CONSCIENTES CRIAM FILHOS EMOCIONALMENTE FORTES

Uma das maiores lacunas deixadas na nossa educação enquanto éramos crianças é a orientação e vivências que nos permitiram lidar com nossas emoções. Sim, nós somos frutos de uma geração que foi educada para ignorar as emoções e, apesar de tudo, seguir em frente; por esse motivo, não somos uma geração de pessoas resolvidas emocionalmente, e a educação emocional de nossos filhos é um dos nossos maiores desafios. Assim, este capítulo é um convite para vocês, pais, voltarem às raízes da sua infância, se conectarem com as suas emoções, aprenderem a lidar com esses sentimentos, pois somente quando nos tornamos pais conscientes é que desenvolvemos as habilidades necessárias para educar filhos para uma vida emocionalmente forte.

Daniela Santos

Contatos
danielasura@bol.com.br
Instagram: @dani.santos_educadora
34 99225 4495

Mãe, pedagoga e educadora parental. Atua na área educacional há mais de 20 anos, com orientação de pais e alunos e também na formação de professores. Formada em *Coaching* Familiar pela Parent Coaching Brasil, certificada internacionalmente em Disciplina Positiva pela *trainer* Beth Rodrigues, formada em Pedagogia e apaixonada pela educação.

Nossa parentalidade começa quando somos filhos. Sempre acreditamos que a maternidade e a paternidade começam quando pegamos aquele teste de gravidez positivo, quando o bebê começa a dar os primeiros chutes, ou mesmo na hora do parto, quando temos a oportunidade de olhar para ele pela primeira vez. Se o seu caminho para vivenciar a parentalidade foi um pouco diferente, informo também que você não vivencia por completo a maternidade ou paternidade quando deseja ou assina um documento de adoção.

Na verdade, a experiência com esse novo ciclo que se inicia em nossa vida começou bem mais cedo, enquanto ainda éramos filhos, e no exato momento em que nos tornamos pais é para esse lugar que voltamos – para nossa infância –, quando buscamos, mesmo que inconscientemente, as referências que queremos para nos tornarmos os melhores pais de nossos filhos.

Nesse momento, acontece um revisitar de nossas lembranças, sejam elas agradáveis ou não, mergulhamos em nossas experiências e resgatamos a nossas histórias. Algumas dessas histórias despertam nosso desejo de fazer igual a nossos pais, outras nos convidam a fazer totalmente o oposto, e seja qual for sua decisão, o que muitos de nós descobrimos e podemos afirmar é "que o que acontece na infância literalmente não fica na infância".

É importante sabermos que a relação que tivemos com nossos pais ou cuidadores sempre serão a base para todas as relações que vamos construindo ao longo de nossa vida.

Por isso, o caminho para uma parentalidade saudável e consciente esbarra no autoconhecimento: é permitir mergulhar em nossas crenças e tentar ressignificá-las, e isso nos leva a desenvolver um olhar para nossas limitações, nossa consciência é ativada e "quando nos tornamos conscientes de quem realmente somos, de nossas limitações emocionais, nos conectamos à nossa humanidade e fica mais fácil ver e aceitar nossos filhos como realmente são" (ABRAHÃO, 2020). Fica mais fácil nos aceitarmos como realmente somos, seres humanos imperfeitos; é necessário nos despir dessa ideia de super-herói que colocamos em nossa mente, que damos ou que temos de dar conta de tudo, quando na verdade o que deveríamos mostrar para os nossos filhos é a nossa humanidade imperfeita, que erra e acerta, que tem medos, angústias, que às vezes perde o controle. Quando só tentamos ser perfeitos sofremos com isso, pois o peso é grande e inclusive nos distanciamos ainda mais daqueles que amamos, já que colocamos um padrão tão alto que nem nós alcançamos, mas que exigimos que os filhos alcancem.

Escondemos nosso lado humano e, como consequência, perdemos a chance de ensinar habilidades de vida essenciais, como a resolução de problemas, de ver o erro como oportunidade de aprendizado; fazemos sem querer que eles acreditem que não são capazes.

Por isso, quando queremos nos tornar pais emocionalmente conscientes, devemos primeiro aprender a escutar e validar nossas próprias necessidades, pois só assim seremos capazes de nos conectar com o outro.

Muitos pais procuram cursos, estudos, fórmulas e receitas sobre como mudar o comportamento desafiador do seu filho, porém a resposta que encontramos muitas vezes não é a que mais nos agrada. Uma vez que é nesse momento que nossa ficha cai e entendemos que ninguém muda o comportamento do outro, percebemos que a única pessoa no mundo que temos o poder de proporcionar a mudança é nós mesmo.

Assim, a mudança que desejamos ver em nosso filho só é possível quando estamos dispostos a mergulhar em nós mesmos, compreender nossos medos, dores, por que fazemos o que fazemos, porque, quando mudamos a nossa forma de agir, mudamos a reação do outro.

Pensando nessa linha, pode até parecer fácil, mas sabemos o quanto é desafiador mergulhar no nosso oceano interno, recheado de dores, medos e mágoas que muitas vezes tentamos apenas evitar. Infelizmente, somos frutos de uma geração em que não era permitido sentir; quantas vezes ouvimos a expressão "Engole o choro", ou "Você está chorando por isso, e isso fez com que acreditássemos que os sentimentos infelizes não deveriam estar presentes em nossa vida, como se fosse errado sentir raiva, medo, angústia, nojo, qualquer uns desses sentimentos que não fossem considerados 'bons sentimentos'".

Nesse sentido, algo importante deve ser levado em conta: não temos o controle sobre o que sentimos; não é só dizer que não vou sentir raiva ou medo que eu não sinto, sentimentos aparecem e surgem sem nossa permissão, é uma reação natural diante de uma nova situação que se apresenta a nós em determinados momentos. O que podemos controlar é apenas a nossa forma de agir considerando esse sentimento. Mas, para que isso aconteça, primeiramente temos de validá-lo, nomeá-lo, reconhecer sua existência, pois só a partir desse momento podemos começar a desenvolver uma habilidade extremamente importante para os dias atuais – a autorregulação.

Sabemos que, mesmo sendo pais amorosos, atenciosos na maior parte do tempo, muitos de nós, para não dizer a maioria, tem dificuldade em lidar com as emoções negativas de nossos filhos. No livro *Inteligência emocional e a arte de educar filhos*, de John Gottman, ele identifica três perfis de pais que têm dificuldade de ensinar inteligência emocional a seus filhos. Vamos falar um pouco sobre cada um deles a seguir, segundo a definição apresentada por Gottman (1997) em seu livro.

O primeiro são os pais simplistas, que agem de forma bem simples no sentido de não se importar, minimizam a dor da criança ou adolescente diante de algumas situações, com falas comuns como "Deixa isso para lá", "Você está chorando à toa, isso nem é tão importante". De modo geral, não dão importância, ignoram e muitas vezes banalizam esse sentimento.

Você pode estar se perguntando quais são as consequências desse estilo parental na educação de seus filhos.

O que normalmente a criança e o adolescente aprendem com pais que agem dessa forma é que seus sentimentos são errados, impróprios, inadequados. Podem aprender que há algo intrinsecamente errado com eles por causa do que sentem, e podem ter dificuldade em regular as próprias emoções.

O outro estilo apresentado por Gottman é o dos pais desaprovadores, que em geral são rígidos demais, muito críticos com relação a manifestação de sentimentos negativos de crianças e adolescentes, tendendo a castigá-los ou repreendê-los diante da manifestação de sentimentos negativos dos filhos. Alguns dos comportamentos desses pais são baseados na crença de que a criança usa emoções negativas para manipular; isso provoca disputa pelo poder, ou por acreditarem que as emoções negativas precisam ser "controladas". Os impactos no desenvolvimento emocional das crianças e adolescentes com pais nesse estilo são as mesmas causadas pelos pais simplistas, ou seja, as crianças e adolescente crescem sem aprender a validar seus sentimentos e ainda acreditam que a culpa por sentir emoções negativas é delas.

Gottman ainda destaca mais um estilo de pais que geram prejuízos significativos no desenvolvimento dos filhos – são os pais *laissez-faire*, que têm facilidade em aceitar todos os tipos de emoções dos filhos, porém não conseguem orientar sobre o que fazer, não impõem limites nem ajudam a buscar soluções.

Nesse sentido, a criança e o adolescente ficam totalmente perdidos sem saber o que fazer. Normalmente, as crianças que têm pais que se identificam mais com esse estilo não aprendem a regular as emoções, têm dificuldade de se concentrar, de fazer amizades, de se relacionar com outras crianças.

É muito importante olharmos para as três possibilidades desenhadas nesses estilos e procurar nos percebermos dentro deles, para que possamos encontrar o caminho para nos tornarmos pais que consigam proporcionar o desenvolvimento de habilidades importantes, que por sua vez permitam que nossos filhos se tornem adultos emocionalmente saudáveis.

Como destaquei no início deste capítulo, a origem do nosso jeito de agir vem da nossa trajetória como filhos. Muitos de nós tivemos pais e educadores que se encaixavam perfeitamente nesses estilos, e nossa base emocional vem dessa vivência, daí a necessidade de olhar para dentro de nós mesmos e identificar a forma com que lidamos com nossas emoções.

O ponto de partida para quem quer se tonar um pai ou mãe melhor – como para quase todos os projetos de crescimento e domínio pessoal – é um exame de consciência.

Durante anos, Gottman e Le Claire fizeram vários testes e pesquisas com famílias que poderiam ser consideradas emocionalmente inteligentes, para identificar o que as conduzia a uma profunda conexão com seus filhos. Eles descobriram que saber lidar emocionalmente com os filhos não é algo que os pais aprendem a fazer automaticamente só porque amam seus filhos, ou que, não é uma habilidade que se adquire naturalmente, quando decidem ter uma atitude positiva e carinhosa para com eles. A qualidade da educação emocional está diretamente ligada a um conjunto específico de atitudes de ouvir e resolver problemas aplicado pelos pais, especialmente quando as emoções dos filhos estão mais latentes, quando eles precisam do porto seguro para se acalmarem, validar o que sentem e buscar soluções.

E é nesse contexto que surge o quarto estilo defendido por Gottman e Le Claire como o ideal quando o assunto é o desenvolvimento da inteligência emocional. Aqui, encontramos os pais preparadores emocionais: esses pais permitem que seus filhos sintam todas as emoções, inclusive as negativas, e os orientam por meio desse mundo emocional: aceitam, sim, todas as emoções, mas com atenção para os limites do comportamento, ou seja, todos os sentimentos são aceitáveis, mas nem todos os comportamentos que surgem diante desse sentimento são, e, tendo isso como referência, esses pais orientam, ensinam seus filhos a refletir sobre seus sentimentos e a buscar soluções respeitosas para expressá-los. São exemplos de autorregulação porque têm consciência das próprias emoções. São pais que permitem que sua humanidade seja apresentada a seus filhos, admitindo que erram, que às vezes perdem o controle, e usam essas situações para orientar e ensinar seus filhos; quando admitem que erraram, pedem desculpas e tentam fazer diferente.

O que normalmente os filhos; que têm pais com esse perfil aprendem?

Eles aprendem a confiar em seus sentimentos, regular as próprias emoções e resolver problemas. Têm autoestima elevada, facilidade de aprender e de se relacionar com as pessoas.

Nesse sentido, encontramos o caminho para nos tornarmos pais emocionalmente conscientes e, assim, conseguirmos educar filhos emocionalmente fortes, reconhecendo a importância de desenvolver nossa inteligência emocional.

Mas, agora você deve estar se perguntando: "O que é essa tão famosa educação emocional que de uns tempos para cá tanto se fala?". Segundo Goleman, inteligência socioemocional é a "capacidade de identificar os nossos próprios sentimentos e os dos outros, de nos motivarmos e de gerir bem as emoções dentro de nós e nos nossos relacionamentos." Isso significa que a educação socioemocional nada mais é que desenvolver as habilidades necessárias para que possamos lidar com nossos próprios sentimentos e com os dos outros, ou seja, tem sua base no autoconhecimento e na validação do que estamos sentindo, pois quando identificamos e nomeamos aquilo que nos provoca desconforto, angústia, alegria, medo, conseguimos compreender e lidar melhor com nossas emoções. Assim, levar a educação emocional para dentro de nossa casa é criar oportunidades para que a criança e o adolescente possam entender o que estão sentido e também reconhecer os sentimentos daqueles que fazem parte de sua convivência, permitindo o desenvolvimento por meio das suas vivências, o respeito, a paciência, a adaptabilidade, o autocontrole, o senso de responsabilidade.

O melhor caminho depois de refletirmos sobre todos os pontos que aqui apresentei permeia a necessidade de uma escuta real, uma escuta ativa não só aos nossos sentimentos e emoções, mas uma escuta interna e necessária, buscando a raiz da nossa parentalidade que nasce quando somos filhos, pois só quando nos conectamos com a nossa história, com a nossa essência é que estamos abertos a nos conectar com o outro.

Referências

ABRAHÃO, T. *Pais que evoluem: um novo olhar para infância*. São Paulo: Literare, 2020.

GOTTMAN, J.; DE CLAIRE, J. *Inteligência emocional e a arte de educar nossos filhos*. 14. ed. Rio de Janeiro: Objetiva, 1997.

14

COMO DESENVOLVER A AUTOESTIMA SAUDÁVEL DE CRIANÇAS E ADOLESCENTES?
UM GUIA PARA PAIS

Quando nasce uma criança, nasce nos pais a preocupação de ajudá-la a desenvolver uma autoestima saudável. Meu real propósito ao escrever este capítulo é que você encontre respostas úteis para preparar seu filho emocionalmente, a fim de que ele seja capaz de aceitar a si mesmo, ser feliz por ser quem é e enfrentar com a cabeça erguida os desafios da vida. Continue a leitura para aprender de forma prática como nutrir a autoestima do seu filho.

Fernanda Prata Leite Damiani

Contatos
www.psicologafernandapld.com
contato@psicologafernandapld.com
Instagram: @psicologafernandapld

Psicóloga há 12 anos, com atuação clínica nas modalidades presencial e on-line. Neuropsicóloga associada à SBNp (Sociedade Brasileira de Neuropsicologia). *Coach* parental segundo a metodologia *Parent Coaching* Brasil. Certificação Internacional em Educação Parental e Educação Infantil pela PDA (Positive Discipline Association) – EUA e em Saúde Mental Infantil pelo ICP (*Institute of Child Psychoterapy*) no Canadá. Formação em Transtornos Psicoemocionais da Infância e Adolescência pelo Instituto Israelita Albert Einstein – São Paulo. Psicoterapeuta por vocação e em constante atualização, sou uma profissional completamente fascinada pela aprendizagem humana. Minha missão é trabalhar em prol do desenvolvimento de habilidades socioemocionais e fortalecer o relacionamento afetivo entre pais e filhos.

O que é autoestima?

Antes de definir a autoestima, vou apresentar algumas ideias equivocadas sobre esse conceito.

A **autoestima** certamente não é: se sentir bonito, atraente fisicamente, nem ficar se admirando em frente ao espelho, frequentar salão de beleza, usar acessórios da moda, estrear roupas novas, muito menos passar uma imagem de felicidade e sucesso o tempo todo.

Esses mitos tão difundidos na nossa sociedade enriquecem vários seguimentos da economia, mas definitivamente não fazem com que seus filhos se aceitem e se estimem. Então, vamos à definição correta!

A **autoestima** é, na verdade, um sentimento que nasce da relação que a pessoa cultiva por si mesma. É a forma como reconhece seu valor pessoal, atende suas próprias necessidades e cuida de si com apreço.

Nesta última década, em que me dediquei a atendimentos psicológicos, vi, mais do que nunca, pais preocupados com a autoestima dos filhos. Pudera, a autoestima é um componente essencial para o desenvolvimento da saúde emocional. Ela é tão necessária para o bem-estar psicológico, quanto o oxigênio é para o corpo. Não se vive sem um ou outro.

Podemos dar autoestima para os filhos?

Acreditava-se que era possível dar autoestima para os filhos enchendo-os de elogios, presentes, carinhas felizes e livrando-os de experiências de sofrimento. Sinto em dizer, puro engano! Não se pode dar autoestima para os filhos, simplesmente porque esse sentimento se desenvolve e se mantém, especialmente no relacionamento construído com os pais.

Veja a seguir, como se estabeleceu a relação de Mel e Enzo com suas famílias e como isso afetou o sentimento de autoestima:

Mel, 14 anos

Mel mora com os pais e dois irmãos, um com 17 e outro com seis anos. Seu quarto é um sonho: com móveis planejados e todo decorado ao seu gosto! O guarda-roupa está cheio. Ela coleciona roupas, maquiagens e acessórios que compra a cada ida ao *shopping*.

Seu pai é de poucas palavras, não se envolve muito na educação da filha, a não ser para arcar com as despesas e exigir boas notas. Há pouco diálogo no geral. Já as discussões e cobranças de que ela gasta demais com coisas supérfluas são frequentes e acabam em gritos e distanciamento afetivo. Mel não se sente livre para falar das suas emoções, nem para contar sobre as dificuldades que enfrenta. Ela acredita que não adianta dizer essas coisas porque seu pai fará pouco caso, chamando-a de "rainha do mimimi".

Sua mãe se desdobra para educar os filhos e cuidar de tudo que envolve a casa e a logística do "leva e traz" de cada um. Vive sobrecarregada e age de forma reativa quando os filhos não correspondem às suas expectativas com o básico da vida: higiene, alimentação, cuidado com os pertences, responsabilidade com os estudos e arrumação do quarto.

Como é o comportamento de Mel nesse contexto? Ela depende de comandos para quase tudo. Tem pouca iniciativa para resolver os contratempos e não confia no seu potencial. Espera que os outros façam as coisas por ela e deem conta de suas responsabilidades. Não consegue expressar o que pensa e sente, nem o que gostaria que fosse diferente. Distancia-se dos amigos quando algo a magoa.

Mel construiu uma imagem negativa de si mesma, sentindo-se inadequada e burra. Desiste fácil das coisas, esconde seus erros e evita fazer algo novo pelo medo de fracassar. Há muitos excessos em sua vida: no tempo de uso de telas e no consumo de *fast foods*. Negligencia de suas necessidades de sono (vira noites no celular) e investe pouco no desenvolvimento de suas habilidades.

Diante dessas informações, te pergunto: Mel desenvolveu uma autoestima saudável? Vimos que Mel não se sente bem consigo mesma, mantém um diálogo interno crítico e autodestrutivo. Ela acredita que o fato de errar a torna um erro. Não é à toa que busca satisfação em comprar e comprar... No fundo, sua estima se baseia no que os outros acham dela e tende a medir seu valor pessoal a partir da aprovação externa. Mel não reconhece seu valor pessoal.

Enzo, 10 anos

Enzo mora com os pais e a irmã mais velha de 16 anos. Ele gosta muito de montar Lego®, criar histórias e se divertir em família.

Seus pais são muito ocupados e trabalham o dia todo, mas duas coisas são sagradas na família: jantar juntos e terem um momento com os filhos todas as noites.

No jantar, as tarefas são partilhadas. Há quem cozinhe, arrume a mesa, retire os pratos e lave a louça. Ser tratado e tratar com respeito é uma regra na casa, logo ninguém se sobrecarrega, nem se anula, porque entendem e praticam o valor de contribuir para o bem de todos.

Na hora da refeição, cada um conta um pouco do dia, compartilha acertos, erros, novidades e mesmices. As conversas fluem. Quando Enzo tem um problema, ele fala como tentou resolver e, quando não consegue, pede ajuda. Ele confia que em sua casa será ouvido e terá apoio para desenvolver formas de lidar com os contratempos.

Os jantares costumam ser momentos de encontro agradáveis, com atenção de qualidade e olho no olho. TV e celular não participam. Muitas vezes, a refeição se estende para momentos lúdicos. A família de Enzo curte bastante jogos de tabuleiro, cartas e dominó. Nem todo dia o cansaço permite que brinquem juntos, mas nos finais de semana certamente jogarão algumas partidas.

Antes de dormirem, os pais se revezam para acompanhar os filhos até a cama, conversam mais um pouquinho e se despedem com carinho. Enzo sente que é amado e importante para sua família.

No lar, há uma rotina consistente de sono, horário de alimentação, estudos pessoais e tempo de tela. A busca pelo equilíbrio é estimulada por meio do exemplo.

E como Enzo se comporta? Ele busca expressar seus sentimentos e necessidades de forma positiva. Sente-se ouvido e se interessa em ouvir também. Tem iniciativa para cuidar das suas tarefas em casa e na escola. Reconhece suas capacidades e trabalha as dificuldades. Gosta de aprender coisas novas e sabe que consegue ir além, se continuar praticando.

Na última prova de matemática, não atingiu a média e disse aos pais: "Poxa, não consegui uma nota boa dessa vez, estou chateado!". E, em vez de dar desculpas ou procurar culpados, buscou soluções e assumiu o compromisso de se esforçar mais.

Muitas vezes, sente vontade de desistir quando as coisas não estão dando certo. (Quem nunca?) O fato é que, depois de conversar com a família, Enzo consegue reconhecer os pequenos progressos que fez, sendo encorajado a ver os erros como oportunidades para aprender o que não consegue ainda. Ele cultiva uma relação de respeito consigo mesmo, inclusive quando erra.

No convívio social, Enzo tem facilidade em fazer amigos. Quando sacaneado ou humilhado, se defende e fala sobre os incômodos e as mudanças de comportamento que espera dos colegas. Ele aprendeu em casa que pode usar seu poder pessoal para influenciar o que acontece com ele e isso o tornou um ótimo solucionador de problemas.

Agora te pergunto: Enzo desenvolveu uma autoestima saudável? Não há dúvidas de que Enzo construiu uma imagem positiva de si. Ele assume os próprios erros e busca ativamente formas para enfrentar os desafios da vida. Acredita que tem valor e que a sua voz importa, sentindo-se livre para expressar o que pensa e sente, pois não haverá julgamentos em sua família. Enzo sabe que tem com quem contar, se precisar. Sua estima não se baseia nos outros, porque ele reconhece seus pontos fortes e fracos. A visão que tem de si mesmo é positiva, pois identifica e valoriza os progressos que faz. Confia que pode continuar aprendendo novas habilidades, mesmo quando se decepciona com seus insucessos e comportamentos limitados.

O que essas histórias ensinam sobre autoestima?

As histórias de Mel e Enzo nos ensinam que o segredo para nutrir o sentimento de autoestima nos filhos consiste em desenvolver um apego seguro, ou seja, a qualidade de vínculo que confere uma "base segura" para a confiança e expressão de afeto, favorecendo a autonomia por meio de uma rotina estruturada com liberdade e ordem.

Em resumo, uma educação gentil e firme, como apresenta Jane Nelsen na série de livros da Disciplina Positiva®. Gentil porque mostra respeito pelo filho, percebendo e ajudando-o amorosamente a atender suas necessidades; firme ao mostrar respeito pelos pais, levando em consideração as próprias necessidades e o que precisa ser feito no momento (NELSEN, 1999). Nem os pais, nem filhos estão no topo da hierarquia de importância, pois todos igualmente importam.

Os efeitos positivos desse estilo de relacionamento com os filhos baseado no respeito mútuo e na igualdade reflete diretamente na construção da autoestima, uma vez que encoraja as crianças e adolescentes a serem agentes em suas próprias vidas, garantindo-lhes a oportunidade de participar ativamente da construção do bem-estar pessoal e envolvendo-os na promoção do bem comum (GLENN; NELSEN, 2000).

Na prática, isso significa permitir que os filhos se sintam capazes de cuidar bem deles mesmos e se responsabilizarem em promover o bem aos outros, desenvolvendo o valor pessoal e a competência social, fatores fundamentais para uma maior satisfação com a vida (NELSEN; BILL; MARCHESE, 2020).

Tecendo um paralelo entre as histórias apresentadas, ficou evidente que no caso de Mel, o vínculo com os pais era inseguro e a satisfação das suas necessidades estava em desequilíbrio. A adolescente se sentia amada condicionalmente, pois seus pais faziam muito por ela, depois se ressentiam e a criticavam. Assim, ao invés de aprender a usar toda a sua capacidade para cuidar bem de si mesma, a adolescente aprendeu se criticar, se negligenciar e esperar que os outros cuidassem dela. Vemos como sua autoestima está precária!

Por outro lado, Enzo construiu um vínculo seguro com os pais, crescendo em um ambiente familiar de escuta, acolhimento das emoções, limites consistentes, além de ricas oportunidades para descobrir o prazer em contribuir. A criança desenvolveu um senso de aceitação e importância, aprendendo a valorizar a si mesma e mostrar preocupação com os outros, sua autoestima está saudável!

Espero que a leitura até aqui tenha ajudado você a adquirir mais consciência sobre a importância da relação com seus filhos no desenvolvimento da autoestima deles. Quero esclarecer que, mesmo diante de condições desfavoráveis no passado, os seres humanos podem se desenvolver emocionalmente e que hoje, na sua função de pai ou mãe, você tem um enorme poder de preparar emocionalmente seu filho para que ele seja capaz de se aceitar, se valorizar e enfrentar os desafios da vida com a cabeça erguida.

A seguir, apresento orientações para nutrir a autoestima de suas crianças/adolescentes:

- **Comece abandonando o hábito de usar as palavras como armas, porque elas danificam a autoestima.** Pare de gritar, criticar, humilhar, insultar, rotular, agir com sarcasmo ou comparar o comportamento do seu filho com o de outras pessoas.
- **Desenvolva formas positivas de se comunicar com os filhos, usando as palavras para criar conexão emocional.** Todas as crianças e adolescentes precisam de um olhar atento, um tom de voz sereno e uma escuta acolhedora para se sentirem compreendidos, aceitos e amados.
- **Valide primeiro os sentimentos, depois intervenha nos comportamentos.** Seu filho precisa ver, ouvir e sentir que ele importa e que o relacionamento de vocês é uma prioridade. Garanta que a mensagem de amor fique clara para que ele tenha certeza de que você está "com" ele e

não "contra" ele. Ensine que todos os sentimentos são válidos, mas que nem todas as atitudes são. Mostre com seu exemplo que é seguro expressar as emoções e que há formas respeitosas para falar sobre nossos incômodos e o que gostaríamos que fosse diferente.

- **Garanta ao seu filho oportunidades para praticar habilidades de autocuidado.** Fazer pelo seu filho o que ele é capaz de fazer por si mesmo interfere negativamente no desenvolvimento do senso de capacidade, autonomia e valor pessoal. Como esperar que ele tenha iniciativa e experimente satisfação com resultado de suas ações, quando você entrega tudo pronto na mão dele? A autoestima advém de ter habilidades para cuidar das próprias necessidades, não de esperar que os outros as atendam, porque isso gera dependência emocional. Então, dê espaço para seu filho praticar autocuidado e sentir prazer em cuidar bem de si mesmo, aprimorando-se em cada nova tentativa.

- **Permita que seu filho se sinta importante, dando-lhe a chance de contribuir.** Não podemos confundir autoestima com egoísmo. Amar-se acima dos outros e fazer o que se quer, sem levar em consideração as necessidades dos demais, não condiz com uma autoestima saudável. Estimule o interesse social e o desejo de ajudar. Envolva seu filho ativamente na solução de problemas do dia a dia, peça ideias, pergunte como ele pode colaborar, compartilhe responsabilidades, agradeça suas iniciativas, descreva como ele faz diferença para tornar a vida em família mais maravilhosa. Assim, ele constrói uma imagem positiva de si, sente-se satisfeito por ser quem é e por poder contribuir.

- **Dedique tempo para ter encontros autênticos com cada um dos filhos, individualmente.** Eles precisam ver em você disponibilidade emocional para que possam confiar e compartilhar a vida. Reserve em sua rotina momentos para dar atenção genuína, sem pressa e sem distrações de eletrônicos. A presença afetuosa é a forma mais eficaz de cuidar da saúde emocional.

Lembre-se: a segurança psicológica de ser amado pelos pais é o ingrediente essencial para que os filhos sintam amor por si mesmos!

Agradeço por seguir comigo até aqui e, em gratidão à sua dedicação na leitura deste capítulo, quero oferecer a você uma aula bônus com ferramentas poderosas que desenvolvi para nutrir a autoestima de crianças/adolescentes.

Receba gratuitamente seu material, me enviando um e-mail com o título: **Autoestima Saudável**. Será um prazer compartilhá-lo com você, contribuindo com o desenvolvimento emocional do seu filho!

Até breve!

Referências

GLENN, H. S.; NELSEN, J. *Raising self-reliant children in a self-indulgent world: seven building blocks for developing capable young people*. New York: Three Rivers Press, 2000.

NELSEN, J. *Positive time-out: and over 50 ways to avoid power struggles in the home and the classroom.* New York: Three Rivers Press, 1999.

NELSEN, J.; BILL, K.; MARCHESE, J. *Disciplina positiva para pais ocupados: como equilibrar vida profissional e criação de filhos.* São Paulo: Manole, 2000.

PAIS FERIDOS FEREM SEUS FILHOS

Neste capítulo, vamos abordar como nossas feridas emocionais interferem nos adultos que nossos filhos se tornarão, no que acreditarão sobre si, sobre sua capacidade de realização e sobre os resultados que merecerão ter. Os pais também encontrarão os passos mais importantes para educarem seus filhos para serem vitoriosos, e isso requer que nós, pais, estejamos espiritual e emocionalmente fortalecidos e curados.

JEICY ANDRADE

Jeicy Andrade

Contatos
coach.jeicycorda@gmail.com
Instagram: coach.jeicycorda
43 99859 1309

Mãe, administradora graduada pela UENP (2015), analista comportamental certificada pela LV Coach (2020), *coach* e palestrante certificada pela Polozi (2021), treinadora e mentora de mães e mulheres, hipnoterapeuta certificada pelo instituto Romani (2021), com formação em PNL sistêmica pela Udemy, terapeuta comportamental, *master* inteligência emocional e reprogramadora emocional pela IVICOMP (2022), apaixonada pela maternidade, pelo poder feminino e pelo desenvolvimento humano.

Todos nós viemos a esse mundo como seres de luz e sombra, com capacidade de realizar coisas incríveis ou terríveis de acordo com nossas escolhas conscientes e inconscientes. Da mesma forma, assim é com nossos filhos.

O que vai determinar o caminho que nossos filhos irão seguir é a percepção que eles terão sobre quem realmente são, de acordo com as experiências que viveram e o significados que deram a elas na primeira infância.

A percepção que nossos filhos terão de si baseia-se em três crenças primais: identidade (quem ele é), capacidade (o que é capaz de fazer), merecimento (o que ele merece).

Raiz dos problemas emocionais

Nossas memórias são o armazenamento de informações de experiências vividas, ou seja, tudo que vemos, ouvimos e sentimos sinestesicamente faz com que nossos neurônios ou células nervosas façam conexões, e essas conexões são ligadas por pontos que chamamos de sinapses neurais. É nessas sinapses que ficam registradas as memórias que são processadas com uma emoção, é gerado um significado sobre essa informação e esse significado vai gerar um sentimento positivo ou negativo, baseado na percepção que a pessoa teve do acontecimento. São essas memórias, juntamente como sentimento e os significados que damos a elas, que formam as crenças primais na vida adulta.

Quanto mais experiências negativas, mais feridas emocionais nossos filhos terão e maior será seu mecanismo de defesa (personalidade), levando-os cada vez mais perto da sombra e longe da luz, ou seja, eles vão deixando de ser sua essência para viver seu ego.

Imagine a relação com nosso filho como uma folha em branco, na qual temos autonomia para escrevermos o que quisermos, como quisermos, com nossa visão de mundo.

O problema é que muitas vezes a nossa visão de mundo é deturpada, nossas memórias são de experiências negativas, nas quais o mundo não é um lugar seguro de se viver, onde errar é ruim, ter sentimentos e necessidades próprias não é bom, confiar em nós não é seguro, depender dos outros é algo ruim, onde nossas crenças limitam nosso resultado, distorcem a imagem de quem realmente somos em Deus. Nós somos filhos(as) de Deus, herdeiros(as) do trono e acabamos passando nossas feridas emocionais para os nossos filhos que, quando forem adultos, carregarão a nossa marca.

Será que até aqui haveria nessas entrelinhas algo de que podemos nos orgulhar? Estamos honrando a essência dos nossos filhos? Amando-os do jeito que eles são? Ou estamos criando expectativas sobre um filho que gostaríamos de ter de acordo com nosso molde?

Será que, quando nossos filhos olharem para essas memórias da infância que nós, pais, criamos, eles terão um sentimento positivo, algo para sentirem prazer em compartilhar?

Será que estamos contribuindo para que eles cresçam e se tornem homens ou mulheres dignos, honrados, que sabem seu real valor em Deus, que conseguem sentir empatia pela dor do outro, que sabem quem verdadeiramente são, que acreditam e confiam na sua verdadeira capacidade e sabem que merecem tudo que Deus tem para lhes dar?

Nosso valor deve estar em quem somos

Muitas vezes, nós, pais, queremos obediência cega dos nossos filhos. O impacto que isso gera na vida adulta é a crença de identidade "eu não sei quem sou", trazendo consequências como falta de autenticidade, falta de criatividade, dificuldade em dar opinião, dificuldade em resolver problemas, necessidade de aceitação e de aprovação. Precisamos, como pais, buscar educar com amor e limites respeitosos, buscando, ao invés de uma obediência baseada no autoritarismo, na imposição e no medo, uma cooperação baseada no respeito, na admiração e confiança.

Nossos filhos precisam ter autonomia e liberdade com limite para fazerem escolhas simples, como escolher os tênis que querem vestir. Nosso papel como pais não é fazer pelos nossos filhos, mas ensiná-los o caminho para que eles façam suas escolhas e aprendam desde cedo que todas escolhas têm consequências e precisamos saber lidar com elas.

Quando nós, pais, superprotegemos nossos filhos fazendo tudo por eles, decidindo tudo por eles, eles crescem com uma dependência emocional muito grande, não conseguindo tomar decisões simples como comprar uma roupa sozinho. Isso porque crescem com a crença de capacidade em que não se sentem seguros e capazes de tomar decisões por si, precisando o tempo todo de validação e aprovação de outras pessoas.

Muitas vezes, viemos de uma família com poucos recursos financeiros, passamos vontades, desejos de coisas que nossos pais não tinham condição de nos dar no momento, e hoje aprendemos a nos contentar com o que a vida nos dá, e passamos esse contentamento para os nossos filhos, tirando deles o direito de sonhar grande, de terem o desejo de viver uma vida melhor que a que tivemos.

Imagine no Natal: nosso filho pede uma bicicleta e lhe damos um carrinho de brinquedo; naturalmente, essa criança irá se frustrar e ficar triste, e se no momento é isso que temos condições de dar então tudo bem, qual é o problema aqui então?

Nosso papel aqui seria validarmos o sentimento do nosso filho, acolhê-lo e dizer que vamos fazer juntos um planejamento para que ano que vem possamos lhe dar a tão sonhada bicicleta, que ele deve continuar sonhando, que os sonhos dele um dia serão realizados.

O problema é que, em uma situação assim, ao invés disso espelhamos neles a frustração da nossa criança ferida, que teve de se contentar com o que tinha, e ainda há pais que dizem: "Pare de reclamar, tem criança que nem pai tem pra passar o Natal juntos. Eu estou aqui, te dou tudo que posso e você aí reclamando de barriga cheia".

Agora sejamos sinceros: em qual dessas situações você acredita estar de fato comunicando amor ao seu filho? Quando nós, pais, temos o comportamento negativo, agindo como agiotas emocionais, lançando sobre eles a culpa pelas dores dos outros, estamos dizendo a eles: "Você não é um menino bom porque quer algo que muitos não podem ter", "não vale a pena sonhar, você não vai chegar longe, contente-se com o que tem", "você não merece o melhor que a vida pode dar".

Temos a petulância de acreditar que nossos filhos devem ser criados dentro do nosso molde, nossa expectativa, nossa estrutura, porque, se nunca tivemos nada além de um emprego de salário-mínimo e sobrevivemos, é desnecessário nossos filhos batalharem para ser donos de uma empresa; se sempre moramos em um barraco, por que eles tem de querer morar em uma mansão?

O problema é que isso tudo acaba asfixiando a real identidade da criança, e ela não olha mais para si, para suas vontades, emoções e necessidades, desacreditando na sua capacidade, não conseguindo ter amor-próprio, autoconfiança elevada e se desconecta da sua essência porque já nem sabe mais quem é.

Precisamos, como pais, entender que não podemos determinar quem nossos filhos serão um dia, nem como viverão; isso é escolha deles e devemos aceitar, respeitar e amá-los incondicionalmente como são, cada um tem suas particularidades, somos seres únicos, cada um com suas qualidades e defeitos. O que podemos e devemos fazer como pais é conhecer melhor essas qualidades e defeitos e potencializar suas *soft skills* (habilidades comportamentais) e orientá-los a serem sua melhor versão, conectados em Deus.

O fato é que nunca seremos pais perfeitos porque na nossa essência somos imperfeitos, vulneráveis e enquanto nos aprisionarmos no medo da crítica, do julgamento, da rejeição, da falha não teremos amor-próprio, autoconfiança fortalecida em quem somos, em Deus, no que somos capazes e no que merecemos viver, e desistiremos antes mesmo de tentar.

Enquanto não compreendermos a nós mesmos, como iremos compreender aos nossos filhos? Se não amarmos nossas imperfeições como pais que somos, como conseguiremos amar as imperfeições de nossos filhos? Enquanto não aceitarmos que errar é humano e faz parte da vida e do processo de aprendizagem, sempre cobraremos perfeição de quem mais amamos.

Da mesma forma que nos cobramos essa perfeição, acabamos criando expectativas irreais sobre nossos filhos, e quando não correspondida, nos frustramos e as vezes até os rejeitamos, isso porque estamos apegados ao amor condicional quando, na verdade, o que nossos filhos precisam é ser amados incondicionalmente por quem são e não pelo que fazem.

Enquanto, como pais, amarmos nossos filhos pelo que fazem ou conquistam, como pelas notas boas que tiram, pela carreira que escolhem seguir, pelos prêmios que recebem, pela promoção no trabalho, nunca saberemos de fato qual valor real deles em Deus.

Agora, vamos refletir sobre como nós, pais, temos nos posicionado. Será que temos impelido nossos filhos a viverem o sonho que não conseguimos realizar? Será que temos determinado como eles devem agir, quem eles devem ser? Como eles têm que falar e se vestir? Será que temos respeitado suas escolhas e buscado por cooperação ou temos exigido obediência cega, sem espaço para diálogo, opiniões e questionamentos?

Talvez essa seja a primeira vez que você parou para olhar para seu filho dessa forma, como um ser único, com limitações, vontades, sentimentos, sonhos e que merece ser respeitado pela sua individualidade e autenticidade, e isso é ótimo porque significa que alguma coisa na sua mente está mudando. Esse não é o primeiro passo para que sejamos os pais que nossos filhos merecem; antes de tudo, precisamos buscar o autoconhecimento através conhecimento e conexão com Deus.

Exercício

1. Com base neste subcapítulo:
   a. Você tem aceitado e amado seu filho por quem ele é e não apenas pelo que ele faz?
   ( )Sim   ( )Não

   b. Você tem apoiado e respeitado as escolhas do seu filho?
   ( )Sim   ( )Não
   O que você aprendeu sobre isso? Qual a sua decisão?
   _____
   _____

Fortalecimento espiritual e emocional

Quando nos conectamos com nossa verdadeira identidade, com nosso propósito, se torna muito mais fácil compreender a nós mesmos e que tudo que já vivemos foi um aprendizado; é muito mais fácil olhar para a criança ferida que existe dentro de nós e acolhê-la, abraçá-la, perdoá-la, olhar em seus olhos e dizer:

— Eu te amo, eu estou aqui, não precisa mais ter medo, você está seguro(a), eu me orgulho de quem me tornei hoje, está tudo bem, pode perdoar as pessoas que te feriram, elas não sabiam o que estavam causando a nós, hoje eu te curo e eu me curo, essas feridas não doem mais, eu me permito ser livre e amar incondicionalmente.

Esse é o passo mais importante para que as mudanças que nós tanto buscamos na relação de amor e respeito com nossos filhos aconteçam de forma profunda. Pais, vocês podem até não acreditar, mas nossas feridas emocionais, se não curadas, vão sim, refletir em nossos filhos de forma negativa. Se estamos feridas(os) emocionalmente, como esperamos criar filhos emocionalmente saudáveis? Não vai funcionar.

O segundo passo é trabalharmos nossa inteligência emocional, é ela que vai determinar a forma como vamos reagir diante das situações do dia a dia.

Poderia lhe dizer que você não pode gritar com seu filho porque é superprejudicial, e mesmo você concordando comigo, será que teria autocontrole e autoconhecimento suficientes para não gritar?

Exercício

1. Com base neste subcapítulo:
   a. Quais lembranças mais fortes você tem da sua infância?
   _____
   _____

   b. De 0 a 10, quanto valor você vê em você hoje?_____

   c. De 0 a 10, qual sua conexão com Deus? _____

   d. Quando seu filho se comporta "mal", o que você sente?
   _____
   _____

   e. De 0 a 10, o quanto isso tem o(a) impedido de ser um pai/mãe mais paciente, amoro(a), respeitoso(a)?_____
   O que você aprende sobre isso? Qual sua decisão?
   _____
   _____

Todos temos o poder de mudar, eu confio em você. Confio que, se você chegou até essas últimas linhas, é porque você quer fazer diferente, afinal a mudança que queremos no nosso filho deve começar em nós, com a cura da nossa criança ferida, com o perdão, com a autorresponsabilidade, com a reeducação emocional e, principalmente, com a reconexão com a fonte espiritual. Eu confio em você, confie também, você é capaz e merecedor(a).

Referências

ABRAHÃO, T. *Pais que evoluem: um novo olhar para a infância*. 2. ed. São Paulo: Literare Books International, 2021.

VIEIRA, P.; BRAGA, S. *Educar, amar e dar limites: os princípios para criar filhos vitoriosos*. São Paulo: Gente, 2021.

16

"TENTANTE" X "MÃE EM PREPARAÇÃO"
UMA PROPOSTA DE CONCEITUAÇÃO E ACOLHIMENTO

Este capítulo convida a refletir sobre a conquista da maternidade. Cada mãe trilha um caminho singular e, por vezes, cheio de obstáculos, como no caso das mulheres chamadas de "tentantes". Proponho substituir este termo por "mãe em preparação" e aceno para as mães que já receberam seus filhos, a fim de que ambas possam se acolher mutuamente.

Luana Andrade

Contatos
luana.baracho.andrade@gmail.com
Instagram: luanabarachoandrade
21 98107 7210

Educadora atuante na educação pública brasileira. Lecionou sob regime estatutário nas redes municipal e estadual do Rio de Janeiro e, atualmente, serve na rede federal de educação, atuando no setor técnico-pedagógico. Integra, ainda, o coletivo Mães: Criaturas Invisíveis e o respectivo grupo de trabalho que desenvolve o projeto de extensão de mesmo nome. Graduada em Geografia pela Universidade Federal do Rio de Janeiro e mestre pela Universidade do Estado do Rio de Janeiro (PPGEO), possui pós-graduação em Neurolinguística e especialização em Capelania Evangélica. É autora do livro *Lugar sagrado e tolerância religiosa: interpretação da perspectiva evangélica pós-moderna;* e do conto *A nova missão da cegonha*, além de artigos científicos. Foi, durante muitos anos, "mãe em preparação" e recebeu o milagre duplo Mariana e Giovana, o que a motiva a inspirar outras mulheres a persistirem na conquista desse desejo.

As mulheres têm promovido uma revolução na sociedade e isso abre um leque de opções no que diz respeito às realizações pessoais e profissionais. Entretanto, apesar de todas as conquistas que alcançamos, a maternidade ainda é uma das mais almejadas, complexas e socialmente excludentes. A inserção no universo maternal pode acontecer de modo surpreendente, resultado de um planejamento detalhado ou fruto de perseverança e fé. Mães são consideradas quase santas, admiradas, amadas, invejadas e criticadas. Apesar das flores ostentadas, a maternidade, em todas as suas etapas, é uma prática solitária.

Infertilidade: um pedregoso caminho até a sonhada maternidade

Em qual momento especificamente nos tornamos mães e pais? Quando isso acontece? Será a partir de quando desejamos profundamente nossos filhos? Durante a formação do embrião? Ao descobrirmos que nosso bebê está sendo gerado? Ou apenas durante o parto? Há uma disputa de autoridade sobre o uso dos títulos mãe e pai. "Pai é quem cuida", dizem uns; "mãe de verdade", dizem outros, como se pudessem existir mães de mentira.

A todo tempo, julgamos as relações entre pais e filhos. Estamos sempre a validar, ou invalidar, o uso desses termos por nossos semelhantes. O dicionário on-line Michaelis (2022) apresenta as seguintes definições para o termo mãe: "mulher que deu à luz um ou mais filhos e os cria ou criou; fêmea de animal que deu à luz uma ou mais crias; pessoa generosa e bondosa que dispensa cuidados maternais, que protege muito aos outros".

A partir dessas concepções, podemos compreender que mãe dá à luz, protege e/ou cuida de modo maternal. Em todo o mundo, muitas mulheres têm adiado ou renunciado à maternidade em prol da realização de outros objetivos de vida. Entretanto, a conquista da maternidade ainda é um dos maiores sonhos da maioria de nós.

No artigo *Infertilidade: um novo campo da Psicologia da Saúde*, as psicólogas Débora Farinati, Maisa Rigoni e Marisa Müller (2022) observam que "a constituição do desejo de maternidade e paternidade faz parte da cadeia simbólica constitutiva da própria identidade do sujeito". O ímpeto por gerar filhos é intrínseco ao ser humano e, apesar de ser uma ação inundada de estímulos biológicos e sociais, a realização deste sonho, por vezes, pode ser um caminho difícil de ser trilhado, com muitos obstáculos aparentemente intransponíveis.

Pelo menos 15% dos casais no mundo ocidental sofrem com a infertilidade (CARVALHO, 2022), definida pela Organização Mundial da Saúde como "a incapacidade de um casal conseguir gravidez após um ano de relações sexuais sem contracepção" (CARVALHO, 2022). Esse é um problema que deve ser tratado como uma dificuldade do casal e não apenas de um dos indivíduos, pois "cerca de 35% dos casos de infertilidade estão relacionados à mulher, cerca de 35% estão relacionados ao homem, 20% a ambos e 10% são provocados por causas desconhecidas", segundo a Associação Brasileira de Reprodução Assistida (2022).

O ser humano é formado por uma complexa teia de relações entre corpo, alma, espírito e ambiente. Todas as dimensões devem ser consideradas na busca pela superação de desafios ditos intransponíveis. Farinati, Rigoni e Müller (2022) concluem que "uma abordagem em Psicologia da Saúde prioriza o sujeito em sua integralidade e propõe uma visão segundo a qual os processos físicos estão intimamente relacionados com os psicológicos e sociais. A infertilidade possui causas multideterminadas, portanto não se admite uma intervenção que exclua a dimensão emocional nem o contexto ambiental no qual está inserida".

Por sete anos, enfrentei muitas adversidades em busca da realização do meu sonho de gerar filhos. Logo no início do meu casamento, recebemos o diagnóstico médico de que não teríamos filhos nem de modo natural, nem com o auxílio das técnicas de reprodução assistida. Por alguns anos, convivi com essa querela entre a palavra médica e a minha fé na intervenção divina para a realização de um milagre. Minha esperança me motivou a pesquisar os procedimentos mais modernos dessa área, a despeito da incredulidade de diversos médicos consultados na ocasião. Aliando uma fé sobrenatural ao auxílio da melhor equipe de especialistas em reprodução assistida, alcancei meu objetivo de gerar minhas filhas.

PNL – Programação Neurolinguística e o uso do termo "tentante"

A expressão "tentante" é amplamente difundida e estereotipada. As antropólogas Débora Allebrandt e Camilla Iumatti Freitas (2022) a definem como "mulheres que estão tentando ter filhos com ou sem a ajuda de novas tecnologias reprodutivas – NTR – mas comumente esse termo está associado ao uso dessas tecnologias".

A partir desse conceito, eu seria considerada "tentante" desde o ano 2012 até o final de 2019. No entanto, esse termo sempre me incomodou, por isso, nunca o adotei. Nem por um minuto me senti "tentante". Em apreço às demais mulheres que vivenciam situações semelhantes, proponho a utilização de "mãe em preparação", em vez de "tentante".

Estudos sobre a linguagem do cérebro apontam para a importância de atentarmos para as expressões que utilizamos em nosso dia a dia e, principalmente, em nossos diálogos internos. Nosso cérebro acredita no que dizemos, vemos e ouvimos. Considerando que "as crenças são uma parte importante de nossa personalidade" (O'CONNOR e SEYMOUR, 1995) e que "a linguagem é uma parte essencial do processo que usamos para compreender o mundo e expressar nossas crenças" (O'CONNOR e SEYMOUR, 1995), a programação neurolinguística "trata da estrutura da experiência humana subjetiva, de como organizamos o que vemos, ouvimos e sentimos e filtramos o mundo exterior através de nossos sentidos. Também examina a forma como descrevemos isso através da linguagem e como agimos, intencionalmente ou não, para produzir resultados" (O'CONNOR e SEYMOUR, 1995). Disso depreende-se como é fundamental utilizarmos a nossa comunicação de modo intencional.

A expressão "tentante" dá a impressão de um atleta corredor que fica satisfeito em participar das corridas, ainda que não seja o vencedor. Ele é um corredor, independentemente dos resultados de suas corridas. Seu objetivo principal é correr. Já a "mãe em preparação" tem o objetivo de ter seus filhos nos braços, está preparando tudo para isso e não medirá esforços para realizar este sonho.

Criar um ambiente positivo, de boas energias e palavras encorajadoras é um grande auxílio nesta jornada. Pior do que não ter filhos, é não ter filhos nem netos. A dor da não realização do sonho da maternidade não tende a diminuir com o tempo, pelo contrário, tende a se somar a outras ausências e perdas. Exceto em situações em que há um processo de ressignificação por exemplo. Em casos específicos, outros sonhos podem se sobrepor ao da maternidade e sua realização pode gerar plenitude. Na obra *Crenças, caminhos para a saúde e o bem-estar*, Robert Dilts, Tim Hallbom e Suzi Smith (1993) propõem mudanças nas crenças para aumentar as escolhas possíveis. Os autores pontuam que "podemos escolher nossas crenças, deixando de lado as que nos limitam e criando outras que tornarão nossa vida mais prazerosa e mais eficiente".

No conto *A nova missão da cegonha* (2022), introduzi nas seguintes palavras o conceito de "mãe em preparação": "as mães em preparação se preocupam em tornar a sociedade melhor para seus filhos, tornar a sua casa um lar mais aconchegante e amoroso e tornar o seu corpo mais saudável. As mães em preparação atentam para que seus lábios sejam rios de águas doces, ao invés de amargas, e para que seus ouvidos recebam palavras fortalecedoras ao invés de flechas envenenadas. As mães em preparação estão preparando o corpo, a casa, a família, o mundo e a sociedade para a geração de seus filhos porque elas valorizam o milagre que recebem em um nível mais profundo". As "mães em preparação" são mulheres que estão agindo em prol de seus filhos, estão cuidando deles antes mesmo de existirem em suas vidas.

Desde o momento em que decidi pesquisar mais profundamente sobre os procedimentos de vanguarda para a fertilização e os requisitos necessários para adoção etc.; desde o momento em que decidi trilhar o caminho da maternidade, seja por qual alternativa fosse, senti que estava amadurecendo como mãe e que as adversidades pelas quais passaria seriam como na situação relatada no livro de João (BÍBLIA SAGRADA, JOÃO 4:4), na qual era necessário que Jesus passasse por Samaria. Há circunstâncias na vida pelas quais precisamos passar, dispensando os atalhos. Assim, preparei o ambiente para a geração de minhas filhas. Preparei, também, meu corpo e o do meu marido com alimentação adequada, hidratação, vitaminas, hormônios e medicações indicados pelos especialistas consultados. Enquanto cuidava de tudo para elas, estava cuidando delas, priorizando-as, sendo mãe.

Em PNL, acredita-se que, para executar uma mudança, é necessário vontade plena e atenção aos seguintes elementos: fisiologia, estratégia, congruência e sistema de crenças (DILTS, HALLBOM e SMITH,1993). O cuidado com a fisiologia é importante, apesar de algumas questões de saúde fugirem ao controle do indivíduo. Em muitos casos de infertilidade, o tratamento médico é indispensável para a solução do problema. Os cuidados básicos com a saúde como boa alimentação, hidratação e atividades físicas são recomendações imprescindíveis para a manutenção de um corpo saudável.

Para haver congruência, a pessoa precisa que seu consciente e seu inconsciente estejam de acordo sobre os objetivos propostos; corpo, alma e espírito precisam estar unidos harmoniosamente, pois "a partir do momento em que ela tenha a certeza do seu objetivo, seu cérebro irá organizar seu comportamento inconsciente para poder atingi-lo. Ela começará automaticamente a obter informações autocorretivas, que a manterão no caminho em direção ao objetivo desejado" (DILTS, HALLBOM e SMITH,1993). Neste sentido, o seu sistema de crenças precisa estar alinhado aos objetivos para que estratégias possam ser estabelecidas.

Observando o estado atual e o estado sonhado, elenca-se o que é necessário desenvolver para a realização do sonho, quais melhorias são importantes em relação à saúde, ao ambiente e à rotina familiar. Por vezes, desejamos filhos, mas não há espaço para eles em nossa rotina nem em nossa casa. A preparação é fundamental para essa adaptação, tudo flui mais facilmente quando as barreiras são eliminadas.

Vale refletir sobre o impacto da chegada de crianças no ambiente familiar: mudanças na rotina, no espaço físico e nas despesas. Bebês precisam de um lar preparado para a sua chegada. Quando nascem, eles precisam se adaptar a um ambiente totalmente diferente do que estavam habituados no ventre materno. É uma grande sobrecarga sensorial.

Cabe aos pais e demais cuidadores tornarem esse processo o mais suave e agradável possível. Afinal, os pais também precisarão se adaptar a um ambiente mais barulhento, com constantes trocas de fraldas e uma variedade de acessórios infantis espalhados pela casa. É uma mudança e tanto para todos os envolvidos; quanto mais preparados, mais fácil será a adaptação.

"Mãe em preparação" e "mãe presenteada": acolhimento mútuo

Por fim, acredito que fui uma "mãe em preparação" durante, pelo menos, sete anos. Nesse tempo, estive atravessando um pedregoso caminho em direção a realização do meu sonho de ter minhas filhas em meus braços. Foi uma jornada bastante conturbada na qual me deparei com muitas adversidades e julgamentos.

Em nossa sociedade, mulheres são julgadas quando não têm filhos, quando desejam tê-los e quando os têm. Não há limites para os comentários ácidos que enfatizam as badaladas do relógio biológico feminino, como se a mulher não tivesse ciência de sua própria condição, ou ainda o apontamento da suposta ansiedade como responsável por atrapalhar todo o processo gestacional. Em pleno século XXI, as dificuldades na conquista da maternidade ainda são vistas popularmente como um tabu no qual a mulher se constrange e é culpabilizada.

Na contramão do senso comum, este capítulo objetivou empoderar mulheres que desejam ser mães para que lutem pelo seu sonho, munidas de todas as ferramentas possíveis, além de produzir empatia naquelas que não compreendem os desafios que esse sonho pode representar. O momento em que senti profundamente que receberia minhas filhas foi quando, com as mãos estendidas aos céus em oração, eu intuí que elas já existiam no mundo espiritual.

Com essa experiência, pontuo que cada mãe tem o seu tempo, a sua fé e a sua jornada a percorrer. As "mães em preparação" sofrem e choram pelos filhos que desejam, enquanto as mães que já os têm sofrem e choram por seus próprios filhos também. São dores diferentes, mas ambas solitárias. Bom seria que todas as mães, tanto as que estão em preparação quanto as que já foram presenteadas, pudessem se acolher mutuamente, preenchendo o mundo com generosidade, ao invés de julgamentos.

Referências

ALLEBRANDT, D.; FREITAS, C. I. *Em busca da cegonha: "tentantes", "instamigas" e possíveis ativismos em redes sociais.* Disponível em: <https://www.scielo.br/j/cpa/a/wZKRk5gnrvXQDs4BnNpvZqS/?format=pdf&lang=pt>. Acesso em: 21 abr. de 2022.

BARACHO, L. A nova missão da cegonha. In: *Conto por conto: sentimento maternal.* Luiz Primati (Org.). São Paulo: Uiclap, 2022.

BÍBLIA SAGRADA. Livro de João, 4:4. Versão NVI. Disponível em: <https://www.bibliaonline.com.br/nvi/jo/4>. Acesso em: 15 abr. de 2022.

CARVALHO, J. L. da S. *Página on-line da Federação das Sociedades Portuguesas de Obstetrícia e Ginecologia.* Disponível em: <http://www.fspog.com/fotos/editor2/cap_28.pdf>. Acesso em: 15 abr. de 2022.

DICIONÁRIO BRASILEIRO DA LÍNGUA PORTUGUESA. *Michaelis.* Disponível em: <https://michaelis.uol.com.br/moderno-portugues/busca/portugues-brasileiro/mae>. Acesso em: 15 abr. de 2022.

DILTS, R.; HALLBOM, T.; SMITH, S. *Crenças: caminhos para a saúde e o bem-estar.* São Paulo: Summus, 1993.

FARINATI, D. M.; RIGONI, M. dos S.; MÜLLER, M. C. *Infertilidade: um novo campo da psicologia da saúde.* Disponível em: <https://www.scielo.br/j/estpsi/a/GPnYdjvDJdjpxF7nvRQ5C8t/?lang=pt&format=pdf>. Acesso em: 21 abr. de 2022.

MATOS, F. *Página online da Sociedade Brasileira de Reprodução Assistida.* Disponível em: <https://sbra.com.br/noticias/infertilidade-como-enfrentar-o-diagnostico-e-buscar-o-tratamento-adequado/>. Acesso em: 15 abr. de 2022.

O'CONNOR, J.; SEYMOUR, J. *Introdução à Programação Neurolinguística: como entender e influenciar pessoas.* São Paulo: Summus, 1995.

17

ONDE ESTÁ NOSSA CONEXÃO?
A IMPORTÂNCIA DOS VÍNCULOS AFETIVOS NA CONSTRUÇÃO DAS RELAÇÕES

Ser a pessoa responsável por outra vida pode assustar alguns. Ouvimos, repetidamente, o quanto é cansativo educar. Mas convido-o(a) a lembrar que, antes de tudo, vem a forma que você escolhe para educar.

MARCELLA FÉRES

Marcella Féres

Contatos
mvferes@hotmail.com
Instagram: @marcellaferesterapeuta
27 99805 0150

Marcella Feres é pedagoga, psicanalista, terapeuta de famílias, especialista em adolescentes e orientadora de pais por meio da educação parental.

> *Toda reforma interior e toda mudança para melhor dependem exclusivamente da aplicação do nosso próprio esforço.*
> IMMANUEL KANT

No início dos anos 2000, ainda em sala de aula, com a visão da jovem que saiu da graduação aos 21 anos, eu via o comportamento dos adolescentes e sentia uma proximidade incômoda. Seria um despreparo meu? Ou teria sido minha faculdade que falhou ao ensinar nosso lugar? Existe essa disciplina?

Ser orientadora educacional pode ser doloroso. No cotidiano escolar, eu enxergava familiares se afastando, lentamente, uns dos outros, por mais que vivessem dentro da mesma casa. Na verdade, vivem dentro do mesmo ambiente, mas, não convivem.

Vou lembrar o significado da palavra conviver, segundo o dicionário: "viver em proximidade; viver cordialmente".

Os pais, envolvidos na busca de estabilidade profissional, colocavam seu foco e esforços nessa direção. Os filhos estavam entregues às escolas e professores particulares, atividades extraescolares e compensações materiais.

Começávamos a ver uma movimentação relacionada a uma educação mais conectiva; por mais que esse seja o natural, não é o que encontramos em todas as famílias.

E essa maneira de se relacionar pode ser aprendida?

A explosão de palestras e livros com o tema inteligência emocional nos mostrou que sim.

Orientações preciosas

1. Deixe a tecnologia de lado: quando seu filho estiver com você, não fique checando as suas redes sociais a todo o momento.

2. Aprenda a gostar de você e seja exemplo para seus filhos se olharem com amor.
3. Sem afeto não há relacionamento. Quantas vezes, por dia, você estabelece contato físico com seus filhos? Aumente sua meta.
4. Demonstre interesse real pela vida dos seus filhos. Eles sentem quando é verdadeiro.
5. Preste atenção aos momentos. Nossa vida de adultos é muito corrida, cheia de compromissos. Valorize as conquistas, sorrisos e oportunidades de estarem juntos.

São legítimos tantos textos, de diversos autores sobre o tema. São inúmeras famílias e comunidades que precisam desse despertar, de um direcionamento. Crianças e adolescentes vivem em grupos, e esses mesmos grupos formam nossa sociedade.

Para algumas pessoas, o importante é garantir que seus filhos recebam a melhor educação escolar e extracurricular possível. As famílias que podem, investem bastante em atividades relacionadas à música, esportes, dança e robótica. Seus filhos passam a maior parte dos dias ocupados com uma agenda incrivelmente executiva.

A justificativa é a de que "nos preocupamos com o futuro e a competitividade no mercado de trabalho". Obviamente isso é compreensível, porém vale lembrar das competências e habilidades emocionais e dos vínculos afetivos, também fundamentais para o desenvolvimento desse ser humano em suas potencialidades.

E se eu mudar primeiro?

"Estamos engessados". Já ouviu essa expressão? Reproduzimos falas e comportamentos com nossos filhos, mas exigimos que eles façam diferente. Não gostamos de lidar com as birras, mas também as fazemos. Temos pressa em dizer que crianças e adolescentes não têm limites. Mas, e nós, pais, temos?

Queremos, com certa urgência, resolver o máximo de questões da vida dos nossos filhos. Decidir a escola, companhias, cursos, viagens. Desde que nascemos, alguém está ali, fazendo as escolhas por nós. Primeiro, o que vestimos, o que comemos, perto de quem ficamos. Vamos crescendo e buscando nossa identidade. Foi assim comigo e também com você.

Nossos filhos estão passando por essa experiência. Mas ela pode ser melhor do que foi para você. Ela pode ser a vivência de que o seu filho precisa. E como fazer isso acontecer? Mudando a si mesmo primeiro. Pensando sobre quais desejos serão atendidos. Os seus ou os do seu filho?

"Ixi, mas isso vai dar trabalho!". Pode ser que sim. Mas o resultado será duradouro e beneficiará toda a família. Comece por si mesmo.

Se você quer transformar o mundo, experimente primeiro promover o seu aperfeiçoamento pessoal e realizar inovações no seu próprio interior. Estas atitudes se refletirão em mudanças positivas no seu ambiente familiar. Deste ponto em diante, as mudanças se expandirão em proporções cada vez maiores.

Tudo o que fazemos produz efeito, causa algum impacto.
DALAI LAMA

Envolva-se

Por mais que seja desafiador, entregue-se ao relacionamento com seus filhos e se surpreenderá com os resultados positivos.

Não espere que a criança chegue à adolescência, nem que o adolescente chegue à idade adulta, para começarem de novo. Aja agora e de maneira consciente. Alguns exercícios poderão ajudá-lo nessa fase:

1. Faça uma lista de características positivas de cada membro da família, incluindo você mesmo.
2. Juntos, confeccionem um mural de fotos da família. Aqueles momentos especiais e marcantes na história de vocês. Aproveitem para conversar sobre cada imagem. Divirtam-se.
3. Jogo de adivinhação. Essa forma lúdica é uma maneira bem simples de se conectarem. Podem descobrir as músicas favoritas, comidas, filmes. A partir daí, perceberão suas afinidades e em que ponto precisam melhorá-las.
4. Cada filho é único. Reserve tempo para cada um, separadamente, com você.
5. Demonstre amor. Abrace, tire fotos, brinquem juntos, comemorem conquistas.
6. Estabeleçam, em família, um dia para se reunirem e conversar sobre a semana. Um espaço onde possam expor sentimentos e propor novos direcionamentos.
7. Conte a sua história para seus filhos. Apenas tenha atenção para a faixa etária de cada um. Nossos filhos gostam de saber mais sobre nós. E essa é uma maneira de nos conectarmos emocionalmente com eles.

O poder de um toque, um sorriso, uma palavra afetuosa, um ouvido atento, um elogio sincero, um pequeno ato de cuidado não devem ser subestimados, pois têm o poder de mudar uma vida.
LEO BUSCAGLIA

Na real

No meu dia a dia, convivo com mães, pais, avós e gestores escolares preocupados em como melhorar a geração que está aí. Situações como a desta avó:

Minha neta mora conosco desde muito pequena. Aceitei criá-la para que não vivesse sem referência de lar. Mas está difícil entender o que ela quer da vida. Só fica no quarto. Quando sai, não fala quase nada com a gente. O melhor amigo é aquele celular. Acabei brigando com ela, falei o que veio na cabeça, na hora da raiva. Ela chorou e disse que é por isso que fica na dela, que não entendemos e nem queremos entender. Sinceramente, eu preciso de ajuda para conhecer quem é essa adolescente que mora comigo. Ela não é mais a menininha da vovó, isso eu sei. Mas o que faço para vivermos em paz?

O que essa avó estava passando é o mesmo que muitos pais enfrentam em suas famílias: distanciamento. Estão debaixo do mesmo teto, porém, sem convivência. Cada um fica em sua zona segura, mas quando ultrapassam essa linha, uma turbulência acontece.

O choque de gerações é real. Mais do que a questão de diferença de idades, temos as diferenças culturais, influência da internet e redes sociais.

Ter pressa para que um adolescente obedeça é o caminho mais curto para o desgaste e frustração.

A família precisa aprender a conquistar esse indivíduo. Perguntei a essa avó quando tinha sido a última vez que elas fizeram um programa juntas. Quando tinham visto um filme, feito compras, ido a algum lugar. Ela não soube responder. Mais que isso: quando foi a última vez que vocês conversaram sobre algo que sua neta está sentindo ou vivendo?

A avó chorou. Um choro de culpa, de cobrança e de condenação. Ela chorou como se estivesse diante de uma situação de morte. E, sim, foi um luto para essa avó passar pelo caminho da transformação e enxergar que o ideal de neta não estava ali. Mas a neta real, sim. E que dependia de novas ações para que essa família pudesse seguir de maneira mais leve e positiva.

Para ter novos resultados, é necessário que novos hábitos sejam incorporados a essa dinâmica familiar. E, dessa forma, naturalmente, os vínculos emocionais surgirão e se fortalecerão.

Pode ser trabalhoso mudar. Assusta. Especialmente a nós, pais. Mas o resultado que gera é incomensurável.

A nossa transformação diária, rumo à melhoria na relação com nossos filhos, aumenta a confiança, o senso de pertencimento, o equilíbrio emocional e a maneira de nos relacionarmos durante a vida.

> *O que importa na vida não é o ponto de partida, mas a caminhada. Caminhando e semeando, no fim terás o que colher.*
> CORA CORALINA

Referências

CHAPMAN, G. *As 5 linguagens do amor dos adolescentes.*

PERRY, P. *O livro que você gostaria que seus pais tivessem lido: (e seus filhos ficarão gratos por você ler).* 2020.

SIEGEL, D.; HARTZELL, M. *Parentalidade consciente: como o autoconhecimento nos ajuda a criar nossos filhos.* 2020.

18

O QUE ENSINAMOS ÀS CRIANÇAS QUANDO USAMOS PRÁTICAS PARENTAIS PUNITIVAS?

Educar filhos utilizando práticas punitivas traz inúmeras consequências negativas para o seu desenvolvimento. Muitos pais acreditam que a obediência é um valor que irá contribuir para a boa formação deles; no entanto, é muito importante que conheçam os inúmeros efeitos colaterais prejudiciais que essas crianças podem levar para a vida toda, impedindo que sejam seres humanos emocionalmente saudáveis.

MARIA CAROLINA LIZARELLI
BENTO DE REZENDE

Maria Carolina Lizarelli Bento de Rezende

Contatos
mcarol.rezende@terra.com.br
Instagram: @mariacarol.rezende

Psicóloga clínica infantil de adolescentes e adultos desde 1999. Mestre em Psicologia Clínica pela PUC-Campinas (2001) e especialista em Terapia por Contingências de Reforçamento (2011). Especialista em Terapia de Aceitação e Compromisso pelo Ceconte (2022). Atuou como supervisora e docente do curso de graduação de Psicologia e pós-graduação em Psicopedagogia. É autora de artigos em revistas científicas e de capítulos de livros na área da Psicologia. Como psicóloga clínica, tem experiência nos mais diversos temas da psicologia infantil (déficit de habilidades sociais e emocionais, déficits comportamentais, transtornos do desenvolvimento, dificuldades e transtornos de aprendizagem, separação conjugal, luto, autoconhecimento, entre outros).

É muito comum ouvir dos pais no consultório:

"Eu apanhei e não morri!, "Graças aos tapas que levei, sou quem eu sou hoje!", "A minha mãe sempre gritou comigo e nem por isso eu me traumatizei!".

Ou seja, eles concluem que uma prática coercitiva que usa da punição é uma boa forma de educar os filhos, pois fez com que eles aprendessem a ser quem são.

A pergunta que faço a eles nesse momento é: "Como você se sentia quando apanhava?".

Percebo que muitos param, ficam pensando... e me respondem que sentiam muita raiva dos pais, era humilhante, que muitas vezes choravam de tristeza, mais do que de dor.

Será que essa maneira de educar as crianças realmente as transforma em adultos bem-sucedidos emocionalmente? Quais são as consequências do uso de uma disciplina coercitiva para o desenvolvimento delas?

Antes de iniciar essa reflexão, quero esclarecer quais são as atitudes dos pais (usarei o termo pais ao longo do texto de uma forma genérica, referindo-me a pais, mães, cuidadores, responsáveis) que fazem parte de uma disciplina coercitiva. Aqui me refiro a estratégias de agressividade que punem o comportamento da criança (física ou verbal): seja uma palmada, uma surra, um grito que assusta, palavras duras que humilham e até mesmo a perda temporária de algo prazeroso. Todas essas formas têm o objetivo de influenciar o comportamento do outro. Na maioria das vezes, são eficazes porque fazem com que esse comportamento cesse. Com esse intuito, os pais são agressivos e muitas vezes têm reações desproporcionais que paralisam e assustam, gerando insegurança e medo para conseguirem controlar o filho. Patias *et al.* (2012) mostram que nesse tipo de disciplina os pais se valem da ameaça ou do uso da força, punição física e privação de privilégios para educar. A disciplina coercitiva reforça o poder parental, utilizando a aplicação direta da força e do poder dos pais. Os pais batem nos filhos com o objetivo de parar com um comportamento inadequado ou fazê-los obedecer às suas ordens, acreditando que assim os filhos irão respeitá-los e se tornarão "bem-educados".

É importante enfatizar que, além das formas acima citadas, existem outras maneiras de se punir um comportamento. Para que a criança ou o adolescente pare de brigar com os irmãos, por exemplo, os pais podem: bater ou tirar deles algo de que eles gostam, ou seja, eles apresentam algo aversivo ou retiram algo considerado agradável. Essas duas formas têm o mesmo objetivo: controlar e interromper determinado comportamento.

Essas práticas parentais tão disseminadas como uma maneira de educar os filhos trazem quais consequências para a vida deles?

Vejam que interessante, os primeiros estudos de correlação entre a influência dos pais no desenvolvimento das crianças buscaram entender os impactos justamente da violência e do abuso infantil. Os resultados apontaram para uma forte relação entre as práticas autoritárias dos pais e o aumento do risco do uso da violência e do abuso (CECCONELLO; DE ANTONI; KOLLER, 2003).

Estudos mostram que pais autoritários, que educam seus filhos usando de práticas punitivas, favorecem o desenvolvimento de comportamentos agressivos, delinquentes, queixas somáticas e dificuldades emocionais, como ansiedade, medos excessivos, culpa, raiva, insegurança e sentimentos de desvalorização (ZUBIZARRETA *et al.*, 2018; WEBER, VIEZZER, BRANDENBURG, 2004).

As crianças podem se tornar agressivas e rebeldes quando em sua história de vida há a constante presença da punição como principal forma de controle de seus comportamentos. Essas crianças mostram-se desconfiadas, inseguras e incapazes e, muitas vezes, tornam-se membros de grupos e gangues para se sentirem importantes e reconhecidas (SOUZA; REIS, 2006). Veja aqui o ciclo de aprendizagem que vai se formando. A criança sofre agressão, se sente humilhada e ou sente a necessidade de revidar, então passa a agredir também. Isso pode trazer para ela a sensação de "poder", ou quando tiver oportunidade se aliará a pessoas como ela para se sentir pertencente a um grupo e em busca da sensação de valor.

Outra consequência negativa para a vida das crianças é o quanto ser agredido ensina a agredir. A criança que é educada a partir da agressividade costuma agir da mesma forma com outras pessoas, especialmente quando se torna adulta. Ela aprende que essa estratégia é uma boa maneira de controlar o comportamento dos outros. Não faltam estudos e publicações científicas que provem os inúmeros prejuízos para o desenvolvimento das crianças. Os impactos ocorrem em todas as áreas: emocional, psicológica, social, acadêmica e podem, sim, exercer grande influência no adulto que essa criança será.

Mas apesar de todas as consequências negativas de tão controle, seria a punição uma forma eficaz de alterar ou controlar o comportamento do outro?

Vejam essa situação: vamos imaginar que uma pequena de três anos esteja desenhando com canetinha na parede branca da sala. Ela está naturalmente explorando uma situação possivelmente nova da qual está gostando. De repente, a mãe se depara com essa cena e fica furiosa. Dá um grito e bruscamente pega a menina pelo braço e aperta-o. Imediatamente, a criança vai parar de desenhar, seja pelo susto (que também é aversivo), seja pela dor do apertão. Nesse caso, a mãe terá conseguido seu objetivo, que é fazer a filha parar de desenhar, ou seja, fica a sensação de que bater ou gritar funciona.

Cabe lembrar que punição acontece quando os pais querem controlar o comportamento da criança, ou seja, quando querem que ela pare de fazer algo errado. Momentaneamente, funciona. Mas quando usam dessa prática, eles só ensinam o que não pode continuar sendo feito, ela não sabe o que deveria fazer. Nesse caso, a menina apanhou porque estava desenhando, mas ela não sabe por que não pode desenhar ali ou onde ela deveria estar desenhando, ou seja, a mãe não ensinou por que não se pode desenhar numa parede. Esse é um dos problemas da punição: ela só cessa o comportamento, mas não ensina o que pode fazer. E tem mais: outro problema já bastante estudado é que o comportamento punido (desenhar na parede) para instantaneamente de ocorrer, mas pode voltar a acontecer. Quem já não passou por isso? Se você já deu uma bronca no seu filho porque ele estava cutucando o nariz, já percebeu que a bronca funcionou só na hora e que, algum tempo depois, lá estava ele fazendo a mesma coisa?

Essas duas conclusões sobre a punição merecem ser enfatizadas: o controle punitivo não ensina o que a criança pode fazer, mas sim o que ela deve parar de fazer. Ou seja, não cria a oportunidade de aprendizado, permitindo novas experimentações ou confiança em agir. Muito pelo contrário: como já visto, a punição gera insegurança, ansiedade e retraimento. E tal controle só é eficaz a curto prazo, já que, passado um tempo, o comportamento pode voltar a ocorrer.

Muito provavelmente embasados na observação de que, no exato momento em que a criança é punida, o comportamento cessa, os pais podem concluir que tal controle é eficaz e o acesso a ele é fácil. Mas qual é o preço que essas crianças pagam ao longo de suas vidas? Isso é muito sério!

Ainda que momentaneamente funcione, vale a pena fazer uso dessa prática como uma forma de educar? Veja quantos prejuízos as crianças e adolescentes carregam para a vida toda por serem expostos a uma relação familiar em que o respeito e a empatia parecem não existir. Pelo contrário, quando alguém é exposto à situação de tamanha humilhação que é apanhar, reações emocionais negativas acontecem instantaneamente. É uma dor física e moral que marca para sempre. Não conheço quem não tenha apanhado que não se lembre disso.

É notória a influência que os pais têm sobre a formação de seus filhos, seja para uma contribuição positiva ou não. O conhecimento das melhores práticas e suas consequências na vida da criança, o autoconhecimento parental, para que consigam separar suas dificuldades pessoais quando exercem o papel de pais e a disponibilidade para proporcionar um ambiente familiar harmônico são aspectos a serem considerados e muito bem analisados quando se decide ser pai.

A parentalidade pode seguir alguns caminhos no desenvolvimento dos filhos, entre eles:

1. fazer valer a sua autoridade, controlando o comportamento do filho para que ele obedeça e faça o que os pais desejam, já que a obediência é o que importa, sem se preocupar com as consequências de suas práticas; ou
2. formar esses seres humanos para serem pessoas emocionalmente saudáveis, confiante, autônomas e capazes de manejar as adversidades de sua vida.

Se a primeira afirmação fizer sentido para você, cabe uma reflexão sobre os aspectos aqui considerados sobre uma educação coercitiva. Acredito que, se você acompanhou esse capítulo até aqui, é porque se interessa em saber mais sobre esse tema e vale se debruçar sobre ele, refletindo sobre suas escolhas. Se a segunda afirmação for mais coerente com a sua forma de educar filhos, é importante ressaltar que o suporte emocional oferecido a uma criança diz respeito ao clima emocional na família e à qualidade das relações entre seus membros, à ausência de hostilidade e a uma relação afetiva apoiadora com a criança. Essas características favorecem o desenvolvimento de uma boa autoestima, autoconfiança e resiliência da criança, com efeito protetor diante da adversidade.

Uma educação pautada em relações de respeito entre pais e filhos é aquela que promoverá habilidades nos filhos que os ajudarão a enfrentar as dificuldades que terão pela frente, com confiança e amor-próprio.

Os profissionais da saúde e educação envolvidos em ajudar as famílias a encontrarem maneiras efetivas de formação das crianças precisam trabalhar com os pais apresentando-lhes formas de educar que não passem pela perspectiva da violência, prevenindo, assim, danos. Fomentar reflexões sobre essa problemática fará com que os valores da educação sem violência tomem espaço nas famílias, contribuindo para que as crianças se tornem adultos saudáveis no futuro.

Vistos os inúmeros subprodutos que podem surgir após o uso efetivo da punição, é importante que os pais se conscientizem e busquem diferentes maneiras de educar que possam minimizar os prejuízos à vida daqueles que têm o comportamento punido. Para isso, é importante ter consciência de que a coerção está presente na sociedade para, a partir daí, buscar possíveis alternativas.

Concluindo, a punição faz, sim, parte de uma prática presente na nossa sociedade e isso é um fato que requer muita reflexão. Busquei trazer alguns pontos que apontam para os danos profundos e duradouros na vida das crianças que são submetidas a essas relações. Pais, responsáveis, educadores, profissionais da saúde e qualquer outra pessoa que tenha relação direta e indireta com o desenvolvimento de crianças precisam ter conhecimento sobre esses prejuízos para que possam garantir à criança uma educação pautada no respeito, na empatia e na firmeza de uma forma amorosa. Se são esses pequenos de hoje os adultos responsáveis pelo nosso amanhã, que possamos deixar para o futuro seres humanos emocionalmente saudáveis e equilibrados para construir um mundo melhor.

Referências

CECCONELLO, A. M.; DE ANTONI, C; KOLLER, S. H. Práticas educativas, estilos parentais e abuso físico no contexto familiar. *Psicologia em Estudo*, Maringá. v. 8, n. especial, 2003, p. 45-54.

PATIAS, N. D.; SIQUEIRA, A. C.; DIAS, A. C. G. Bater não educa ninguém! Práticas educativas parentais coercitivas e suas repercussões no contexto escolar. *Educ. Pesqui.* São Paulo, v. 38, n. 04, p. 981-996, out./dez, 2012.

SOUZA, C. M. G.; REIS, M. Os efeitos da punição sobre o comportamento de crianças e adolescentes. *Revista de Psicologia*. Informação extraída da aula didática do professor Ghoeber Morales. 2006.

WEBER, L. N. D.; BRANDENBURG, O. J.; SALVADOR, A. P. V. O uso de palmadas e surras como prática educativa. *Estudos de Psicologia*, 9(2), 227-237, 2004.

ZUBIZARRETA, A.; CALVETE, E.; HANKIN, B. L. Punitive Parenting Style and Psychological Problems in Childhood: The Moderating Role of Warmth and Temperament. *Journal of Child and Family Studies*. Published online: 24/09/2018. Disponível em: <https://doi.org/10.1007/s10826-018-1258-2>. Acesso em: 3 jul. de 2022.

19

O QUE OS OLHOS NÃO CONSEGUEM VER

Este capítulo faz um convite para repensarmos os comportamentos das crianças considerados inadequados pelos adultos, em que uma perspectiva mais atenta considera o que pode estar por trás do comportamento apresentado. Uma mudança desse ponto de vista pode proporcionar uma relação mais saudável e afetiva entre adultos e crianças, além de uma ação mais eficaz na disciplina.

MARIANA RIBEIRO

Mariana Ribeiro

Contatos
marianaribeiro.psi@gmail.com
Instagram: @marianaribeiro.psicologa
21 96404 0704

Psicóloga de crianças e adolescentes, mestre em Psicologia com especialização em Neuropsicologia, Terapia Cognitivo-comportamental e Psicologia da Saúde. É instrutora de *mindfulness* para crianças e adolescentes e possui certificação em Disciplina Positiva pela Positive Discipline Association. Atuou também em instituições de acolhimento e na educação infantil; hoje dedica-se exclusivamente à clínica, auxiliando crianças e adolescentes em sua saúde mental e suas famílias a desenvolverem relações mais saudáveis. Presente nas redes sociais, compartilha informações sobre infância e bastidores da psicoterapia infantil no Instagram.

Uma das maiores reflexões que encontraremos neste capítulo se assemelha ao que aprendemos com *O pequeno príncipe* de Antoine de Sant-Exupéry, "o essencial é invisível aos olhos", e eu poderia continuar lembrando que só se vê bem com o coração, mas não é bem sobre isso que vamos falar aqui. Aqui, queremos refletir sobre o que pode estar por trás dos comportamentos desafiadores dos pequenos seres que habitam o seu lar. Pense naquele comportamento que aperta todos os botões da sua central de controle interno: pois bem, há muito mais sobre eles do que nós costumamos observar. Como se algumas informações ficassem ocultas, sob uma neblina gerada por nossos próprios afetos.

Antes de entrar nessa análise, quero compartilhar uma informação que deveria estar estampada em todos os *outdoors* por aí. Seu filho está desenvolvendo uma infinidade de crenças desde muito cedo. Crenças sobre quem ele é, o lugar que ocupa, se o mundo e se as pessoas que encontramos pelo caminho são confiáveis ou não. Esse é o nosso primeiro ponto importante: você será a primeira referência dele para essas e outras questões. As primeiras relações da criança são tão importantes que irão influenciar a forma como ela se relaciona com o mundo na vida adulta; e não iremos encontrar uma relação que preceda a relação familiar.

Desenvolvemos crenças com base na interação, e talvez você já tenha se questionado algumas vezes sobre como você e seu filho estão desenvolvendo sua relação. Caso ainda não tenha feito, esse é um bom momento para começar. As informações que a criança recebe diariamente do seu ambiente influenciam o seu desenvolvimento cerebral, emocional e aprendizagem. Isso engloba as palavras que lhe são direcionadas, a forma como as fazemos sentir e o ambiente que proporcionamos diariamente para o seu crescimento.

Crescemos em uma cultura que valoriza a punição como principal instrumento de aprendizado, obediência e controle; e reproduzimos isso na relação com as crianças. Convido-o(a) a repensar essa lógica com uma frase simples e tão clara da autora Jane Nelsen: "De onde tiramos a absurda ideia que, para fazer uma criança se comportar melhor precisamos primeiro fazê-la se sentir pior?". Nelsen defende que crianças se comportam melhor quando se sentem melhor, e não precisamos observar muito para perceber que a mesma regra se aplica a nós, adultos.

É comum observar que a imaturidade da criança coloca à prova a maturidade e o autocontrole do adulto, que comumente deixa passar informações importantes que realmente podem fazer a diferença na eficácia de comandos e solução de problemas. Isso acontece porque geralmente estamos muito preocupados em descobrir a melhor forma de castigar a criança. Essa prática toma muito tempo, e oportunidades preciosas de aprendizado se perdem no processo.

Não me entenda mal, não somos adultos terríveis. Fazemos isso porque, na maioria das vezes, assim nos foi ensinado. Para muitos de nós, esse é o único e melhor caminho, mas se você está lendo este livro, imagino que já tenha começado a se questionar sobre essa verdade ainda tão difundida.

O grande vilão por trás de todas essas questões é o famoso "mau comportamento" da criança, e é justamente para ele que vamos olhar agora. Se colocarmos uma lupa e estivermos verdadeiramente dispostos a enxergar, veremos que o mau comportamento da criança é apenas a pontinha do *iceberg*. É apenas o fruto gerado de uma árvore no qual não conseguimos ver as raízes que o alimentam. O fato é: de nada adianta arrancar todos os frutos de uma árvore se as raízes permanecem intactas e protegidas, ela continuará dando os mesmos frutos. Da mesma maneira, não podemos esperar que, eliminando os maus comportamentos através de punições, resolveremos a questão que o alimenta.

Quando a criança acredita que só é aceita quando você está direcionando sua atenção para ela, ela pode começar a apresentar comportamentos considerados inadequados com o objetivo de buscar a sua atenção, não por ser egoísta, mas por necessidade de pertencimento. Quando a criança acredita que não é capaz, ela pode desistir com frequência sem ao menos tentar, não por ser preguiçosa, mas por desejo de evitar as emoções ativadas ao se sentir incapaz ou inadequada. Não é possível controlar a forma como a criança irá interpretar as informações fornecidas pelo ambiente em que está inserida, tampouco controlar as crenças que ela está desenvolvendo, mas podemos fazer o possível para fornecer a essa criança um ambiente saudável e respeitador na maior parte do tempo, e valorizar o exercício de entender o que pode estar por trás do comportamento que ela apresenta.

A criança também pode apresentar alterações de comportamento quando está afetada por questões fisiológicas que geram desconforto como fome, sono, frio ou quando está lidando com ativações emocionais intensas e muitas vezes desconhecidas. Todo mau comportamento esconde uma falta, um excesso ou um desejo não atendido, e quando conseguimos decodificar essa informação, conseguimos um mapa para direcionar nossos esforços de forma eficaz. Assim, em vez de direcionar nossa energia no comportamento-problema, podemos atuar na causa. Agir na raiz e não no fruto. Não pensemos, entretanto, que isso irá garantir que a criança não apresente mais comportamentos infantis.

O mau comportamento nada mais é que a solução que a criança encontrou para resolver um problema que ela está vivendo (e nem sempre esse problema está tão claro), munida de pouca maturação cerebral, falta de conhecimento e ausência de muitas habilidades; essa solução costuma não ser muito funcional ou adequada para o adulto que está assistindo.

É exatamente nesse ponto que precisamos intervir. Precisamos ajudar a criança a desenvolver habilidades para encontrar soluções melhores, com uma expectativa adequada ao seu desenvolvimento. Estamos de acordo que é muito mais produtivo focar na solução de problemas e desenvolver recursos em vez de focar na punição mais adequada. Focar na solução e dedicar tempo a ensinamentos gera aprendizado. A punição, por sua vez, gera ressentimento, sentimento de inadequação e muitas vezes desejo de vingança.

Para conseguir adequar nossas expectativas em relação ao comportamento da criança, é fundamental entendermos um pouco do funcionamento desses pequenos seres, especialmente o funcionamento cerebral, que está a todo vapor e influencia diretamente o comportamento do humaninho que você está tentando compreender agora.

Em *O cérebro da criança*, Daniel Siegel e Tina Bryson comparam o cérebro com uma casa em construção, dividindo o cérebro em dois andares: o cérebro do andar de cima e o cérebro do andar de baixo. O que os cientistas observam é que as partes mais baixas e também mais primitivas são responsáveis por funções básicas, reações inatas e por fortes emoções. Pense no momento em que você fecha os olhos rapidamente, se encolhe e levanta as mãos na altura do rosto instintivamente quando a bola com que o seu filho está brincando de repente surge desgovernada ao seu encontro. Esse é o cérebro do andar de baixo fazendo o seu trabalho. Consideramos então que necessidades básicas são atendidas no andar de baixo.

O cérebro do andar de cima, entretanto, é muito mais evoluído e complexo. Graças a ele conseguimos pensar, imaginar e planejar. Enquanto o andar de baixo é primitivo, o andar de cima é extremamente sofisticado; quando ele está funcionando bem, somos capazes de regular nossas emoções, tomar decisões e realizar planejamentos de qualidade, bem como desenvolver empatia e moralidade.

A grande pegadinha nessa história está no tempo que cada um desses andares leva para ficar pronto, e aproveite para sublinhar essa parte com o marca-texto mais brilhante que tiver em mãos, porque aqui mora a chave para mantermos expectativas reais sobre nossas crianças. Enquanto o cérebro do andar de baixo está bem desenvolvido desde o nascimento, o cérebro do andar de cima só estará totalmente desenvolvido após os vinte anos. Leia essa última parte novamente e me diga se não considera minimamente injusto exigir de crianças de cinco anos comportamentos que demandem habilidades incompatíveis com o seu desenvolvimento.

Compreender isso pode ajudá-lo(a) a perceber que, na maioria das vezes, o comportamento da criança não é um ataque pessoal com o único objetivo de te desestabilizar, na verdade, muitos dos comportamentos que consideramos inadequados estão verdadeiramente compatíveis com a etapa de desenvolvimento da criança e seu nível de maturação cerebral. Isso não significa que ela não será capaz de aprender novas habilidades, mas precisará da sua disponibilidade e paciência para alcançar essas conquistas.

Podemos considerar que nosso maior objetivo na relação com as crianças é ajudá-las a integrar esses dois andares, para que a criança seja capaz de regular suas emoções, pensar em consequências, refletir antes de agir e considerar os sentimentos do outro. Sem exigir que elas apresentem um autocontrole maior que o dos adultos que conhecemos.

Crianças precisam de repetição, por isso iremos nos encontrar dando o mesmo comando, a mesma instrução diversas vezes. Mas quando incluímos a criança no processo, podemos nos surpreender com as soluções que elas podem chegar se tiverem o incentivo adequado.

Até aqui exploramos boa parte do que encontramos quando estamos dedicados a olhar além do comportamento, escavando o *iceberg*; maturação cerebral, questões fisiológicas, crenças e emoções. Tantas coisas acontecendo ao mesmo tempo e o adulto pensando que a criança está apenas querendo tirá-lo do sério! Sabemos que não é sem motivo que isso acontece, e embora não seja segredo, é importante lembrar que os adultos também possuem o seu próprio *iceberg*.

O adulto, no outro lado da relação com a criança, possui as suas próprias demandas e crenças, necessidades que vão de encontro com as necessidades da criança, e se isso deixar de ser olhado de perto, se torna inviável a execução do que foi descrito nas páginas deste livro. Afinal, não é só de repetição que a criança precisa; ela precisa de repetição, de afeto, segurança e um adulto disponível para viver esse processo nada estável de experiências, aprendizado e construção de memórias.

O objetivo não é não eliminar totalmente o erro, se fôssemos colocar em etapas diria que a primeira etapa é conseguir identificar o erro; na segunda etapa, tentar fazer uma escolha diferente; e na terceira etapa, repetir as etapas anteriores com a certeza de que falhas irão existir. É conseguir perceber onde podemos agir diferente e fazer o possível para tentar outra estratégia na próxima vez; pois os frutos dessas mudanças são colhidos a longo prazo, e nós, enquanto seres humanos, não somos os melhores em conseguir esperar pela recompensa. Não é sem motivo que a punição permanece tão popular, ela traz uma percepção de resultado mais imediato, mas os frutos dessa conduta a longo prazo podem ser devastadores.

Vou lhe propor um exercício ao qual infelizmente não conseguirei ouvir as respostas, mas estou torcendo para que você siga as próximas instruções. Então pare o que está fazendo agora e pegue papel e caneta. Não continue lendo este parágrafo, estou vendo que você está deixando de seguir a instrução. Agora que você está com papel e caneta em mãos, vou pedir que você faça uma lista dos maiores desafios de comportamento do seu filho atualmente. Feche os olhos e imagine que vinte anos se passaram, pense em quais características e habilidades você gostaria que ele tivesse desenvolvido e faça outra lista. Coloque uma lista do lado da outra, e eu garanto, mesmo sem conseguir ver as palavras que você escreveu, que você tem todas as respostas a sua frente. Lembre-se disso, são nos desafios de comportamento que normalmente temos as maiores oportunidades de aprendizado.

É quando a criança mente que podemos ensiná-la o valor da verdade, quando apresenta um descontrole emocional podemos ensiná-la a se regular, quando apresenta comportamento agressivo podemos ensiná-la sobre empatia. Tente encontrar a ponte entre as duas listas. Encontre também a incompatibilidade entre elas. Dificilmente encontramos na lista do adulto a palavra "obediência", pois um adulto obediente nos transmite uma ideia de submissão e passividade. Ainda é um mistério a forma como exigimos crianças obedientes e desejamos adultos independentes e proativos.

Quando buscamos mais cooperação do que obediência e incluímos a criança no processo, tornamos o caminho enriquecedor e construímos uma base sólida para aprendizados. Esse movimento fortalece a sua relação com a criança e promove reflexos importantes na autoestima a partir do momento em que ela se sente vista, respeitada e capaz.

Por isso volto a dizer: o essencial para nutrir o relacionamento entre o adulto e acriança, e para uma disciplina eficaz, se encontra dos detalhes que os olhos não conseguem ver. É preciso dedicação, atenção e sensibilidade para enxergar além do que o comportamento expressa. É como dizia a raposa cativada pelo pequeno príncipe: "o essencial é invisível aos olhos".

Referências

NELSEN, J. *Disciplina Positiva*. 3. ed. Barueri: Manole, 2015.

SAINT-EXUPÉRY, A. *O pequeno príncipe*. São paulo: Geração Editorial, 2015.

SIEGEL, D. J. *O cérebro da criança: 12 estratégias revolucionárias para nutrir a mente em desenvolvimento do seu filho e ajudar sua família a prosperar*. São Paulo: Nversos, 2015.

20

PAIS SEMEADORES!

Neste capítulo, você entenderá a importância de plantar boas sementes na vida dos filhos, como um semeador que escolhe as sementes, prepara o solo e cuida durante todo o processo, certo de que colherá bons resultados. Você aprenderá três lições para quem deseja desenvolver hábitos de um semeador e terá acesso a três sementes estratégicas para ter filhos fortalecidos.

MÔNICA FIORAVANTI

Mônica Fioravanti

Contatos
resgateprogetos@gmail.com
Instagram: @monicaplanteoficial
24 98811 2092

Pedagoga graduada pela Universidade Estácio de Sá, pós-graduada em Gestão Escolar pela UERJ e em Neuropsicopedagogia pela Faculdade São Luiz. Especialista em *Coaching* para adolescentes – método *Teen Coaching* – Rio Coaching. Aluna do curso Ferramentas da Parent Brasil. Idealizadora do método e movimento PLANTE, que orienta pais e educadores. Autora do livro *Crescendo com atividades educacionais* para quem trabalha com o público adolescente. Palestrante e mãe.

*A escolha da semente revela o que desejamos colher,
mas não garante a colheita.*

Parecia ser uma tarde como qualquer outra na escola. Mas, diante de tantos desafios com um mesmo aluno, a mãe compareceu à Unidade Escolar para mais uma conversa. Primeiro resistente, pois já estava cansada de enfrentar as mesmas questões. Ao longo da conversa, surge o desabafo. Uma das frases ditas por muitas mães: "Eu não sei mais o que fazer" e, após essa declaração, as lágrimas escorreram em seu rosto, expressando claramente a angústia, o sentimento de desamparo, falta de direção e ferramentas para lidar com as questões do seu filho. Eu já tinha atendido aquela mãe várias vezes mas, naquele dia, me conectei à dor dela e percebi a necessidade urgente de uma rede de apoio, e a importância de ter profissionais de maneira acessível auxiliando mães e pais a encontrarem soluções a partir de um acompanhamento significativo.

Como orientadora escolar, percebo que muitos desafios dos pais em relação aos filhos também são desafios percebidos pela escola. E, por meio de uma pesquisa com aproximadamente 100 pais de pré-adolescentes e adolescentes, identificamos pontos em comum nas queixas da escola e da família. Uso excessivo do celular; dificuldade para uma rotina de estudo; falta de respeito; falta de interesse; falta de diálogo em família; rebeldia; dificuldade em obedecer; dificuldade em saber lidar com as emoções e frustrações; falta de perspectivas futuras, entre outras.

Diante desse quadro, percebi duas coisas importantes:

1. Que todos desejam que seus filhos mudem o comportamento para que tenham melhores resultados.
2. Que não adianta somente fazer um levantamento e lamentar a situação não desejada. É preciso agir.

Assim criei um projeto chamado Os Meus, Os Seus, São Nossos, buscando, por meio de palestras e dinâmicas, que as reuniões de pais fossem mais proveitosas e que pudessem contribuir para que assuntos comuns à escola e à família fossem discutidos, e que os pais tivessem acesso a ferramentas mais eficientes na educação dos filhos. É real que muitos dos resultados que esperamos dos nossos filhos têm a ver com as sementes que plantamos e que não importam as dificuldades se temos a plena certeza dos frutos que desejamos colher.

Por isso, falaremos, neste capítulo, sobre sementes importantes que precisamos plantar se queremos ver resultados. Quero te convidar a ser um(a) pai/mãe que desenvolve as características de um semeador, para que seu filho cresça como árvore forte e que frutifique. Convido você a revisitar práticas, com o objetivo de ser ainda melhor, visando que seus filhos sejam emocionalmente saudáveis, comprometidos e preparados para a vida.

"O resultado que queremos depende da semente que plantamos e de quanto nos empenhamos no processo"

Leia esse capítulo como um semeador, que prepara a terra, escolhe as sementes e investe nos cuidados para que a colheita seja abundante. Assim, compartilho algumas lições que aprendemos enquanto plantamos.

Existe um tempo próprio para a semente brotar

O que isso tem a ver com as relações entre pais e filhos? É necessário entender o tempo de maturação dos nossos filhos, e que os aprendizados não acontecessem do dia para a noite. Você sabia que, para a semente germinar, vários fatores são importantes, tais como: o tipo de solo, a profundidade que a semente foi colocada e o ambiente e o tipo do fruto que se espera? Em meus atendimentos, ouço muitos pais com a seguinte fala: "Eu dou a mesma educação e não sei por que 'fulano' não entende. Não obedece!" Algumas coisas precisam ser observadas. Qual a idade de cada filho? Qual o perfil comportamental de cada filho? Por quais experiências seus filhos estão passando no momento? Como você está quando aborda seus filhos?

Na dinâmica de plantar boas sementes no solo fértil, que são os filhos, é muito importante levar em consideração os aspectos acima.

Respeite o processo

O resultado que desejamos vem por um processo que vou chamar de PIC.

- **Persistência:** permanecer firme em suas decisões saudáveis e seguras para o desenvolvimento dos filhos. A criança e até os adolescentes precisam de limites e orientações para a organização e o desenvolvimento diário.
- **Insistência:** está relacionada a repetir e reforçar uma prática. A formação de um hábito passa pela rotina, regularidade e repetição, estímulos essenciais para a aprendizagem de acordo com a professora Cíntia Caetano.
- **Contexto:** compreender o momento ajuda a decidir. Ao estabelecer regras e limites, é importante observar: seu filho está com fome? Seu filho está com sono? Seu filho está passando por algum conflito? Você está cansado ou estressado? A rotina da casa mudou de maneira geral naquele dia?

Tudo isso deve ser verificado para que uma orientação seja bem absorvida pelos filhos.

A adversidade pode chegar apesar do cuidado

Nenhum agricultor consegue ficar 24 horas por dia vigiando sua plantação. Em alguns casos, pode ser surpreendido por fenômenos da natureza, como pragas que invadem a plantação e outros contratempos que prejudicam o bom desenvolvimento das plantas. E o que fazer nessas horas? Desistir? Abandonar a plantação? Não! O mesmo também acontece com nossos filhos. Apesar de todo cuidado que temos, influências externas podem atrapalhar o processo saudável de desenvolvimento, prejudicando, muitas vezes, a convivência e os relacionamentos. Por mais difícil que seja, a melhor opção é continuar cuidando; investir ainda mais energia e buscar ajuda de especialistas que possam auxiliar no processo de reconstrução.

A mãe que citei no início deste capítulo estava exatamente nessa situação. O que fazer quando o sentimento de impotência chega e estamos sem ferramentas próprias para lidar com a situação?

Foi diante desse contexto, e após analisar vários relatos de mães e filhos, que surge o método PLANTE em busca de auxiliar pais e responsáveis a se prevenirem ante a situações desafiadoras, ou usar tais ferramentas em um processo de reconstrução da convivência assertiva.

Vou compartilhar com você três sementes do método que, se plantadas na vida dos nossos filhos, serão capazes de dar bons resultados.

1ª Semente – identidade

Falar de identidade é falar de quem somos como pessoa e como família. É pensar a importância de estarem juntos. Uma das primeiras coisas que trabalho ao acompanhar mães e filhos, é refletir sobre a visão dos pais a respeito da constituição de sua família e paternidade. Por que isso é tão importante?

- Muito do que somos como pais vem da maneira como fomos criados. Somos capazes de reproduzir práticas que nos causaram dor e sofrimento, da mesma maneira que podemos optar por um modelo totalmente averso.
- Em alguns casos, a maternidade não foi desejada ou planejada. E quando isso acontece, ser mãe ou pai pode ganhar um sentido de peso; de uma responsabilidade não desejada e um compromisso não idealizado para o momento. Normalmente, pais que enfrentam essa situação colocam peso de culpa e rejeição nos filhos.
- Porque, mesmo em famílias que se organizam, planejam e desejam seus filhos, é importante entender o papel de cada um no núcleo familiar. É importante que todos sejam valorizados e entendam a sua importância como família para essa geração.

Pais que desenvolvem, na família, esse sentido de pertencimento, construindo uma identidade familiar saudável, com certeza fortalecerão seus filhos, que também estarão mais preparados para construir seus projetos de vida frente à sociedade.

Quem sou? Quem quero ser? Falar de identidade pessoal implica pensar num projeto que se constrói para o futuro.
RICARDO VIEIRA

É importante responder? O que somos como família? O que queremos construir enquanto família? Quais os papéis de cada um em nossa família? Qual o nível de satisfação em fazer parte dessa família?

Essa referência de família e o sentimento de pertencimento dos filhos a esta família, traz segurança e equilíbrio emocional.

2ª Semente – comunicação

A comunicação pode nos levar para situações conflitantes ou nos ajudar a resolver questões desafiadoras com mais sabedoria. A comunicação não envolve somente a fala, mas nossos gestos, expressões e olhares. Na verdade, o nosso corpo fala. Muito pode ser dito sobre a comunicação, mas, aqui, quero ressaltar a importância de saber:

Ouvir – saber ouvir faz parte de uma boa comunicação. Escute o que seus filhos dizem e os ensine a ouvir também. Ouça a opinião e as explicações dos seus filhos, mesmo que não seja possível fazer o que eles querem. Ou, ainda que seja necessário, ensine-os outros caminhos para o que eles desejam.

Palavras como " Eu sei o que está sentindo", "Eu entendo você!" e "Eu compreendo seu ponto de vista" ajudam a se conectar com o outro sem desmerecê-lo. Quando estiver ouvindo alguém, realmente escute, não desvie o olhar, não faça outras coisas enquanto ouve o que o outro está dizendo e não critique.

Falar – saber falar também é uma arte. Muitos pais acham que, por falarem muito, conseguirão resultados, mas nem sempre é o que acontece. *Falar é diferente de gritar, discutir ou ofender.* Quanto mais gritamos e discutimos, menos o outro se conecta à nossa mensagem e compreende, de fato, nossos argumentos. Ao falar, precisamos ter certeza de que o outro entendeu a nossa informação. Por isso, a importância de confirmar se o interlocutor compreende o que estamos comunicando. Ao falar com nossos filhos, precisamos eliminar as distrações ao redor, principalmente quando se refere a orientações importantes a serem cumpridas. Também precisamos ter atenção quando não dizemos nada.

É necessário desenvolver o hábito de dizer coisas boas; reconhecer verbalmente atitudes positivas. Falar do nosso dia, das nossas experiências, da nossa vida e ouvir os nossos filhos também é importante. Saber usar a comunicação de maneira assertiva melhora a convivência em casa e ajuda a criança e o adolescente a estabelecer em uma comunicação saudável em seus próprios círculos sociais.

Saber ouvir e falar nos ajuda a ter equilíbrio emocional diante do estresse e das frustrações.

3ª Semente – novidade

Essa semente é muito preciosa, pois está relacionada com a criatividade e com o lúdico. É muito comum que as crianças brinquem, mas, à medida que vão crescendo, a brincadeira vai ficando de lado e, ao chegar à vida adulta, esquecem que já foram crianças e perdem a sensibilidade de compreender o mundo infantil, acabando por não se permitirem brincar, criar e investigar. Por isso, os pais precisam ter consciência das influências das gerações e em qual momento os filhos se encontram. É preciso conhecer o mundo dos filhos sem julgamentos e proporcionar meios pelos quais os filhos conheçam como foi a nossa infância de maneira que possamos compartilhar e agregar.

Certa vez, conversando com os meus alunos, que possuem entre 10 e 12 anos, sobre brincadeiras de infância, descobri que não conheciam algumas. Perguntei se gostariam de brincar na hora do intervalo, e eles toparam. Foi incrível. Não se sentiram infantilizados, mas entraram na brincadeira e se divertiram muito.

Muitas vezes, como pais e educadores, já temos nossos gostos e posicionamentos, mas desenvolver em nós a possibilidade do novo nos faz olhar o mundo de maneira diferente. Não possibilitar a nossos filhos uma experiência nova porque não gostamos é egoísmo. E que fique bem claro que a proposta não é expor nossos filhos a situações perigosas e que não estejam dentro do nível de maturidade deles.

Vou deixar aqui uma breve pesquisa que uso em meu curso com pais, para que você pense o quanto o novo e a criatividade estão dentro da sua casa e em você!

Responda e avalie o que precisa melhorar.

Você sabe quais os talentos dos seus filhos?	Sim	Não	Alguns
Costuma plantar, estar em ambientes naturais com seus filhos?	Sim	Não	Às vezes
Você conta histórias para seus filhos?	Sim	Não	Às vezes
Seu filho tem costume de ler sem ser o conteúdo da escola?	Sim	Não	Às vezes
Já foi ao teatro com seus filhos?	Sim	Não	Às vezes
Já foi a uma exposição com seus filhos?	Sim	Não	Às vezes
Você já foi ao museu com seus filhos?	Sim	Não	Às vezes
Você considera seus filhos criativos?	Sim	Não	Às vezes

Nossa experiência de criatividade na infância é responsável por muito do que fazemos na idade adulta. Então, a primeira exigência para termos adultos mais criativos é enriquecer as novas gerações de crianças com muita, muita experiência.
PROFESSORA MENEGATTI.

As sementes não acabam aqui. Espero que as lições e sementes aqui compartilhadas cooperem para que, por meio da sua prática, seus filhos se fortaleçam e deem muitos frutos.

Referências

CAETANO, C. *RAN: da anamnese à devolutiva*. Rio de Janeiro: Wak Editora, 2021.

CAETANO, C. *Relatórios de avaliação neuropsicopedagogica*. Rio de Janeiro: Wak Editora, 2021.

OSBORNE, C. G. *A arte de relacionar-se com as pessoas*. 2. ed. Rio de Janeiro: JUERP.

SANTOS, E. *Educação não violenta: como estimular autoestima, autonomia, autodisciplina e resiliência em você e nas crianças*. 9. ed. Rio de Janeiro: Paz e Terra, 2020.

VIEIRA, R. *Ser igual, ser diferente: encruzilhadas da identidade*. Portugal: Profedição, 2000.

21

A IMPORTÂNCIA DO ENCORAJAMENTO NO DESENVOLVIMENTO DAS CRIANÇAS COM DEFICIÊNCIA

Todas as crianças se esforçam para se sentirem aceitas e importantes em suas famílias e comunidades. Este capítulo convida a uma reflexão acerca da parentalidade atípica, fala da importância do encorajamento e traz ferramentas para ajudar pais e professores de crianças com deficiência a fortalecer o senso de aceitação e importância e a crença de que são capazes.

Mônica Pitanga

Contatos
www.monicapitanga.com.br
monica.pitanga@terra.com.br
Instagram: @monicapitanga
28 99915 1127

Graduada em Administração de Empresas, viu sua vida ser transformada após tornar-se mãe e receber o diagnóstico de uma doença rara na primeira filha. É educadora parental em Disciplina Positiva pela Positive Discipline Association (PDA), com especialização em Disciplina Positiva para Crianças com Deficiência. Certificada em Parentalidade e Educação Positiva e Inteligência Emocional pela Escola da Parentalidade Positiva, de Portugal. Formada em Orientação e Aconselhamento Parental pela mesma escola, em Porto. Atende e orienta famílias atípicas. É palestrante e criadora de conteúdo digital. Colunista do portal Canguru News. Fundou uma ONG que luta pela acessibilidade e inclusão das pessoas com deficiência no ES, onde desenvolve um trabalho voluntário. Casada com Bruno há 21 anos. Mãe da Luísa, do Thor e da Laila.

Uma criança precisa de encorajamento
tal como uma planta precisa de água.
RUDOLF DREIKURS

Eu só quero que meu filho venha com saúde!

Quando um casal engravida, é normal que comece a fazer planos e imaginem como será a vida com o novo integrante da família.

Como vai se chamar? Com quem vai se parecer? Do que vai gostar?

Nessa fase, é comum ouvirmos frases como: "Não importa se é menino ou menina, o importante é que venha com saúde!" ou "Eu peço a Deus que meu bebê venha saudável e perfeito".

Criamos expectativas e idealizamos essa nova vida.

Mas e quando as coisas não saem como planejamos? E quando recebemos um diagnóstico médico que diz que nosso filho ou filha tem uma doença rara, um transtorno ou alguma deficiência? Como nos sentimos quando alguém nos fala que nosso filho não vai andar, enxergar, ouvir ou falar? Por que temos dificuldade em aceitar e sofremos tanto?

Isso acontece por causa do capacitismo, que é o preconceito contra as pessoas com deficiência. Ele se baseia em uma lógica eugenista que separa pessoas em categorias: as que estão dentro de um certo padrão são vistas como normais e perfeitas, enquanto as pessoas com deficiência são vistas como inferiores, incapazes, dignas de pena e atípicas. A sociedade capacitista enxerga a deficiência como um erro, como algo que precisa ser superado ou corrigido. Essas crenças históricas e culturais estão arraigadas em nós.

Você que está lendo, já namorou ou teve algum colega na escola ou faculdade com deficiência? Tem amigos com deficiência que frequentam a sua casa?

Segundo a ONU, existem mais de 1 bilhão de pessoas com deficiência no mundo. No Brasil, são cerca de 45 milhões, e mesmo assim a maioria das pessoas respondem "Não" a essas perguntas.

Vivemos em uma sociedade que separa, exclui e não acolhe quem é diferente.

Quando estudamos a história das pessoas com deficiência pelo mundo, nos deparamos com muita exclusão e violência. Esses corpos sempre foram escondidos, segregados e aprisionados por serem quem são – isso quando não eram descartados no nascimento. Na Grécia antiga, os recém-nascidos eram apresentados a uma comissão de sábios que os avaliavam: se o bebê era normal e forte, ele era devolvido aos pais; no entanto, se a criança parecia "feia, disforme e franzina", indicando algum tipo de limitação física, os anciãos ficavam com a criança e, em nome do Estado, a levavam para um abismo onde ela era jogada e morta.

Hitler matou mais de 270 mil pessoas com deficiência no programa Aktion T-4 (Eutanásia). Durante muito tempo, crianças com deficiência foram proibidas de frequentar escolas e eram escondidas em casa pela própria família, que tinham vergonha de mostrá-las.

Foi só na década de 1970 que pessoas com deficiência se uniram e começaram um movimento nos Estados Unidos, lutando por leis que garantissem seus direitos.

No Brasil, em 2015 foi aprovada a Lei Brasileira de Inclusão que visa assegurar e promover, em igualdade de condições com as demais pessoas, o exercício dos direitos e liberdades fundamentais das pessoas com deficiência.

Mas, ainda hoje, em 2022, famílias têm a vaga negada quando tentam matricular seus filhos com deficiência nas escolas regulares. Essas crianças recebem olhares preconceituosos, são vistas como problemas, não são convidadas para as festas de aniversário, não conseguem acessar muitos lugares que continuam sem acessibilidade, e os pais se veem exaustos, em meio aos tratamentos médicos e à luta pelo direito de o filho pertencer.

Por estarem inseridos nessa estrutura capacitista, que percebe a deficiência como algo ruim, muitos pais se entristecem e temem o futuro quando recebem a notícia de que seu filho tem alguma deficiência.

Enxergando o filho além do diagnóstico

Quando eu recebi o diagnóstico de que a minha filha tinha uma doença genética rara, chorei muito. Primeiro, eu entrei em um estado de negação. Eu não queria acreditar que aquele exame estivesse certo. Depois, eu senti tristeza pela possibilidade de ela sofrer, e impotência por não poder fazer nada para curá-la. Senti raiva (Por que eu? Por que a minha filha?). Senti medo do preconceito das pessoas e também de perdê-la. Senti culpa diante da possibilidade de eu ter passado um gene defeituoso para ela. Senti ansiedade, à medida que o tempo ia passando e ela não se desenvolvia como as outras crianças da mesma idade.

Quando a Luisa nasceu, eu não estava preparada para maternar um corpo tão diferente do meu. Eu tinha apenas 24 anos e precisei buscar conhecimento. Fiz vários cursos, li muitos livros, encontrei outras famílias que passavam por situação semelhante. Precisei fazer terapia para entender as crenças que estavam por trás daquelas minhas dores.

A aceitação veio quando consegui olhar para minha filha além do diagnóstico e me conectei com quem ela realmente é.

Quando eu consegui amá-la independentemente da sua forma física, quando consegui respeitar o seu tempo e jeito único de ser, o meu coração ficou em paz.

Fundei uma ONG e nos tornamos ativistas da inclusão. Dançamos juntas e fomos parar no Fantástico! Tiramos o foco da doença e aprendemos a viver, a cada dia, os nossos sonhos.

Luisa está com 18 anos e seguindo o seu caminho. Tornou-se palestrante, influenciadora digital e está na faculdade de Jornalismo.

Eu oriento, ajudo e encorajo famílias atípicas para que consigam construir relações com mais leveza e significado.

Os diagnósticos são muito importantes e úteis, mas não podemos deixar que eles nos impeçam de enxergar quem as crianças realmente são.

Que possamos experimentar novas "lentes" para enxergar essas crianças além do diagnóstico.

Para se conectar com seu filho, primeiro conecte-se consigo mesmo(a)

Enquanto responsáveis pelas crianças, precisamos primeiro tomar consciência do tipo de pai e mãe que somos. Para isso, te convido a responder algumas perguntas:

- Qual é o seu estilo parental? Autoritário, permissivo, negligente ou encorajador?
- Você sabe gerir suas emoções?
- Quais são as crenças que te ajudam e atrapalham?
- Quais são os valores que você considera importantes e quer passar para seus filhos?

- Você se acha uma pessoa equilibrada? Qual parte do dia te deixa mais estressado(a)? Tem algo que possa fazer para mudar isso?
- Quais são os seus medos? E seus pontos fortes?
- As expectativas com relação ao seu filho são muito altas? Baixas? Ou estão adequadas?
- O que precisa melhorar? Paciência? Organização? Mais tempo para você?
- Você é uma pessoa feliz?

As mudanças que queremos ver nos nossos filhos começam em nós pais.

A primeira regra do modelo da Parentalidade e Educação Positiva é: pais felizes = filhos felizes.

Não é possível sermos bons pais, serenos e inspiradores se não tomarmos conta de nós mesmos, se não buscarmos o autocuidado e o autoconhecimento.

A maternidade atípica é desgastante. A rotina e os tratamentos dos filhos costumam tomar todo o nosso tempo e recursos financeiros. Mas lembre-se: quanto mais desafiante for o seu filho e a sua realidade, mais precisa buscar oxigênio.

Apenas quando nos centramos e nos equilibramos emocionalmente é que nos tornamos capazes de estar 100% presentes e dar o nosso melhor na relação com a nossa criança ou adolescente.

Construir uma rede de apoio é fundamental! Ter pessoas em quem você confie para deixar sua criança quando precisar, sabendo que ninguém vai fazer exatamente como você faz e está tudo bem. Ter quem te escute sem julgar, fazer um diário ou caderno da gratidão, praticar um exercício físico, se alimentar bem, rever as suas horas de sono, fazer algo de que gosta como ouvir música, dançar, cozinhar, pintar... Comece se permitindo achar um tempo só para você, sem culpa.

Crianças com deficiência têm as mesmas necessidades de aceitação e importância

No livro *Disciplina Positiva para crianças com deficiência*, Jane Nelsen, Steven Foster e Arlene Raphael demonstram que, quando uma criança com deficiência se comporta de formas que não são socialmente aceitas (devido às limitações associadas à sua condição), fazer uso das ferramentas da Disciplina Positiva irá afirmar nela o senso de aceitação e importância, assim como irá ajudá-la aprender maneiras alternativas de se comportar diante de um desconforto.

Para isso, talvez seja preciso ajustar a comunicação e ações para que a mensagem seja claramente recebida, acrescentando, às nossas palavras faladas, a linguagem de sinais e/ou imagens e recursos da comunicação aumentativa e alternativa.

Como pais, professores e terapeutas dessas crianças, devemos estar atentos para perceber alguns comportamentos desafiadores como tentativas de serem aceitas ou ganhar importância. Com o tempo, vamos atingindo um nível de compreensão sobre como a criança demonstra suas necessidades, e podemos ajudá-la a adquirir maneiras mais uteis socialmente de se expressar.

As crianças agem melhor quando se sentem melhor

Alfred Adler, um psiquiatra vienense, acreditava que as crianças (e os adultos) não são reféns da sua biologia, nem das suas primeiras experiências. Adler argumenta que não é o que nasce com as crianças nem o que elas toleram que são fatores determinantes finais em suas vidas. É o que pensam dessas experiências.

As crianças estão constantemente tomando decisões sobre o que elas precisam fazer para prosperar e sobreviver. São essas decisões que determinam seu destino.

Como pais e professores de crianças com deficiência, temos a capacidade de ser uma influência positiva nas decisões que elas tomam e, em longo prazo, no potencial delas. Por isso a importância de dedicarmos tempo para ensiná-las de maneira encorajadora. Quando encorajamos a criança, ajudamos seus corações a ficarem fortes.

A seguir, compartilho com vocês algumas ferramentas da disciplina positiva que considero importantes para que as crianças com deficiência cresçam felizes e com maior autoestima:

- Confiar nas habilidades dela e fazer as adaptações necessárias de acordo com sua deficiência, acreditando que terá capacidade de ser bem-sucedida. Não tente protegê-la demais; dar autonomia também é um gesto de amor.
- Dividir as tarefas em pequenos passos. Você pode ajudar mostrando a ela uma visão geral da tarefa como uma sequência de passos e ensiná-la a dar um passo de cada vez.
- Focar os pontos fortes. O que a sua criança é capaz de fazer? Em que ela é boa? Do que ela gosta? Foque isso.
- Não sentir pena. Devemos ter empatia, tentar entender os sentimentos da criança, mas nunca sentir pena.
- Não desistir dela. É preciso praticar a paciência enquanto ela estiver desenvolvendo habilidades que levam tempo para desenvolver. O tempo da criança com deficiência é diferente do nosso.

- Criar oportunidades para o sucesso. Devemos considerar o que podemos fazer enquanto pais e professores para ajudar a criança a vivenciar experiências de sucesso, dando chance para ela realizar as tarefas que permitam usar seus pontos fortes.
- Ensinar habilidades sociais e autorregulação. Quanto mais a criança adquirir competências nessas áreas, melhor ela será em responder favoravelmente diante de situações desafiadoras.
- Mostrar como faz, mas não fazer por ela. Devemos estar atentos e retirar gradualmente o apoio quando percebermos qualquer demonstração da criança de que consegue fazer parte ou toda ação de forma independente.
- Usar o interesse da criança para obter e manter a atenção para a habilidade que estamos ensinando. Se ela gosta de carros, de animais, números ou princesa... Explore isso.
- Reconhecer o seu esforço e comemorar os pequenos avanços. Deixe claro que os erros fazem parte do aprendizado.
- Nunca a compare com ninguém.
- Curta a sua criança. Ter tempos de qualidade juntos, fazer coisas que crie um vínculo forte e demonstre o quanto ela é importante para você.

O encorajamento enfatiza o esforço e a contribuição, comunica às crianças que elas são notadas e apreciadas e o que elas fazem importa.

Você pode encorajar a criança fazendo comentários positivos sobre seus comportamentos responsáveis ou expressando gratidão por suas ações. Evite criticar a criança por suas ações equivocadas porque as críticas só a levarão a se sentir mal. Para que ela aja melhor, precisa se sentir melhor.

Demonstre confiança em sua capacidade. Deixe que ela sinta, através de seu apoio energético, que você acredita que ela possa se tornar mais independente.

A gente transmite apoio energético por meio da nossa atitude: um olhar que comunica compreensão, expressões faciais que exemplificam gentileza e uma postura corporal que demonstre abertura e amor.

Precisamos conhecer a criança para entrar no mundo dela e nos conectar. E para isso, é fundamental que pratiquemos a escuta. No caso das crianças com deficiência, para perceber o que o nosso filho tem a nos dizer, será necessário não apenas os ouvidos, mas também a observação de suas expressões faciais, os movimentos do seu corpo, a direção e o foco do seu olhar, seus gestos e outros aspectos da linguagem corporal que nos farão entender o que ele sente e deseja.

Você vai precisar se abrir para aprender com os erros e ter confiança em você e na criança.

Coloque o coração em tudo o que for fazer e use a sua sabedoria interior. O afeto e empatia são as melhores ferramentas e são as que farão todas as outras funcionarem.

Referências

DIAS, M. G. *Crianças felizes.* Barueri: Manole, 2020.

DI MARCO, V. *Capacitismo: o mito da capacidade.* Belo Horizonte: Letramento, 2020.

MIRANDA, E. *Educação inclusiva e parceria da família.* São Paulo: Literare Books International, 2021.

NELSEN, J.; FOSTER, S.; RAPHAEL, A. *Disciplina Positiva para crianças com deficiência.* Barueri: Manole, 2019.

SOLOMON, A. *Longe da árvore: pais e filhos em busca da identidade.* São Paulo: Companhia das Letras, 2013.

TSABARY, S. *Pais e mães conscientes.* São Paulo: Rocco, 2017.

22

DO AMOR AO CAOS
CONTEMPLE-SE! "PORQUE TUDO PASSA, ATÉ VOCÊ!"

Este é um capítulo para te acolher com palavras. E acalentar quem você foi, é e será. Escrito por uma pessoa imperfeita, cheia de altos e baixos, mas com todo amor possível. Amor de mãe – que por sinal é um dos mais belos! Não existem, aqui, fórmulas mágicas ou encantamentos, mas, acredite, temos sim alguns palpites! E a grande ideia é celebrar travessias, deixar-se ser e vivenciar o aqui e agora. Há, por aqui, um desejo de que você possa contemplar-se em tudo a todo instante.

MÔNICA SANTOS

Mônica Santos

Contatos
santos.rp1985@gmail.com
Instagram: @mamaeqescreve
Twitter: @SantosBriaoM

Um pouco de cada coisa, um todo cheio de vontades em descobrir tudo de tudo pelo mundo: a primeira coisa que soube ser foi apaixonada pelo aprender e ensinar. Neta de uma pedagoga – raiz – cresceu fascinada pelas histórias contadas pela avó sobre docência em uma classe multisseriada entre os anos 1960 e 1980. Licenciou-se em Pedagogia pela Universidade Federal de Pelotas e, após formada, atuou como supervisora pedagógica, docente em licenciaturas e vice-diretora: cada novo projeto profissional, um desabrochar diferente, uma nova Mônica aflorava. Encontrou então, na pós-graduação em Psicopedagogia, um caminho para descobrir os porquês frente ao "não aprender". E nesse devir, enquanto cursava bacharelado em Serviço Social e encontrava, em sua jornada, um caminho acolhedor aos desafios diários de pais e filhos, tornou-se mãe de uma linda menina que aperta os olhinhos quando sorri para a vida.

Vez ou outra revisito meu **eu** de antes da maternidade. Aquela versão que espalhava lembretes por todos os lados, com agenda e cronogramas, organizada, pontual e mais um tanto de coisas que cabem aqui, hoje faz parte de um lugar a ser visitado com afeto. Era outro jeito de ser e sentir o mundo. E tinha um certo encanto, um tanto de gracejo. Hoje, sou uma versão ressignificada, nem melhor, nem pior, apenas diferente: a maternidade tirou tudo do lugar. E vem organizando tudo a seu modo. E não há nenhum lugar onde eu queira estar que não aqui e agora.

Foi nessa travessia, bem no meio do caminho entre quem eu fui e quem sou agora, que descobri a importância de contemplar cada pedaço meu que se refaz. Ao dizer que "ninguém pode entrar duas vezes no mesmo rio", Heráclito já nos agracia com a ideia de que a mudança, o transformar-se, é inerente à existência humana. E é constante: vivemos todos os dias fragmentos de quem éramos e estamos sempre revelando outras facetas de quem somos e seremos. Na minha vida, a maternidade é um dos marcos mais significativos, e vem escancarando esse processo de abandonar-se para reconstruir-se, ciclicamente. E eu cortejo cada amanhecer com seu propósito em refazer-me. E o aprecio, aceito e quero.

Entretanto, realocar todos esses sentires causa desordem. Como toda mudança, se tira tudo do lugar, se avalia o que é necessário e se reorganiza. As reviravoltas internas que isso causa, raramente são visíveis: é nítido que um filho nos modifica, transforma nossas vidas em todos os segmentos, mas a compreensão dos processos internos, das abdicações, das evoluções – e, por que não, retrocessos – é muito íntima. É o seu sentir, o seu momento, o seu processo. E ele é, com toda certeza, mais especial do que você imagina, pois não é igual ao de ninguém. E é intransferível. Celebre-se por ser você.

Um outro de nós: vivencie o aqui e agora

A criança que nasce traz consigo uma autenticidade tão intensa, que deixamos de caber em quem éramos – parte por um amor que nos transborda – e acabamos por deslocarmos em busca de uma ou outras versões que façam sentido dentro deste novo viver. É onde tudo se transforma: em meio a um cenário regado a mamadas noturnas, trilha sonora chorosa – nem sempre só de bebês – e uma série de pequenos detalhes que nem imaginávamos existir é que nos reconstruímos para acolher, embalar por horas, zelar e afagar nossos pequenos. Assim, no papel, e até mesmo dito em voz alta, parece bem fácil e simples, mas a realidade é que ter uma vida dependendo de você 24 horas por dia ultrapassa tudo que se imagina. E só mesmo vivendo para entender do que se trata.

É um novo ser que nasce, e faz de nós – embora os mesmos em essência, outros. É uma versão aprimorada, determinada em se adaptar e ser melhor. É como se o maior desejo latente viesse em prol de transformar agora, nesse instante, o mundo em um lugar melhor, onde minha filha pudesse ser feliz e estar segura. E saudável! E para isto, viramos **fênix** a cada amanhecer. Nem sempre bem, nem sempre felizes, mas certamente da melhor forma que conseguimos naquele momento.

Gosto de pensar que, embora haja tantas fórmulas sobre como devemos nos encaixar em padrões pré-determinados socialmente, somos todos especialmente singulares. E cada trajetória, cada vivência é tão única, tão extraordinária, que chega ser algo meio mágico. São muitos sentires acontecendo todos ao mesmo tempo, a maioria desordenadamente, em um ritmo que nem sempre é o que sabemos dançar – ou conduzir. O tanto de você que precisou ficar para trás após o nascimento do seu filho merece que você acolha tudo que é hoje. Portanto, se você está dançando de uma forma que lhe parece estranha, ou cantando esquisito, acredite: está tudo bem! Se você está aí, com seu filho, está tudo bem! Permita-se! Registre mentalmente cada instante.

É tudo para ontem, mas é o ontem do seu filho: é o tempo dele que agora irá direcionar a vida ao seu redor. Em alguns momentos, pode parecer aterrorizante não fazer o que se quer na hora em que se quer, e é aí que você precisa desprender-se das amarras que o mundo imediatista te impõe, e se entregar. Entregue-se ao tempo do seu filho. Aprenda com ele a sair de uma posição autocentrada do que se quer, para servir e suprir o que o momento com seu pequeno lhe pede. É só por um tempo que será assim! E você, hoje, pode não ter ideia de quanta vida esses momentos lhe proporcionam, mas quando forem apenas memórias, fará todo sentido.

Você já deve ter lido muito por aí, é uma fase, e ela não irá voltar. Aquelas palminhas, os primeiros sorrisos, a primeira palavra, quando você pode ser mais que um expectador de camarote e vivenciar tudo em tempo real, logo darão lugar a uma vida totalmente independente de você. Renda-se! Viva essa fase não apenas pelo seu filho, mas por você, por toda memória afetiva e bem que isso pode lhe fazer ao saber que, mesmo diante de um mundo rizomático, que te exige ser tantas as coisas ao mesmo tempo, na hora em que seu filho precisou, você esteve ali, por ele e para ele, construindo memórias. E, acredite, memórias não são tão comerciáveis quanto se pensa. Não há como precificar o valor de uma memória afetiva.

Não se trata aqui apenas do amor. O amor, quando se trata de filhos, é fácil. É só olhar para o rostinho sorridente, ou para os dedinhos gordinhos das mãozinhas – ou qualquer outro detalhe que você quiser pensar por aqui – que facilmente transbordamos os sentires mais belos. Se trata de quem você é dentro deste processo. E do quanto está vivendo e está presente ao que essa experiência lhe traz. É sem ensaio, grande parte do tempo sem roteiro e outras ainda sem enxergar o caminho à frente, com noites mal dormidas, cansaço, contas atrasadas e uma série de desdobramentos a serem resolvidos, mas é, com toda certeza, o terreno sentimental mais fértil e feliz que você irá encontrar.

Depois que minha filha nasceu, não me lembro de ficar nenhum dia sem sorrir. E digo mais: em grande parte deles, eu consigo inclusive gargalhar com ela. Eu aprendi com minha Maria a me encantar com as coisas triviais do dia a dia: os pássaros, por exemplo, que tanto a fascinam. Aprendi que você precisa sair pela rua sorrindo, sentindo ventinho no rosto e nunca voltar para casa sem fazer um novo amigo. E que tudo bem se você não souber cantar ou dançar, faça-o assim mesmo: seu filho não quer perfeição, ele quer que você seja real, e feliz.

Nesse momento, gostaria de poder transpor a você que me lê todo arsenal de coisas lindas que sinto ao escrever – enquanto Maria, minha filha, dorme aqui perto um sono supergostoso –, mas eu tenho certeza de que você vai encontrar esses mesmos sentimentos quando olhar para o seu filho. Por que é assim que funciona, não é mesmo? Sou inteiramente apaixonada por cada detalhe da minha pequena, e se tem alguém capaz de me fazer sentir amor em cada pulsar do meu corpo, é ela.

Deixe ser

Acredito muito na ideia de que um filho nos faz pessoas melhores. E isso vem muito do que sinto sobre querer ser melhor a cada dia pela minha pequena, ser alguém em quem ela sinta um porto seguro, um lar, um aconchego. Eu tenho aquela ideia romântica de ser para ela algo como uma mulher maravilha, sabe? E todas aquelas coisas que me pareciam tão importantes – como ter uma carreira profissional estável e de sucesso, ou uma casa extremamente organizada, limpa e impecável, hoje, embora ainda façam sentido dentro de mim, deixaram de ser uma prioridade ou uma urgência.

Esse sentir vem do fato de que a maternidade me preenche de tal forma que, como já escrevi no início, não há nenhum lugar em que eu queira estar que não aqui e agora. E hoje só me importa ser alguém para ela: alguém que ela tenha certeza do quanto a ama e que estará sempre a postos.

Por tantas vezes, projetamos desejos sem perceber e sentir que aquele serzinho é singular. Ele é único. Sua criança, e você já deve saber disso, com todas suas feições, beicinhos, caretas e fofices é um exemplar único. Só seu. E insubstituível. É um pedaço de cada um dos pais que deu origem a algo totalmente novo, inédito, diferente. E ele se parece com ele mesmo e mais ninguém! Permita que seu pequeno lhe ensine quem ele é e quem quer ser.

E ele vai ser, fazer, sentir e querer tudo no tempo dele e do jeito dele! Não será no seu tempo: ele não é uma extensão cronometrada das suas atividades diárias, menos ainda dos seus desejos. Deixe-o ser. A beleza de cada descoberta, o olhar curioso, as tentativas, erros e acertos, os riscos e choros, são fragmentos de um todo magnífico que faz do seu pequeno ser quem ele é: único. E SEU.

Existem vários relatos sobre a montanha russa sentimental que vem junto com um filho. Ou filha. Ou filhos. Como você quiser! E realmente, é do amor ao caos. Vivemos o caos no meio do amor e vice-versa, em alguns momentos, com o mesmo (ou maior) talento que os trapezistas do Cirque du Soleil.

O imprevisível faz parte do dia a dia. Exemplo? Meus maiores picos criativos aparecem no meio do sono: meu e da minha pequena. Depois de um dia exaustivo, quando eu deveria dormir em primeira ordem após ela pegar no sono, é como se um turbilhão de pensamentos enfileirados se desesperasse para sair e fazer algum sentido. Uma desordem no meu "fuso horário" interno.

E é assim, nesse devir sentimental, que nossas crianças crescem. Que quem elas são, passa. E quem nós somos, também! Então, abandone a ideia de querer reencontrar-se com quem você era antes: ao nascer, seu filho, aquele serzinho único e insubstituível, te transformou em um outro ser. Também único, e que também é insubstituível. É uma outra versão sua. Contemple-a. Queira-a. Aceite-a. Celebre sua essência e aprecie sua jornada. Hoje pode não fazer sentido algum, mas amanhã, quando você revisitar o ontem, para repensar seus caminhos, eu tenho certeza de que vai sentir muita alegria em ter vivido cada momento com certo encantamento, sentindo cada um deles, experienciando em essência.

Sabe qual minha maior curiosidade, hoje? Ser vista pelos olhos da minha pequena. Eu gostaria muito de saber como ela me vê. Enquanto mãe, enquanto humana. Enquanto a pessoa que ama ela de um jeito que não cabe dentro de si, mas sabe que é totalmente imperfeita! Como não o posso, eu fico, assim como você talvez, desejando que ela possa me ver como os olhos do amor, e quando pensar em mim, possa sorrir com os olhinhos apertados como faz quando gosta de algo. E tem sido esse viés, o de a fazer sorrir quantas vezes forem possíveis ao dia, e estar sempre feliz, que vem direcionando o meu maternar.

Alguns dirão que é utópico, cobrança excessiva da minha parte, e até mesmo besteira. Eu não ligo: se algo que não tem preço, nem valor nesse mundo, é o sorriso de um filho, não é mesmo? E o tanto que nos importa o que os outros pensam a respeito de como vivenciamos a criação dos nossos filhos é o que acaba nos distanciando de vivenciar a beleza de cada momento, e é por isso que acabo me permitindo vivenciar tudo muito a meu modo, sem grandes prescrições, sem fórmulas mágicas: sentindo o que cada dia me traz, e faz de mim. Nada disso volta. E o que quero é poder olhar para esses dias, meses e anos, num futuro, com todo amor e encantamento que puder, grata por acertos e erros, mas principalmente, feliz em ter feito esses momentos tão especiais.

Sejamos libertos de tudo que aprisiona nossa essência e nossa espontaneidade diante do criar nossos filhos. Se chora, console, acolha. Se grita, ok, gritou, já passou, já foi: deixe ir o que precisa ir. Experimente tudo que puder, o quanto puder e o tanto quiser. No fim, sempre sobrevivemos, não é mesmo?

Não se trata aqui de ser ousada ou recatada, boa ou ruim – é sem dualismos e julgamentos. Trata-se de encantar-se consigo a cada momento, em cada pequena vitória diária, para então poder transpor esse sentir ao seu pequeno, de forma que ele também saiba aceitar seus sentires e caminhos da forma mais feliz possível. Porque, em essência, é isso que todos queremos, não é mesmo? Sermos, todos, felizes.

A felicidade é tão sublime em suas formas de ser, que dá as caras inesperadamente, como em um show de gaita do meu sobrinho de dois anos, que nos encanta com sua desenvoltura descontraída em seus shows particulares para nossa família, quando pega seu instrumento e anuncia: "Boa noite, senhoras e senhores!" E eu, expectadora desses shows, garanto que a alegria de viver se materializa nesses momentos: quando somos nós mesmos, em amor, essência, risos e música. Grata, Thomaz: me encantas, sempre!

Então, contemple-se: do amor ao caos, do jeito que for: porque só você pode ser quem é, e como é: o pai ou mãe do seu filho! Do riso ao choro, da bagunça à calmaria, aceite o que você pode ser e ofertar. E talvez esta seja a única coisa de que seu filho realmente precise: que seja você!

23

AFETO E LIMITES NA PRIMEIRA INFÂNCIA

Neste capítulo, baseados nos estudos da Neurociência sobre a importância dos estímulos, da socialização e da construção dos vínculos duradouros, estáveis e saudáveis estabelecidos, principalmente, na primeira infância para um bom desenvolvimento neurológico e emocional do ser humano, discutimos a relação existente entre o afeto e a necessidade de se impor limites para que as crianças tenham, além de um bom crescimento físico, um desenvolvimento saudável nos aspectos cognitivo, relacional e emocional.

PALOMA SILVEIRA BAUMGART

Paloma Silveira Baumgart

Contatos
www.palomasilveirabaumgart.com.br
palomasbaumgart@gmail.com
Instagram: @palomasbaumgart
11 99994 4490

É educadora parental com certificação pela Positive Discipline Assotiation (PDA), especialista em Primeira Infância pelo Instituto Singularidades em 2021 e Psicologia Positiva pela PUC-RS, tendo participado do Programa de Liderança Executiva sobre Primeira Infância da Universidade de Harvard em 2019.

A importância da construção de vínculos duradouros, saudáveis e estáveis estabelecidos durante toda a vida, mas em especial na primeiríssima infância (zero a três anos), para o desenvolvimento neurológico e emocional do ser humano vem sendo abordada e estudada há anos por psicólogos, médicos e educadores. A Neurociência, ramo da ciência voltada ao estudo do sistema nervoso, tem comprovado a relevância do afeto, do vínculo, dos estímulos e da socialização nesta fase da vida, para um desenvolvimento adequado do cérebro. Neste sentido, não somente a genética determina o adulto futuro, mas também o ambiente no qual nos desenvolvemos nos primeiros anos de nossa existência. Segundo o pediatra Jack Shonkoff (2009, p. 15), "os primeiros anos de vida são importantes porque o que ocorre na primeira infância faz diferença por toda a vida". Essa afirmação baseia-se em estudos pioneiros realizados pelo CDC – *Center on the Developing Child*, da Universidade de Harvard (Estados Unidos), nos quais se constata que a criança começa a aprender desde a gravidez, e que os primeiros seis meses de vida extrauterina se constituem como os mais intensos em termos de aprendizado, tendo em vista que nos primeiros três anos de vida se realizam cerca de 80% do desenvolvimento cerebral do indivíduo.

As pesquisas também indicam que o aprendizado está diretamente ligado às experiências e às oportunidades que a criança terá no seio de sua família, pois "a arquitetura do cérebro é constituída a partir das experiências que cada um vivencia" (MARINO; PLUCIENNIK, 2013, p. 31). Essas experiências podem ser positivas ou negativas, sendo que as primeiras contribuem para o desenvolvimento saudável do cérebro, de modo a deixá-lo com uma arquitetura mais sólida e apta a superar dificuldades, enquanto as segundas provocam o efeito contrário. No sentido de promover uma adequada formação de habilidades e construir uma base sólida para um bom desenvolvimento cognitivo, emocional e relacional do futuro adulto, é essencial que os pais, os familiares, os amigos e cuidadores criem uma interação com seus bebês, de modo a estimular qualidades como autoestima, capacidade de relacionamento interpessoal, cooperação e capacidade de expressão de pensamentos e sentimentos (MACANA; COMIM, 2015, p. 35).

Como e o que fazer para que as crianças tenham, além de um bom crescimento físico, um desenvolvimento saudável nos aspectos cognitivo, relacional e emocional são os questionamentos que geralmente pais e cuidadores se colocam diante da lida cotidiana.

Em primeiro lugar, é importante esclarecer que cada indivíduo é único e, portanto, não existe uma receita pronta para educar filhos. Porém, consideramos dois fatores como essenciais e que podem ser utilizados em qualquer núcleo familiar: o afeto e a necessidade de se impor limites.

O afeto é algo que a maioria dos pais e mães sentem pelos seus filhos de modo quase instintivo, porém devemos dizer que não é algo dado, é um sentimento em construção, que se inicia na gravidez e vai se intensificando após o nascimento. Ao nascer, a criança é acolhida pela família e pela comunidade (babás, cuidadores, professores, familiares, entre outros), que terão o papel de protegê-la emocionalmente até que ela possa seguir com confiança e adquirir gradualmente a sua autonomia. A manifestação do afeto se dá através de sentimentos, ações, atitudes positivas e afirmativas, do cuidado nas atividades diárias, da relação entre pais, cuidadores e a criança no sentido de favorecer o amadurecimento desse novo ser. Neste sentido, mesmo quando são realizadas atividades voltadas para as necessidades básicas como a alimentação e a higiene, é fundamental que sejam incorporadas atividades lúdicas como o conversar, o brincar, o abraçar, o trocar olhares, o contar histórias, entre outras, de modo a intensificar a relação mais afetiva entre o cuidador e a criança e a construir uma relação de conhecimento recíproco. Essas atividades, além de expressarem afeto, também ajudam ambos a enfrentarem as dificuldades, as contrariedades, as decepções e os desafios nas diferentes etapas da vida da criança. Optar pelo afeto é também escolher reagir de maneira empática e amorosa às diversas contrariedades, dores e frustrações causadas por desejos que nem sempre podem ser satisfeitos no momento em que desejamos. Enfim, se o amor para um adulto é importante, para uma criança ele é fundamental.

Uma das grandes demonstrações de amor que os pais e cuidadores devem dar às crianças é a imposição de limites, e este é o segundo fator a ser considerado na educação dos filhos.

A palavra educar deriva do verbo latino *educere*, ou seja, guiar sem sufocar, assim, como sustenta o neuropsiquiatra infantil Giovanni Bollea (1995), "o afeto e os limites têm igual importância" na educação e no bom desenvolvimento individual, social e relacional das crianças. Mas o que são os limites? Podemos imaginar duas casinhas distintas e bem distantes uma da outra no meio de um bosque. A primeira tem somente portas e janelas e toda a natureza ao redor e a segunda é circundada por uma cerca na qual se delimita o espaço. Por mais que a cerca possa ser transponível, a tendência é nos sentirmos mais seguros na segunda casa. A mesma sensação tem a criança, pois a falta do limite, dessa cerca, digamos assim, faz com que ela se sinta desprotegida, desamada, insegura, não preparada para lidar com os "nãos" da vida, com as dificuldades e frustrações que acontecem e acontecerão com todos em diferentes momentos da nossa existência. Por esse motivo, crianças costumam testar a paciência dos pais, pois elas, de certo modo, estão pedindo amor, atenção e, por incrível que pareça, a tal "cerquinha" dos limites.

A Fundação Maria Cecília Souto Vidigal solicitou, em 2012, uma pequisa ao IBOPE intitulada "A visão da sociedade sobre o desenvolvimento da Primeira Infância", na qual se constatou que as mães apontam como principal problema das crianças hoje em dia a falta de limites. Porém, observa-se que "para a maioria das mães (64% das que não trabalham e 60% das que trabalham) é difícil dizer não aos filhos" (2012, p.65). Mesmo que a pesquisa não aponte os motivos que levam as mães a se sentirem desconfortáveis em impor limites aos filhos, (medo de ser uma mãe ruim aos olhos do filho, culpa por passar menos tempo do que gostaria com o filho, cansaço devido às tarefas diárias, entre outros), a constatação do problema apontado por elas na pesquisa mostra que são conscientes de que a permissividade não é o caminho correto a percorrer na educação dos filhos. O fato é que, com o comportamento permissivo, o responsável perde de vista o papel educativo inerente em ser pai ou mãe e esse papel não pode falhar em nome do cansaço, do sentimento de culpa, da necessidade de ser amado, do medo de perder o amor do filho, ou mesmo em nome de uma suposta felicidade da criança que corresponde, ilusoriamente, a dar-lhe e a deixá-la fazer tudo aquilo que quer.

Desse ponto de vista, apesar do cansaço, dos sentimentos de culpa, do medo de que o filho se aborreça, é importante insistir nas regras, pois é a consciência dos limites que o fará tornar-se um adulto com recursos necessários para afrontar a realidade que é cheia de barreiras e proibições, não a ilusão de suas ausências. As regras fazem as crianças se sentirem seguras porque ainda elas não têm idade e maturidade para escolher. É certo que elas irão submeter os pais e cuidadores a duras provas para testar onde se encontram os limites.

Testam o máximo que podem, mas é exatamente ali, onde encontram a proibição, é que elas sentem que existe um adulto, um pai, uma mãe, capaz de segurá-las, apoiá-las e guiá-las.

Da mesma forma que o afeto não pode ser confundido com falta de limites e permissividade, o exercício da educação firme não pode ser confundido com autoritarismo. Desse modo, é importante que os pais dediquem tempo aos filhos. Tempo para conversar, para brincar, para conhecê-los e para se fazerem conhecer para os filhos. Em outras palavras, para que se crie uma forte e duradoura relação. Quando a criança sentir que os pais são gentis e afetuosos, estará mais disposta a respeitá-los e entenderá também que não se trata de um exercício arbitrário, mas de um guia para a toda a vida.

Na prática, todo limite começa a ser dado através do estabelecimento da rotina na qual as regras são incorporadas ao cotidiano da família. É importante que a rotina seja estabelecida desde bebê, como por exemplo: seguir o mesmo horário para dar banho, mamadas, dormir e fazer atividades. Mais tarde, essa mesma prática se estenderá aos horários de estudar, brincar, fazer as refeições, assistir TV, de modo a criar uma certa previsibilidade na vida da criança, tornando-a mais segura de si.

Primeiramente, as regras devem ser estabelecidas pela mãe e pelo pai conjuntamente de modo que, independente da presença ou ausência de algum deles, as normas continuem válidas e seguidas com regularidade. Outro aspecto importante é estabelecermos regras respeitando a idade da criança: o tipo e o número de solicitações do adulto mudam à medida que os filhos crescem e se tornam mais autônomos.

Os adultos são os modelos das crianças e, por isso, não se pode pedir aos nossos filhos que façam algo que nós não fazemos. Os adultos devem se esforçar para que suas regras sejam sempre coerentes e claras e, uma vez estabelecidas, devem ser respeitadas. Em outras palavras, nada de fazer concessões para evitar possíveis caprichos e queixumes dos pequenos. Essa atitude não significa ser demasiado "rígido" com os filhos, mas é importante estabelecer regras claras e razoáveis e aplicá-las sem ceder à pressão (às vezes cansativa) da criança. Caso não possa cumprir, não prometa.

Não é nada incomum que, mesmo que os pais estabeleçam regras básicas, razoáveis e de acordo com a idade da criança, esta não responda do modo esperado, partindo para gritos, birras ou simplesmente recusando-se a atender ao pedido dos pais. Neste caso, temos de ter claro que, até os três anos de idade a criança ainda não tem as competências cerebrais de autocontrole e de inteligência emocional desenvolvidas. Por isso, pode ser que o que chamamos de birra não seja nada além de um momento de descompensação da criança por não conseguir reagir de maneira diversa em um momento de frustração. Nesta situação, o indicado é, a princípio, não levantar o tom de voz, acolher e acalmar a criança e, em um segundo momento, conversar calmamente, explicando, de forma clara e sempre em voz baixa, as razões pelas quais ela não obterá o que pretendia. Caso fosse uma bala antes da refeição, explicar que é quase hora do jantar, por exemplo, e que doces se comem depois do jantar e não antes. De maneira alguma, ceder aos desejos imediatos da criança pois, como já dito, ela tem muitas emoções que ainda não sabe administrar e o papel do adulto é ajudá-la a controlar essas emoções (raiva, agressividade, medos etc.), de modo que ela se sinta mais segura.

Por fim, é importante salientar que tão importante quanto o "não" é saber também dizer "sim". Às vezes, mal a criança inicia a frase dizendo "posso..." e o adulto, sem nem antes ouvir, já responde "não" quando poderia ser um "sim". É importante ouvir, mostrar-se disposto ao diálogo e também reconhecer quando a criança respeita as regras, pois essa atitude funciona como um reforço e dá à criança uma mensagem clara, firme e assertiva sobre o que ela fez.

Os limites e as regras são indispensáveis para respeitar os outros e a nós mesmos. A criança deve saber com clareza distinguir o que é correto daquilo que não é. Saber aquilo que é possível e o que não é. O que é bem e o que é mal. No entanto, deve-se levar em consideração que tolerar a frustração é uma habilidade que se desenvolve ao longo do tempo, graças ao treinamento constante, com afeto, dedicação, firmeza e gentileza.

Devemos sempre ter em mente que a vida é uma corrida de obstáculos: como nossos filhos podem aprender a superá-los se os treinarmos para correr em uma pista sem obstáculos? Ou se corrermos com eles, segurando-os em nossos braços? Se os protegermos demais, não os ensinaremos a viver.

Referências

BOLLEA, G. *Le madri non sbagliano mai*. Milão: Feltrinelli, 1995.

FUNDAÇÃO M. C. S. V. *A visão da sociedade sobre o desenvolvimento da primeira infância*. 11 jun. 2013. Disponível em: <https://www.fmcsv.org.br/pt-BR/biblioteca/pi-a-visao-da sociedade/?s=desenvolvimento,primeira,inf%-C3%A2ncia,vis%C3%A3o,sociedade,sobre>. Acesso em: 15 mar. de 2022.

MACANA, E.; COMIM, F. O papel das práticas e estilos parentais no desenvolvimento da primeira infância. In: PLUCIENNIK, M.; LAZZARI, M. C.; CHIRARO, M. F. *Fundamentos da família como promotora do desenvolvimento infantil: parentalidade em foco*. São Paulo: Fundação Maria Cecília Souto Vidigal, 2015. Disponível em: <https://www.researchgate.net/publication/283503122_O_papel_das_praticas_e_estilos_parentais_no_desenvolvimento_da_primeira_infancia>. Acesso em: 15 mar. de 2022.

MARINO, E.; PLUCIENNIK, G. (Org.). *Primeiríssima infância da gestação aos três anos: percepções e práticas da sociedade brasileira sobre a fase inicial da vida*. São Paulo: Fundação Maria Cecília Souto Vidigal, 2013. Disponível em: <https://www.fmcsv.org.br/pt-BR/biblioteca/primeirissima-infancia---da-gestacao-aos-3-anos/?s=2012>. Acesso em: 15 mar. de 2022.

SHONKOFF, J. O investimento em desenvolvimento na primeira infância cria os alicerces de uma sociedade próspera e sustentável. In: *Importância do desenvolvimento infantil*. Disponível em: <https://www.enciclopedia-crianca.com/sites/default/files/dossiers-complets/pt-pt/importancia-do desenvolvimento-infantil.pdf>. Acesso em: 15 mar. de 2022.

24

VAMOS TER UM BEBÊ!

Por três vezes, essa frase nos fez vivenciar uma explosão de sensações e emoções que variam entre o medo e a alegria, o desespero e a felicidade. Acreditamos que todos os pais passam por esse momento ao receber a notícia que mudará suas vidas para sempre. Sim, existe um antes e um depois de se ter filhos. Hoje, podemos nos orgulhar de termos três homens – de 29, 25 e 22 anos – que vivem seus sonhos e são felizes nos caminhos que escolheram seguir.

PATRÍCIA MAGRATH E PHIL MAGRATH

Patrícia Magrath

Contatos
patriciamagrath@gmail.com
Instagram: @patriciamagrath
32 98892 1110

Jornalista e educadora há 39 anos, coautora do livro *Primeira infância*. Educadora parental pela Positive Discipline Association – USA. *Coach* parental e vocacional. Consultora DISC. Paulistana, mãe do Johnny e do Matt e, de coração, do Rapha. Casada com o Phil há 26 anos.

Phil Magrath

Contatos
coachphilmagrath@gmail.com
Linkedin: Phil Magrath
32 99950 6265

Formado como *Executive Coach* em 2009. Bacharel em Psicologia – PUC-RJ. Professor há 41 anos. Coautor de três livros. META-PNL *Practitioner* com Neurossemântica. Consultor e *Trainner* de perfil comportamental DISC.

Como criamos três filhos autorresponsáveis, fortes e felizes?

Neste capítulo, mostraremos os princípios fundamentais e conceitos que nos orientaram na criação e formação de nossos filhos, que se autolideram e são autorresponsáveis. Filhos que tomaram o controle de suas vidas, fizeram as melhores escolhas e agiram para tornar os sonhos deles realidade, com a nossa ajuda, como pais, educadores, *coaches* e mentores.

Nossa jornada de três décadas juntos não foi sempre um paraíso, óbvio. Como o grande autor Spencer Johnson escreveu no seu best-seller *Picos e vales*, a vida sempre terá seus altos e baixos. Nossa família teve seus picos, mas também caiu em vales sombrios e profundos, vivenciando sucessos e depressão profunda. Quase todos os membros tiveram momentos obscuros.

Nossa proposta neste capítulo é mostrar como procuramos criá-los, nos picos e vales que toda família vivencia, mantendo nosso equilíbrio através da busca por uma saúde mental, física e espiritual coletiva que formou o que carinhosamente chamamos de nosso Círculo do Amor.

Uni duni três

Quando nosso primeiro filho nasceu, já éramos educadores há algum tempo. Quando chegou o nosso terceiro filho, já tínhamos acumulado inúmeras formações, certificações e treinamentos, que cobriam desde a Psicologia, Educação Física, *coaching* e mentoria corporativa, *coaching* parental, educação parental, hipnoterapia, Neurociência, PNL e mais uma longa lista, somada à leitura de mais de mil livros e ao apoio de algumas dezenas de mentores e especialistas de diferentes áreas.

Um desses mentores uma vez nos ensinou: "Quando estiverem perdidos, em qualquer situação, voltem ao básico!". Esse básico, também chamado de princípios fundamentais, foram os pilares que nos nortearam em todas as situações, tomadas de decisão e escolhas que fizemos durante essa jornada como pais. Hoje, estamos vivenciando a Síndrome do Ninho Vazio. Essa experiência ficará para o nosso quinto livro em coautoria. Então, vamos conhecer os princípios fundamentais?

Três atitudes em mente

Em nossos *workshops* e cursos, sempre falamos que usamos quatro instituições, cujos princípios fundamentais e conceitos são intercambiáveis e aplicáveis uma à outra. Elas são as instituições corporativas, militares, esportivas e o que chamamos de LAR S/A (sociedade animada). Um princípio usado numa instituição pode ser usado em outra.

Para exemplificar, sempre perguntamos ao nosso público se eles "torcem para seus filhos terem sucesso, serem melhores do que nós mesmos, e se passam toda a informação possível para eles etc." Como todos respondem que sim, perguntamos aos líderes de empresa por que não fazem o mesmo com seus liderados (filhos na organização).

Procuramos ensinar que, para atingir o sucesso (que não tem a ver com dinheiro) com felicidade, é preciso adotar três atitudes:

A de um agricultor, que sabe que não colherá os frutos de seu trabalho da noite para o dia, e que uma geada pode destruir a plantação, mas ele plantará de novo. A atitude da paciência, consistência e resiliência.

A atitude de um soldado, que entende a importância da ética, honra e disciplina consistente.

E a do atleta de alta performance, que sempre busca superar seus índices e resultados anteriores com melhoria contínua e foco constante.

Nossa infância

Nós fomos criados por um pai militar inglês (no caso do Phil) e um pai dominante e autoritário (no caso da Patty) e recebemos uma educação e formação muito diferentes da praticada hoje. O pai do Phil usava a máxima vitoriana: "Filhos foram feitos para serem vistos e não ouvidos" e foi disciplinado com castigos físicos e pouca troca, bem ao estilo militar. Já a Patty tinha um "italianado" pai autoritário de coração grande, e que dava tanto carinho quanto castigos e palmadas. E não importava o tamanho das nossas vitórias: conquistássemos o que fosse, ouvíamos um sonoro: "Não fez mais do que sua obrigação!". Enfim, eles nos davam a melhor educação que podiam: a que haviam recebido, e que era balizada pela obediência.

Um exemplo ou um alerta?

Juntos, decidimos que pensaríamos em nossos pais como "um alerta ou um exemplo". Quais comportamentos, atitudes e escolhas que eles fizeram serviriam de alerta – nós não os repetiríamos com nossos filhos – e quais serviriam de exemplo – que repetiríamos, adequando à época na qual criamos nossos meninos. Os três são de gerações próximas; porém, bem diferentes em suas visões de mundo.

Esse foi um dos vários "acordos" que fizemos como casal, que serviriam de pilar fundamental na formação de nossa família. Para alinharmos os acordos, usamos várias escolas de pensamento e autores. Escolhemos nosso propósito como pais – dar aos meninos a melhor educação possível para que tivessem as melhores oportunidades num mundo cada vez mais competitivo. Descrevemos nossa visão (aonde queríamos chegar), missão (como chegaríamos lá) e os valores (com o que e com quem faríamos essa viagem).

Respondemos ao questionário de Valores Centrais, proposto pelo dr. Martin Seligman, e vimos o nosso alinhamento. Na pirâmide de 21 valores centrais, nós temos 15 em comum, e o nosso valor supremo é idêntico: união da família.

Outro acordo que fizemos era ensinar aos nossos filhos os conceitos de autoliderança e autorresponsabilidade. Na autoliderança, ensinamos a eles a técnica do 1-3-1, muito usado por nós para preparar líderes que formam líderes nas empresas. Para cada problema que eles nos trouxessem, eles tinham de vir com três soluções e debateríamos a melhor para aquele momento. Assim, nós os ensinamos a focar soluções e não os problemas. Como as soluções vinham deles, eles as executavam com mais propriedade e iam ganhando mais autoconfiança, autonomia e autorresponsabilidade. Na carona desse conceito, aprenderam que "a proatividade paga dividendos", uma frase que eles conhecem de cor, e que "o dever vem sempre antes do lazer".

Para esses acordos darem certo, sempre tivemos uma comunicação aberta e sempre fomos pais presentes. Por aberta entenda-se consciente, não violenta, firme e respeitosa. Entendíamos, ainda que não houvesse as nomenclaturas de hoje, que se não criássemos uma boa conexão antes, não conseguiríamos a correção de nenhum comportamento equivocado. Já por pais presentes, sabe aquele tipo de família cujo pai sempre vai com a mãe às reuniões de escola dos filhos? Aquela família que desce para a quadra ou para o parquinho e, em vez de se sentar para ver um livro, revista ou celular, está lá no meio, brincando com eles? Pois é: éramos nós!

Devido a nossas formações como educadores e *coaches*, obviamente, entendíamos que cada filho era diferente, e usamos vários *assessments* (avaliações) para nos ajudar a entender e respeitar as características de cada filho, como o perfil comportamental de cada um, os canais representacionais de aprendizagem VAK – muito importante para ajudá-los com os deveres da escola, por exemplo –, inteligências múltiplas, só para mencionar alguns.

Família margarina nem pensar!

A essa altura do texto, vocês podem estar pensando que construímos uma família perfeita, com planejamento estratégico e todos os membros funcionando como um pelotão de fuzileiros navais de alta performance. Longe disso!

Primeiro, a nossa comunicação aberta, escuta ativa e presença nos permitiu perceber quando um dos nossos filhos não estava bem; falávamos sobre tudo e agíamos rápido. Se nós não estivéssemos bem, abríamos o jogo com eles, para não permitir que, sem conhecerem os fatos, suas mentes não criassem monstros maiores do que eram. E sempre procuramos a ajuda de profissionais especialistas em suas áreas para buscar o equilíbrio de cada um para o bem do coletivo.

No momento mais negro da nossa família, lembramos do conceito de Sun Tzu em sua célebre obra *A arte da guerra*, que dizia: "Quando se está perdendo uma guerra, voltem às trincheiras, reagrupem, restabeleçam suas forças, e retornam ao campo de batalha". E foi o que fizemos. Tivemos de abrir mão de morar num condomínio nobre no Rio de Janeiro, de frente para a praia, para morar numa pequena cidade do interior de Minas Gerais. Foi a nossa trincheira, onde reescrevemos uma nova história.

Nesse momento, foi importante trabalharmos em equipe. O fator fundamental para esse plano dar certo era fazer com que os meninos comprassem a ideia. Como dizemos sempre nos treinamentos: "As pessoas compram primeiro o líder e depois a visão dele". Como eles confiavam na gente, eles compraram a ideia e entenderam uma máxima usada entre soldados: "Eu faço por ele, porque ele faria por mim" e "A função de cada um de nós é ajudar a equipe (família) a vencer".

Use seu erro para se desenvolver

Não pense nem por um instante que nós, como líderes, não falhamos. Falhamos, sim! Algumas abordagens que utilizamos naquela época – se conhecêssemos tudo o que conhecemos hoje – não teríamos utilizado. Porque hoje temos uma nova visão em relação ao mundo e ao que achávamos ser o educacionalmente correto à época. Um exemplo é que nos orgulhávamos por já fazermos "combinados" com os meninos, enquanto outros pais ainda batiam e berravam. Entretanto, hoje entendemos que não fazíamos os acordos com a participação deles. Pensando bem, eram quase ordens. E quando vinha uma birra? Direto para o "cantinho do pensamento", olhando para uma parede para refletirem sobre o que haviam feito, com menos de dois aninhos de idade. Como é que a gente realmente acreditava que uma criança, que já estava se sentindo mal por ter feito "algo de errado", poderia melhorar seu comportamento se nós a humilhássemos e a fizéssemos se sentir pior ainda? Não faz sentido algum, com tudo o que sabemos hoje. E agora, a gente tem como se desenvolver.

Não é sobre sermos perfeitos, e sim conscientes

Para concluirmos, realmente a máxima que diz que um filho não vem com um manual de instrução é verdadeira; entretanto, a trilha para o sucesso em qualquer área sempre deixa pegadas. Hoje, temos toda a informação da qual precisamos na palma de nossa mão. O desafio é não se perder nas várias escolas de pensamento sobre educação, criação e formação de filhos. Nossa dica é estabelecer uma bússola que aponta para o norte que vocês querem seguir e escolher a informação que tenha mais aderência às suas características. Propósito, visão, missão e valores podem descrever esse norte. Alinhamento dos pais é fundamental.

Vamos concordar e discordar em vários momentos quanto às escolhas e decisões que tomaremos em relação ao nosso bem maior? Claro! Nesse momento, voltem ao básico e aos seus princípios fundamentais. E tenham sempre em mente: vocês são os melhores pais que seus filhos precisam e poderiam ter!

E precisando: "*Coach* conosco!".

Bônus

Disponibilizamos com prazer e gratuitamente, a quem se interessar:

- perfil comportamental DISC;
- questionário de valores centrais;
- teste VAK de canais representacionais de aprendizagem;
- teste de inteligências múltiplas;
- uma sessão de *coaching* e mentoria.

Gostaria de customizar este capítulo conosco para uma experiência de conexão? Então, aproveite o espaço na página seguinte para produzirem uma "obra de arte" conectando pais e filhos. O legal seria ter todos de casa participando. E vale tudo! Soltem a imaginação: desenho, pintura, poesia, rabisco...

Criem um momento hoje, que não será apagado pelo tempo!

Título da obra: _____

Autores: _____

Referências

ABRAHÃO, T. *Pais que evoluem*. São Paulo: Literare Books International, 2020.

GOMES, M. *Crianças felizes*. Portugal: MD&GK.

GOTTMAN, J. *Raising An Emotionally Intelligent Child*. Simon & Schuster, 1998.

JOHNSON, S. *Picos e vales*. 10. ed. Best Seller, 2009.

NELSEN, J. *Disciplina positiva*. 3. ed. Barueri: Manole, 2015.

PERRY, P. *The Book Your Parents Had Read*. São Paulo: Penguin Books, 2019.

SELIGMAN, M. *Felicidade autêntica*. São Paulo: Objetiva, 2002.

THOMAS, L. *A mamãe coach*. São Paulo: Literare Books International, 2018.

TSABARY, S. *The Conscious Parent*. Yellow Kite, 2014.

TZU, S. *A arte da guerra*. Novo Século, 2015.

25

PREVENINDO E INFORMANDO
ABORDANDO A TEMÁTICA DO SEXO E DA SEXUALIDADE COM NOSSAS CRIANÇAS E JOVENS

Quanto ao tema "prevenção ao assédio e/ou abuso sexual infantil", obter informações sobre o mesmo é o primeiro passo. Informar-se e debater sobre o tema é a primeira forma de prevenção. Criar uma rede de troca e aprofundamento com familiares, conhecidos e profissionais. Só que nesse ponto surgem dúvidas, nos adultos, de forma geral: como e de que forma abordar esse tema tão delicado com as crianças?

RENÉ SCHUBERT

René Schubert
CRP 06/65624

Contatos
reneschubert.blogspot.com/
rene.schubert@gmail.com

Psicólogo, especialista em Psicologia Clínica. Pós-graduação em Terapia Psicanalítica. Formação contínua em Psicanálise, Terapia EMDR, Programação Neurolinguística, Técnicas Transpessoais, Terapias Breves e *Coaching*. Treinamentos em Constelação Familiar no Brasil, Áustria e Alemanha. Atua, desde 2001, com atendimento psicoterapêutico (infantil e adulto); psicodiagnóstico; ludoterapia; orientação vocacional; educação sexual; acompanhamento terapêutico; supervisão e grupos de estudo. Palestrante, docente, intérprete e tradutor (alemão e inglês). Coautoria: *Toques na alma* 1 e 2 (2017 e 2020); *Direito 4.0* (2020); *Práticas sistêmicas na solução de conflito* (2020); *Fracasso é apenas o que vem antes do sucesso* (Literare Books International, 2021); *Constelação organizacional e inovação sistêmica* (2022); *Tratado de medicina veterinária sistêmica* – volume 2 (2022). Autoria: *Constelação familiar: impressa no corpo, na alma, no destino* (2019).

Os adultos se informam, buscam conhecimento e aplicam leis e saberes a partir de seus estudos e vivências. Podem se informar sobre a abuso, assédio, violência e perversão sexual, mas e quando a questão é falar sobre pedofilia com as crianças? Como abordar e nomear isto para os infantes?

A partir deste ponto, percebemos que a questão não se restringe só ao debate da pedofilia, abuso e assédio sexual, antes disto vem à tona o falar sobre a sexualidade com a criança. Assunto considerado pela maioria dos adultos como **difícil e cabeludo**. Por ser considerado desta forma, acaba não sendo abordado, pois a família acha que a criança é muito nova e posterga a abordagem, dizendo que na escola ela estará **mais madura** e será instruída. Na escola, os educadores partem do princípio que a criança já foi instruída em casa e não querem tocar neste assunto **delicado, íntimo e difícil**, com medo de **excitar e levar a criança a pensamentos e atos inadequados**. Falar de assédio, abuso, pedofilia, que seria um passo posterior, é possível desta forma? Como explicar a questão do corpo, da intimidade e dos limites do corpo, do que é público e do que é privado, de toques e carícias, do contato sexual, sem antes abordar a sexualidade?

Desta forma, ninguém toca na **coisa**. A coisa sexual, que é motivo de tantas piadas, brincadeiras e histórias no universo adulto e paradoxalmente tão negada, escondida e confusa ao universo infantil. Como se a criança não fosse sujeito de um corpo, de sensações, de desejos, de dúvidas, enfim, de uma sexualidade.

Antes de mais nada, é importante definirmos sexualidade: após as descobertas da psicanálise em 1905, a sexualidade mudou um pouco de significado, deixando de ser um sinônimo de ato sexual para abranger todos os movimentos de busca de prazer e satisfação. A sexualidade engloba uma série de excitações e de atividades presentes desde a infância que proporcionam grande prazer na satisfação de uma necessidade fisiológica fundamental (exemplo: respiração, amamentação, excreção, toques e carícias, a descoberta do corpo etc.). Inclui-se na sexualidade, além do próprio ato sexual, toda uma série de excitações corporais, a sensualidade, a curiosidade pelo corpo (próprio e o alheio), a sedução, modos de vestir e maquiar, os jogos sensuais, o erotismo, os comportamentos sexuais e assim por diante. Sexualidade não quer dizer apenas o sexo ou ato sexual.

Desta maneira, quando se fala de sexualidade infantil, não se quer dizer ato sexual ou sexualidade erótica e/ou pornográfica da criança. A sexualidade infantil é a busca pela satisfação, por sensações prazerosas independentes de ato sexual. Esta busca está inicialmente ligada às sensações corporais e, posteriormente, às dúvidas e questionamentos quanto ao corpo, suas funções, e principalmente, seu surgimento e origem.

Faz parte da opinião popular, quando se fala sobre sexualidade, acreditar que ela esteja ausente na infância e só despertará no período da vida designado de puberdade. Mas esse não é apenas um erro qualquer e comum, mas sim um equívoco de graves consequências, pois é o principal culpado de nossa atual ignorância sobre as condições básicas da vida sexual – Sigmund Freud abordou longamente isto em sua obra, e mesmo passado tanto tempo, ainda hoje encontramos muitas dúvidas sobre este tema, principalmente quando confrontados com as tentativas e descobertas curiosas de nossas crianças. Ainda hoje somos surpreendidos e não acreditamos na sexualidade infantil.

O fato é que ela existe e, cedo ou tarde, vai se perfilar frente aos nossos olhos e ouvidos com perguntas insistentes tais como: "Pai, a cadeira tem pipi? Cadê o pipi da Maria? Meninas tem pipi pequeno? De onde veio a Maria? Por que meu pipi fica assim? Como o bebê foi parar dentro da mamãe? Por que eles estão pelados na TV e se mexendo assim? Por que ela está mostrando a bunda na propaganda? O que é pornô?".

E também por meio de tentativas de descoberta corporal, sozinho(a) ou com o(a)s coleguinhas. A aventura do descobrimento começa já nos primeiros meses, quando o bebê experimenta o prazer de explorar o próprio corpo, e se acentua nos anos seguintes, quando sua atenção se volta para o corpo dos pais e de outras crianças.

As descobertas corporais na criança são tão naturais quanto aprender a andar, falar e brincar – todas as crianças passam por essa fase e fenômenos. Mas o adulto **se esquece** disso, e nega este acontecimento ou muitas vezes olha para ele como se fosse uma aberração, um excesso, algo errado na criança.

Há uma clara incongruência na linguagem sexual do adulto, que é erótica, com a linguagem sexual da criança, que busca prazer por meio da descoberta de seu corpo – a primeira linguagem é genitalizada (adulto), a segunda é sensual (infantil). O adulto interpreta os fenômenos da sexualidade infantil a partir de seu referencial, por isso julga-a erroneamente pela via do erotismo. Na maioria das vezes, a distância entre a moral do universo adulto e a ausência de pudor infantil resulta em ensinamentos cheios de: "Tira a mão daí! Isso não pode fazer porque é feio, nojento, toma vergonha na cara, me respeite seu safado, sem noção, pervertido! Que coisa feia!" – ao invés de tratar o assunto com a naturalidade que merece seria condição fundamental para possibilitar um diálogo aberto e saudável adulto-criança.

Brigar ou castigar a criança com reações extremadas quando ela está descobrindo seu corpo é pior, porque ela dificilmente vai abandonar o que lhe dá prazer, só o fará escondido. Outras vezes, a repressão do adulto é entendida pela criança como se ela fizesse algo muito errado e que fosse sujo. A criança fica com uma imagem deformada do que é a sexualidade e como reagir aos fenômenos de seu corpo. Isso gera insegurança ou uma autoimagem negativa. A sexualidade deixa de ser algo natural para tornar-se algo vergonhoso, motivo de receio, culpa ou fruto proibido.

E é exatamente por intermédio destas tentativas infantis de descoberta e questionamentos voltados ao seu corpo e sua origem que o adulto tem a chance de abordar o que é sexualidade humana, suas apresentações, conceitos (do que é adequado, do que é privado/íntimo, do proibido, do perigoso) e repercussões.

O homem, sendo um ser Bi-Psico-Social (é influenciado por fatores biológicos tais como a genética, hereditariedade; fatores psicológicos, tais como sua história pessoal, emoções, sentimentos, caráter entre outros; e fatores sociais, como a linguagem e cultura em que nasceu e as regras e leis sociais às quais responde como cidadão), desenvolveu-se desde a infância a partir de suas relações reais e/ou fantasiosas com as figuras materna e paterna (nisso inclui-se quem faz esta função materna e paterna). A base de sua segurança e senso de orientação estão nesses primeiros relacionamentos – o olhar e fala do outro, traduz e apresenta-lhe a realidade. Sem a presença e orientação de outros, surgem sentimentos de possível inadequação. Todo ser humano adquire grande parte do senso de realidade pelo que os outros dizem e pensam a seu respeito.

Aquele que representa a figura de respeito e cuidado, o responsável pela criança, será o tradutor da realidade para a criança e até para o adolescente – suas intervenções, falas, atos mostrarão ao infante e ao jovem o que é saudável, o que é inadequado, o que socialmente se espera dele e o que não é aceito e punido pela lei. O adulto aponta, ensina e orienta as normas, regras e ordens na família e na sociedade.

Por isso a função materna e/ou paterna é tão importante: ela direcionará e dará noções sociais e orientações para os movimentos sexuais infantis. Cabe àquele que executa tal função inicialmente escutar o que o a criança tem a dizer sobre suas investigações ou dúvidas sexuais, para a partir deste momento conversar, informar, explicar sobre o fenômeno, situação, comportamento.

Falar de sexualidade é difícil e embaraçoso para os pais, e é por esta razão que, a educação sexual nas escolas e a informação adequada disponível na comunidade exercem um papel tão importante. Mas para que a comunicação com a criança possa ocorrer, tanto em casa como no meio educacional, deve ser proporcionado um ambiente de abertura, aceitação, orientação e respeito pela criança e suas dúvidas, sem fazer julgamentos de valor sobre as mesmas ou recriminá-la, ridicularizá-la, por suas questões ou apresentações.

Uma ressalva se mostra importante: não disparar as informações de uma vez para a criança, mas sim, esclarecer e pontuar a partir das dúvidas ou fenômenos apresentados. Se a criança pergunta por que a irmã não tem pipi, não é preciso explicar o ato sexual ou a gravidez, explique apenas a diferença de sexo entre homens e mulheres, meninos e meninas. Responda ao que foi perguntado sem muitos rodeios ou elucubrações. Use palavras e expressões que sejam próximas à criança e mostre-se aberto para as **geralmente comuns teorias fantasiosas** que a criança for apresentar – escute atentamente e depois diferencie o que é real do que é fantasioso. A criança coloca suas dúvidas aos poucos e, se lhe respondemos aos poucos, teremos sua confiança e interesse. Mas se a ludibriarmos ou tentarmos explicar de forma complicada, a criança talvez procure outros meios para satisfazer suas dúvidas e fantasias – talvez meios como disponíveis pelo celular, sites pornôs ou *chats* – colocando-se em risco e em ambientes onde a linguagem e apresentação serão inadequados para sua maturidade e idade.

O tema da sexualidade é amplo, é complexo. Precisamos constantemente nos atualizar e aprofundar nele. Geralmente pede que retornemos a ele de diferentes formas e em diferentes momentos. Está sempre mudando e em movimento. O ideal seria ir aos poucos, conforme os temas, perguntas e assuntos vão chegando e se manifestando nas crianças/jovens. Cada coisa de sua vez e em sua linguagem adequada. Desta maneira, depende muito da compreensão e contexto da criança/jovem. A linguagem precisa ser acessível, inteligível, para que a criança/jovem possa trazer isto para o mundo dela.

Sintetizando, existe um conjunto de informações, posturas importantes a serem transmitidas às crianças:

1. Falar sobre o Ser Humano. Abordar as semelhanças e diferenças entre menino e menina, masculino e feminino, em nossa sociedade e cultura;
2. Conversar sobre sexualidade (fisiologia do aparelho reprodutor e excretor, higiene, cuidados, intimidade corporal, ato sexual, reprodução, gravidez, entre outros), quando isto mostrar-se oportuno ou necessário;
3. Abordar conceitos como intimidade e privacidade;
4. Manter-se informado(a) sobre os movimentos da sexualidade no âmbito nacional e internacional (exemplos: os relacionamentos casuais, amor livre, namoro, casamento, divórcio, sexo virtual, diversidade, entre outros);
5. Pontuar a importância da comunicação e respeito com e pelo(a)s parceiro(a)s;
6. Informar sobre os riscos de saúde na atividade sexual (Infecções Sexualmente Transmissíveis – ISTs);
7. Esclarecer quais os riscos e consequências da gravidez na adolescência, a importância do planejamento familiar;
8. Orientar sobre métodos contraceptivos, autocuidado, cuidados e segurança para si e para o/a parceiro(a);
9. Debater sobre as possibilidades e os perigos, nas mídias sociais e nos dispositivos eletrônicos, da exposição excessiva, *cyberbullying*, *sexting*, *stalking*, importunação sexual. Abordar a própria exposição nas mídias sociais – a forma de se portar, mostrar-se em fotos, vídeos, como avatar, como identidade virtual;
10. Falar sobre o mundo, os fenômenos, a linguagem e comunicação social, cultural, sensual, erótica e pornográfica.
11. Dar consequência às falas por vezes levianas, obscenas e banalizadas de personagens de desenhos animados, séries e filmes – refletindo e diferenciando entre a linguagem lúdica, juvenil e adulta e erótica.
12. Se não souber responder ou tiver dificuldade para abordar a temática com a criança, apontar esse fato, dizer que irá pesquisar e/ou buscar uma referência, alguém esclarecido e disponível que possa conduzir essas conversas, orientação com a criança. E se encontrar algo na internet, como um vídeo ou documentário, assisti-lo junto com a criança e tecer comentários – demonstrar-se curioso e aberto ao aprendizado, a tendências, mudanças socioculturais.
13. Direcionar e operacionalizar onde e como encontrar mais informação ou procurar ajuda profissional (pediatra, hebiatra, ginecologista, urologista, educador sexual, psicólogo(a), professor(a), coordenador educacional).

Possivelmente, a partir do momento em que o tema da sexualidade for mais tranquilo e motivo de aproximação entre pais e filhos, o debate sobre temas como o uso que se faz do corpo na modernidade, abuso e exploração sexual, pornografia, limites/fronteiras e liberdades/possibilidades, relacionamentos tóxicos e saudáveis, diversidade sexual e outros fluirá com mais facilidade e sem tantos rodeios, banalizações e preconceitos.

Referências

FERENCZI, S. Confusão de língua entre os adultos e a criança. *Psicanálise IV*. São Paulo: Editora Martins Fontes, 1992.

FREUD, S. Três ensaios sobre a sexualidade (1905). *Obras Completas de Sigmund Freud*. vol. 5. Rio de Janeiro: Imago, 1996.

MARINI, E. Porque é urgente falar sobre educação sexual nas escolas. *Revista Educação*. Publicado em novembro de 2019. Disponível em: <https://revistaeducacao.com.br/2019/11/24/educacao-sexual-urgencia/>. Acesso em: 4 jul. de 2022.

PORTAL G1. *Educação sexual previne gravidez de criança e adolescentes, explica ginecologista paraibana*. Publicado em fevereiro de 2022. Disponível em: <https://g1.globo.com/pb/paraiba/noticia/2022/02/08/educacao-sexual-previne-gravidez-de-crianca-e-adolescentes-explica-ginecologista-paraibana.ghtm>. Acesso em: 4 jul. de 2022.

PORTAL G1 Profissão Repórter. *Educação sexual ainda é tabu no Brasil e adolescentes sofrem com a falta de informação*. Publicado em junho de 2019. Disponível em: <https://g1.globo.com/profissao-reporter/noticia/2019/06/27/educacao-sexual-ainda-e-tabu-no-brasil-e-adolescentes-sofrem-com-a-falta-de-informacao.ghtml>. Acesso em: 4 jul. de 2022.

SCHUBERT, R. Pedofilia: um olhar a partir da psicopatia e psicodinâmica. *Revista Educação e Família. Sexualidade, pedofilia e homossexualidade*. 2. ed. São Paulo, 2002.

SCHUBERT, R. Orientação sexual: uma experiência com crianças especiais. *Dementia & Neuropsychologia*. São Paulo, 2007.

SCHUBERT, R. Cuidado com o assédio de menores. In: *Revista 7 dias com você*. ed. 659. São Paulo, 2016.

SCHUBERT, R. *Do real e do virtual*. Coluna para o Jornal Zen, n. 173, p. 06, São Paulo, 2019.

SCHUBERT, R. Conectados com a rede, desconectados do corpo: sexualidade em tempos de virtualidade. In: SCHUBERT, R. *Filhos da sociedade*. Rio de Janeiro: Conquista, 2022.

26

TRANSMITIR SAUDAVELMENTE AS FUNÇÕES MÃE E PAI ENSINA E PREPARA NOSSOS FILHOS PARA TEREM SUCESSO NA VIDA!

Por que nossos filhos não conseguem ter sucesso na vida? Por que nos sentimos frustrados enquanto pais, mesmo tendo feito nosso melhor? Podemos descobrir a origem das dinâmicas disfuncionais de nosso sistema familiar e impedir que sigam adiante para a geração de nossos filhos? É possível que nossos filhos consigam curar seus traumas na educação e criação, e superem suas dificuldades na vida adulta? Como ajudar nossos filhos a se tornarem conscientes, para que aprendam a viver modelos de relação afetiva saudável, conquistar um *mindset* de prosperidade, felicidade, realização, sucesso e saúde integral?

ROBERTO DEBSKI

Roberto Debski

Contatos
www.robertodebski.com.br
rodebski@gmail.com
YouTube: DebskiRoberto
Facebook: Roberto Debski
Instagram: @robertodebski
LinkedIn: Roberto Debski
13 3225 2676 / 13 99785 7193

Médico CRM/SP 58806 (1987); psicólogo CRP/0684803 (2005). Especialista em Homeopatia e Acupuntura pela Associação Médica Brasileira e China Beijing International Acupuncture Training Centre (1997). Pós-graduado em Atenção Primária à Saúde (APS) – Fundação Unimed (2015); *master trainer* em Programação Neurolinguística pelo INAP (1999) e Metaforum (2008); *master coach* pela Sociedade Latino Americana de Coaching (2010). Formação em Constelações Familiares pelo Instituto Brasileiro de Consciência Sistêmica – IBRACS (2016). Facilitador e formador IBRACS desde 2017; formação em Constelações Estruturais pelo Instituto Geiser / SySt Basic *Training* com Guillermo Echegaray, (2017). Clínica Ser Integral, Medicina Integrativa (1999). Unimed Santos Medicina Preventiva: criador dos treinamentos Meditação, Emagrecendo com saúde, Cessação do tabagismo e ANDE (*coaching* para gerenciar Ansiedade, Depressão e Estresse) desde 2008. Médico da APS Unimed de 2013 a 2018. Blog Somos Todos Um STUM: www.somostodosum.com.br/clube/meu-clube/artigos.asp. PROJETO CALMA® (Curar Ansiedade com Leveza Meditação e Atitude - 2016). CONSCIÊNCIA MAGRA® (Treinamento para emagrecimento consciente e saudável - 2022).

O objetivo desta obra é conscientizar os pais e aqueles que planejam se tornar pais, para que consigam desenvolver de maneira cada vez mais efetiva sua essencial e imprescindível missão, exercer sua "função parental" (função materna e função paterna) de modo saudável, criar, preparar e fortalecer seus filhos, proporcionando a eles ferramentas para que tenham sucesso na vida, sintam-se seguros, sejam amorosos, tenham bons relacionamentos, sejam independentes emocionalmente e financeiramente prósperos, saudáveis, felizes e realizados.

Apesar da relevância dessa função, e da declarada vontade dos pais em cumpri-la – pois basta perguntar a eles o que desejam para seus filhos desde antes de seu nascimento –, evidências mostram que esse papel, por diversas razões, não vem sendo exercido de maneira efetiva ou saudável na atualidade.

Com tristeza, muitos pais acompanham o insucesso de seus filhos nos campos dos relacionamentos, na profissão, na relação com o dinheiro e na esfera emocional. Vão para a vida despreparados e, no futuro, retornam à casa dos pais com dificuldades, angustiados e depressivos; por vezes, com seus próprios filhos, sobrecarregando toda família.

As funções materna e paterna são divinas, porém, os pais são pessoas, com seus próprios defeitos e qualidades, e carregam suas próprias questões, traumas e dificuldades. Essas dinâmicas pertencem ao sistema familiar, são herdadas transgeracionalmente e, até que sejam vistas e curadas, seguem adiante para os filhos, netos e demais descendentes.

Se essas dinâmicas traumáticas e disfuncionais permanecem ocultas nos pais, moldando suas relações na vida, serão inconscientemente modeladas por seus filhos e estes, por meio da "lealdade sistêmica", repetirão os padrões ineficazes e doentios da família de origem em seus relacionamentos e em suas vidas.

Um casal que planeja engravidar precisa conhecer as "Ordens do amor", leis naturais e sistêmicas da vida, enunciadas pelo terapeuta alemão Bert Hellinger, criador das "Constelações Familiares".

Elas nos orientam para dinâmicas harmoniosas nos relacionamentos, ensinam as funções saudáveis de casal, pais e filhos, e trazem consciência sobre parentalidade saudável. Sempre será válido e necessário ajudarmos nossos filhos a serem mais saudáveis por meio de nosso próprio ajuste de postura.

Infelizmente, há inúmeras motivações disfuncionais nos casais que planejam ter filhos, sem que estes desconfiem que elas irão adoecer suas crianças e gerar consequências negativas em suas vidas, realizações e relacionamentos.

Há pais que querem filhos para que esses realizem os projetos que eles mesmos não realizaram, para que cuidem deles e os sustentem quando estiverem idosos; para que sigam a carreira desejada pelos pais; para ficar no lugar de outro filho que se foi precocemente; para que possam dar a esses filhos o que eles mesmos não tiveram, imaginando que, ao ter um filho, resolverão os problemas do casal, além de inúmeras outras razões que não levam em conta o mais importante, o próprio filho.

Conhecendo as dinâmicas sistêmicas, não é surpresa alguma ver que esse filho, quando posicionado nessas funções fora de ordem, adoece e experimenta sofrimento e insucesso, problemas, dificuldades, e não se adapta como "projeto" desses pais e família.

Filhos, quando vêm de uma família saudável, não são projetos, são consequência do excesso de amor do casal; uma extensão desse amor em ordem, direcionado para a vida, levando o sistema a seguir adiante.

Pais têm a função de ensinar seus filhos a se sentirem seguros, terem autoestima, autoconhecimento, autorresponsabilidade, se valorizarem e se amarem, crescerem com autonomia, se lançarem na vida e viverem seus próprios projetos.

Os pais, ao cumprirem essa função saudável, se tornam desnecessários com o tempo e não mais necessitarão cuidar e prover os filhos. Estes saberão como levar a vida adiante com alegria, satisfação, realização, autonomia e sucesso.

Agora são filhos adultos e potentes, se relacionando com pais adultos, amor interiorizado sem necessariamente estar perto, modelo saudável de relação pais e filhos que já cresceram.

Segundo o médico alemão e constelador familiar Stephan Hausner, "Os filhos só podem ser crianças se os pais forem adultos".

Pais sentem incerteza e preocupação com o futuro dos filhos, e gostariam de ter um manual para a vida que os ensinasse como criá-lo e orientá-los.

Esse "manual" já existe, são as Ordens do Amor enunciadas por Bert Hellinger, leis sistêmicas da vida, originárias da natureza; um guia para uma vida com menos emaranhamentos, mais saudável, plena e feliz.

As Constelações Familiares revelam as dinâmicas ocultas de relacionamento; se estão doentias ou saudáveis, e apontam para caminhos de solução.

As três Ordens do Amor enunciadas por Bert Hellinger, ao observar fenomenologicamente as relações humanas, são o Pertencimento, a Ordem (ou Hierarquia) e o Equilíbrio de troca (dar e tomar/receber) nas relações interpessoais.

Outras áreas do conhecimento universal como psicologia, sociologia e diversas filosofias orientais abordam essas dinâmicas, porém, em outras palavras.

O I Ching, sabedoria milenar derivada do Tao, que originou o Tai Chi, a Medicina Chinesa e a Acupuntura, traz no Hexagrama 37, sobre a Família: "Quando os pais e os filhos estão em seu lugar adequado, a família pode ser saudável".

Cada um cumprindo sua função; a mãe exercendo a função materna e o pai a paterna, os filhos na função de filhos. Assim, a família encontra sua harmonia e caminha adiante.

A função materna se inicia na gestação e após o nascimento (parto materno). Também deve ser exercida pelo pai e demais familiares, gerando, no filho, um vínculo saudável, sentimento de segurança, amor próprio, autopreservação e reconhecimento do que é o igual (o filho sente que ele e a mãe são um só; a "simbiose" mãe e filho, que dura até cerca de um ano de idade (amor Pornéia); vivência de dependência total dessa mãe).

A função paterna vem a seguir, quando a mãe encaminha e autoriza o filho a ir para o pai. É exercida não só pelo pai, mas também pela mãe e pela família; gera, no filho, busca da aventura, coragem, reconhecimento e validação do que é diferente (reconhecer que ele é diferente da mãe, saiu da simbiose), pertence à algo maior, sua família (amor Storge); vivencia a amizade e conhece outros sistemas familiares, aprende a amar os amigos que são diferentes de sua família (amor Philia); olha para o mundo, cresce, aprende a lidar com dinheiro, sexualidade e relacionamento amoroso (amor Eros).

Virá a se tornar adulto, sairá da casa dos pais e exercerá a função materna e paterna com seus próprios filhos. Este é o segundo parto, o "parto paterno". A vida segue adiante saudavelmente na família.

A função do filho é passar por essas fases naturalmente, com a ajuda dos pais, crescendo e sentindo que seu lugar é cada vez menos na família de origem, e cada vez mais no mundo.

Segundo Bert Hellinger, resumindo as funções parentais: "A mãe é a vida e o pai é o mundo!".

A doença, que pode acabar matando a família ao não gerar descendentes, se mostra por meio das disfunções de ordem e posicionamento das pessoas nos relacionamentos familiares; os filhos agindo como pais, mãe como esposa, o pai como filho e outras posições não naturais, levando a diversos conflitos e emaranhamentos.

Relembrando, sempre que os pais posicionam seus filhos em uma função que não é natural, com a tarefa de se preocupar e cuidar deles (pais), de suas carências e resolver seus problemas, estar no lugar de outro filho que os pais perderam ou de um antepassado que se foi (recebendo o mesmo nome daquele), ficar no lugar do vazio da relação do casal (seus pais), levar a empresa da família adiante ou seguir a profissão da família, em resumo, filhos na função de um projeto ou "sonho" não concretizado dos pais, eles (filhos) provavelmente sentirão dificuldades em serem autônomos, saudáveis e independentes afetiva e financeiramente, podendo desenvolver diversos problemas psicológicos e até psiquiátricos.

Os filhos não suportam viver um "projeto" de vida que não lhes pertence, imposto, mesmo na melhor das intenções, por seus pais.

Filhos projetos dos pais, se manterão "grudados", dependentes e emaranhados à família de origem, não conseguindo seguir para a vida, podendo adoecer, ter ansiedade e depressão e, por vezes, essa é a origem de dinâmicas de suicídio. Não aguentam o "peso" que lhes foi designado; querem se libertar desse fardo, matando esse "projeto" que se tornaram. Isso traz sofrimento; não lhes fala à própria alma.

Pais não são deuses infalíveis e sublimes, nem são demônios perversos e cruéis. Têm seu lado saudável, que levou a vida adiante para os filhos, e seu lado doentio, expressão de suas próprias dores e traumas. Cabe aos próprios pais se conscientizarem e agirem a respeito se assim o desejarem.

Pais tóxicos, abusivos, infantilizados e com amor doentio são emaranhados a questões com seus próprios pais e excluídos no sistema familiar.

A relação familiar será doentia, aprisionando todos em uma teia de sofrimento, cobranças, julgamentos e culpas.

Inconscientemente ou não, depositam nos filhos suas frustrações e mágoas e, assim que se tornarem conscientes, esses filhos necessitarão se afastar da relação doentia com esses pais a fim de se protegerem física e emocionalmente, e curar, em si, a parentalidade doentia do sistema familiar.

Algum descendente, no sistema, deverá escolher não levar adiante relacionamentos doentios, mudará crenças e valores familiares, será a "ovelha negra" e, com humildade, sem julgamentos, fará diferente de sua família, tornando-se, então, mais saudável.

Sabemos que, quando não curamos nossas feridas como pais, há uma grande possibilidade de as levarmos adiante para nossos próprios filhos.

Precisamos nos tornar adultos conscientes e aprender a tomar conta de nossa criança interior ferida, carente e abandonada.

Somente nosso lado adulto saudável pode assumir de maneira eficaz essa imprescindível função parental.

Devemos nos tornar, enquanto adultos, o pai e a mãe de nossa criança interior e darmos a ela, enfim, tudo o que necessita para ser saudável: carinho, proteção, segurança e amor em ordem.

Não são nossos filhos que devem fazer isso por nós, eles não podem cuidar de nossas crianças feridas. Isso cabe a cada pessoa fazer por si mesma.

Uma constelação familiar nos mostra claramente as dinâmicas que originam os nossos problemas e nos encaminham para uma solução saudável.

Os pais têm como tarefa sagrada educar e criar os filhos, dando o que eles necessitam, não o que querem.

Devem, durante o crescimento e desenvolvimento de seus filhos, se tornar cada vez mais desnecessários.

Assim cumprem saudavelmente sua função como pais, funções materna e paterna, dão exemplos de como viver o amor em ordem e saudável, delegando tarefas, impondo limites, cobrando responsabilidades, preparando esses filhos para que tomem as rédeas da sua vida em suas próprias mãos.

Só assim os filhos aprenderão como a vida funciona saudavelmente e poderão cumprir sua missão e serem felizes, levando a vida da família adiante.

O que acreditamos e fazemos pode ser o "normal", o comum em nossas famílias, mas isso nem sempre é o saudável que leva para a vida. Por vezes, o normal pode levar os filhos e a família para a morte.

Podemos e devemos sempre aprender como ser mais saudáveis.

Bert Hellinger (2021) em seu livro *Ordens da ajuda*, mostrou como ajudar os outros, fazendo um paralelo entre ajuda saudável e função parental:

> O protótipo da ajuda é a relação entre pais e filhos e, especialmente, a relação entre a mãe e o filho. Os pais dão, os filhos tomam. Os pais são grandes, superiores e ricos, ao passo que os filhos são pequenos, necessitados e pobres. Contudo, porque os pais e os filhos são ligados entre si por um profundo amor, o dar e o tomar entre eles pode ser quase ilimitado. Os filhos podem esperar quase tudo de seus pais. E os pais estão dispostos a dar quase tudo para seus filhos. Na relação entre pais e filhos, as expectativas dos filhos e a disposição dos pais para atendê-las são necessárias; portanto, estão em ordem.

"Contudo, elas só estão em ordem enquanto os filhos são pequenos. Com o avançar da idade, os pais vão impondo aos filhos, em ordem crescente, limites com os quais eles eventualmente se atritam e podem amadurecer. Estarão sendo os pais, nesse caso, menos bondosos para com seus filhos? Seriam pais melhores se não colocassem limites? Ou, pelo contrário, eles se manifestam como bons pais justamente ao exigirem de seus filhos algo que também os prepara para uma vida de adultos? Muitos filhos ficam então com raiva de seus pais, porque preferem manter a dependência original. Contudo, justamente porque os pais se retraem e desiludem essas expectativas, eles ajudam seus filhos a se livrarem dessa dependência e, passo a passo, a agirem por própria responsabilidade. Só assim os filhos tomam o seu lugar no mundo dos adultos e se transformam de tomadores em doadores."

As leis sistêmicas da vida, Pertencimento, Hierarquia e Equilíbrio de troca nas relações são claras, naturais, devem ser observadas e vividas amorosamente para o bem do sistema familiar e da humanidade como um todo.

Os pais são uma função temporária.

Quando cumprem suas funções adequadamente, autorizam e abençoam seus filhos a irem para a vida, e os filhos seguem em frente para constituir suas próprias famílias sem apegos ou culpas em relação aos pais e à sua família de origem.

Quando os filhos vão, os pais, com saudades, porém alegres e realizados, sem "ninhos" vazios ou sofrimentos, continuam -ou devem voltar- a ser um casal, com projetos pessoais e de parceria; alegres por terem cumprido do melhor modo o que deviam ter feito, e agora poderão viver outras funções como: passear, descansar, ser avós, levar adiante novos aprendizados e aproveitar a vida de outras maneiras.

O natural é sempre simples, mas como estamos falando do humano, com suas crenças, valores, aprendizados e regras, que não conseguem abrir mão do seu "normal" para viverem melhor, nem sempre o simples é fácil.

Que possamos aprender e retornar ao simples, viver o natural, deixar a vida fluir saudavelmente no sistema familiar, cumprir plenamente nossa missão como pais, com propósito e sentido, nos tornando desnecessários e ajudando verdadeiramente nossos filhos a seguirem para a vida e criarem suas próprias famílias, vivendo o amor saudável, em ordem, a serviço da vida.

Referência

HELLINGER, B. *Ordens da ajuda*. 7. ed. Belo Horizonte: Atman.

27

PAIS BEM PREPARADOS PREPARAM OS FILHOS PARA OS DESAFIOS DA VIDA

Pais, se imaginem como mentores de seus filhos. Imaginem também que tipo de pessoas vocês querem que eles sejam daqui 30 anos, entrando na sua casa. Com isso em mente, saibam que o caminho para uma parentalidade responsável é exatamente isso, um caminho, que pode ser começado hoje, agora, neste exato momento em que você está lendo estas palavras.

Stella Azulay

Contatos
stella@escoladepaisxd.com.br
www.stellaazulay.com.br
www.escoladepaisxd.com.br
Instagram: @stellaazulay / @escoladepaisxd
Facebook e LinkedIn: Stella Azulay
YouTube: Stella Azulay e Escola de Pais XD

Jornalista e educadora parental com especialização em Análise de Perfil e Neurociência Comportamental. Jornalista pela Fundação Cásper Líbero – trabalhou como repórter em emissoras como SBT e RecordTV, e foi correspondente em Jerusalém/Israel pelo SBT, onde morou por quatro anos; analista de perfil formada pela Success Tools; extensão em Neurociência Comportamental pela Faculdade Belas Artes; *Coach* de Vida e Carreira pela Sociedade Brasileira de Coaching; certificada pelo curso Líderes de Sucesso, de Roberto Shinyashiki; educadora parental pela Positive Discipline Association. Fundou em 2021 a Escola de Pais XD – a primeira escola do Brasil totalmente voltada para educação parental. Hoje é diretora da Escola de Pais XD. Especializou-se em comportamento humano, atendendo pessoas em seu escritório de Desenvolvimento Humano, sobre questões pessoais e profissionais, ministrando também cursos e palestras desde 2004. Mãe de quatro filhos, adotou o tema educação como missão em sua vida. É mentora e conselheira de pais e adolescentes. Colunista fixa do Papo de Mãe/UOL. Lançou, em 2022, o livro-caixinha *Conte sua história para seu filho*. Lançou, em 2022, o livro *Como educar se eu não sei me comunicar*, pela Literare Books International.

Parte 1 – profissão pai e mãe

Um diploma que ninguém tem

Meio clichê dizer isso, mas ninguém nasce sabendo ser pai e mãe. Descobri a verdade quando tive minha primeira filha.
Vamos a uma história.

Sempre fui carreirista. Nunca tive como sonho feminino ser mãe. Na verdade, nunca parei pra pensar sobre o assunto.

Prestei vestibular aos 17 anos sem saber ao certo o que queria. Acabei cursando Fonoaudiologia na Pontifícia Universidade Católica– PUC porque entrei e era do lado de casa. Larguei no 2º ano.

Decidi que ia encarar o Jornalismo mesmo sendo uma profissão meio fora dos padrões. Era minha paixão.

Logo no primeiro ano da Faculdade Cásper Libero, arranjei um estágio no SBT. Trabalhei lá por quatro anos, fazendo os principais telejornais da casa, sendo que, desses quatro anos, por dois anos fiquei exclusiva da equipe do Boris Casoy fazendo o TJ Brasil. Depois passei pela RecordTV, até decidir sair do jornalismo diário e ir para o ramo de videorreportagens para produtoras. Assim, fiquei por alguns anos na Tama Vídeo, do meu grande amigo de anos, Marcel Hollender, repórter cinematográfico e grande ser humano. Dali decidi que queria expandir meu mundo. Mudar radicalmente de plano. E decidi então ir morar em Jerusalém, Israel, me dedicando ao estudo de filosofia judaica. Acabei me tornando correspondente do SBT no tempo em que morei lá.

Foi em Israel que conheci meu ex-marido. Casei-me em 1999, aos 28 anos, e tive minha primeira filha nove meses depois, já com 29 anos.

Tudo que eu sabia sobre bebês e maternidade era o que via nas propagandas de TV e filmes. Bebês que já nasciam crescidos, fofos, risonhos e tranquilos.

Meus pais foram para o parto. Minha mãe queria me ajudar. Ela, que tinha segurado um bebê pela última vez 24 anos antes.

Cheguei em casa, olhei para a minha filha e... Chorei. Não de emoção. De desespero. Parece engraçado. Mas só eu sei o que eu passei. Foi uma semana amamentando sem noção alguma. Meus bicos do peito em carne viva e minha filha chorando o dia todo. Fui ao pediatra quando ela completou sete dias, como haviam me indicado no hospital.

Cheguei lá me sentindo a mais ignorante e burra dos seres humanos da face dessa Terra. Ele pesou minha filha e obviamente ela tinha perdido muito peso. Parti para a mamadeira. E meus bicos cicatrizaram. Mas só eles. Eu continuava parecendo uma soldada na guerra.

Ela chorava a noite toda. Fui pedir uns conselhos para algumas mães, cada uma me dizia uma coisa. Eu alimentava minha filha com *funchicorea* "contrabandeada" do Brasil. O famoso pozinho na chupeta para conter as cólicas do bebê.

Gente, eu fiz tudo errado. Olho para trás e sinto pena de mim, da minha filha, do meu ex-marido, da humanidade. Foram erros em cima de erros. Sentia-me perdida. Tornei-me uma mãe histérica e neurótica. Quando minha filha completou três meses, vim ao Brasil para que meus avós conhecessem a bisneta. Vim para passar férias e nunca mais voltei para Israel!

Cheguei aqui ao Brasil e aterrissei no consultório do dr. Julio Toporvski. Em três minutos, ele me explicou o que em três meses eu não pude entender em Israel: o que era um recém-nascido.

Instalada no Brasil, mais calma, continuei errando. Sempre fui rigorosa com rotina, horários, mas com minha primeira filha isso era quase doença. Fora que ninguém podia encostar nela.

Quando engravidei da minha segunda filha, um ano depois, entendi que precisava mudar. E mudei.

Comecei a buscar conselhos, ajuda, orientação e investi todo o dinheiro que tinha em uma enfermeira quando minha segunda filha nasceu. Com ela aprendi tudo que sei até hoje sobre bebês.

Com duas filhas, me joguei nos livros, nos artigos on-line, nas aulas sobre educação de filhos que tinha nas sinagogas. Com o tempo, fui me sentindo segura, mais madura, e me empoderando do cargo de mãe.

O trabalho mais difícil que tive até hoje. E continuo tendo.

Naquela época obscura, eu olhava para mim mesma e não acreditava. Como poderia eu, uma mulher tão inteligente, tão articulada, bem-sucedida na carreira, não ter a menor capacidade intelectual e emocional de cuidar daquele bebezinho?

A resposta hoje me parece tão óbvia e simples! Porque ser mãe ou pai exige, sim, conhecimento, aprendizado e muita sabedoria. Exige maturidade emocional, preparo, exige autocrítica, autoestima, autoconfiança, exige humildade.

E é um aprendizado constante. Sem fim. Porque o mundo vai mudando numa velocidade absurda e precisamos acompanhar as mudanças. Precisamos acompanhar os processos porque somos pais.

Imaginem o quanto um advogado, médico, engenheiro e todas as outras profissões da face da Terra exigem de preparo e conhecimento para que atuem no mercado com responsabilidade. E como pode ser que, para sermos pais, não nos preparamos?

Claro que existe o instinto. Claro que existe o amor. Claro que existe o carinho.

Mas somente isso não adianta. Isso é, sim, a base, inclusive, para que tenhamos a vontade de sermos pais cada vez melhores no sentido de mais bem preparados para lidar com as adversidades da vida de educadores.

Passamos por milhares de situações-chave. E muitas vezes temos um desempenho tão pífio que desanimamos e preferimos delegar, fingir que nos dedicamos fazendo passeios, tirando fotos, levando aos médicos. Mas deixamos escapar o principal, que é nos educarmos para sermos pais.

Dica da autora: hoje temos acesso a tanta informação, a tantos profissionais preparados, a tantos grupos em redes sociais, livros, vídeos, palestras, *workshops*. Os pais precisam apenas querer. É necessário aprender. Discutir. Elaborar. Pensar. Mudar. Refletir. Esforçar-se. Estudar. Não importa a idade ou fase de nossos filhos. Todas elas necessitam de uma sabedoria de nós, educadores. Vamos errar mesmo assim. Mas vamos errar cientes de que estamos, sim, fazendo nosso melhor. Que estamos de fato e de verdade buscando a melhor educação que podemos dar aos nossos filhos. E isso nada tem a ver com atividades extracurriculares, nem com viagens, nem com bens materiais. Isso tem a ver com valores, com responsabilidade e com dever. É nosso dever criarmos filhos para o mundo. Mas para um mundo que eles façam melhor.

Parte 2 – comunicação é absolutamente tudo

Somente os que viveram a era dos anos 1980 entenderão essa: como dizia o Chacrinha: "Quem não se comunica, se estrumbica".

Quando falamos em educar filhos na pré-adolescência, na adolescência e na idade de jovens adultos (estou considerando essa fase a partir dos 18 anos), estamos falando em como influenciar nossos filhos, como criar vínculos de confiança, amenizando mentiras, contornando medos e promovendo uma abertura verdadeira.

Sou mãe de quatro filhos. Eu sei muito bem o que é perder a paciência. Sei muito bem o que é o acúmulo de funções, cansaço emocional. E digo para vocês com conhecimento de causa que é possível controlar nossas emoções em grande parte das vezes. Mas isso exige muito esforço, trabalho de autocontrole e aprimoramento pessoal para mudarmos comportamentos.

Sendo assim, antes de falar sobre como se comunicar, quero falar sobre como não se comunicar. Porque a atitude negativa na fala pode minar toda mensagem que se quer passar e prejudicar toda construção e futuro da relação. Fora outras consequências que podem avançar, por exemplo, para relacionamentos tóxicos e abusivos.

Mas como identificar essa linha tênue da autoridade, do respeito, da hierarquia, com a tirania, com a frieza, com a falta de espaço comum? É uma arte. Uma arte a ser aprendida, executada e treinada.

Não gosto de exageros. Nem para um lado, nem para o outro. Tem gente que fica neurótica com a questão da comunicação positiva. Às vezes leio artigos sobre o tema que beiram a infantilidade. Não dá para, toda vez, sermos tão delicados e tão racionais também. É preciso, urgente, uma consciência de técnicas de comunicação não violenta, mas existe nossa emoção envolvida, nossa personalidade, e por vezes elas se sobrepõem a técnicas. E ok, minha gente. Eu gosto assim. Gosto de realidade. Não somos super-heróis. Não somos perfeitos. Somos seres humanos buscando aprimoramento e lutando em mil frentes. Uma delas é a nossa capacidade de nos comunicarmos e nos relacionarmos.

Então vamos ao que acredito que funcione. Por experiência de todos os lados, seja como jovem que fui um dia, seja como mãe de quatro filhos, seja como *coach* de adolescentes, seja como jornalista que já nasce com um tal dom com as palavras.

Eu acredito em conversas sinceras. Para mim, o segredo na comunicação está na capacidade de expressar em palavras o que sentimos. E o que pensamos também. De forma clara, organizada, coerente e muito humilde.

Não somos os super-heróis, mas queremos defender e proteger nossos filhos. Tudo que sai dos pais vem do amor. Mas isso não é suficiente, e precisa ser expressado da melhor forma possível. A melhor forma possível não é somente contendo aquilo que você quer falar, mas também entendendo o que o outro quer ouvir. Ou melhor, como quer ouvir. Nada que saia por impulso, na hora da raiva, vai dar frutos bons. Porque as palavras que saem do coração entram no coração. E da forma que elas saem, elas entram.

Quando quiserem passar ensinamentos a seus filhos, quando quiserem influenciá-los para que pensem melhor, quando quiserem que se sintam à vontade e confiantes em vocês, expressem exatamente isso. Comecem com seus sentimentos em relação àquela situação X. Não é chantagem emocional barata, não. Eu acredito que vocês saibam do que se trata. Depois sejam claros nas intenções e objetivos. E, por fim, deem exemplos pessoais que ilustrem suas ideias, de onde surgiram, de que experiências pessoais ou até mesmo experiências de outros que sejam próximos.

A tendência é que os pais se comuniquem com os filhos quando têm de lidar com algum conflito. Antes disso, os diálogos são pobres e superficiais. Não se aprofundam em nada. Não permite que pais e filhos se conheçam. É por isso que, na hora do conflito, a comunicação sai completamente torta e vai minando o vínculo e relacionamento entre pais e filhos.

Aprenda a conversar

Com a televisão, celulares, a vida corrida, os quartos individuais, cada um contendo um mundo inteiro e completo, a conversa empobreceu. O que já era pobre virou miserável.

Isso serve para todos os tipos de relacionamentos. Mas entre pais e filhos, os pais precisam saber que a responsabilidade de criar a cultura da conversa é deles.

Se alguém tem dificuldade pra isso, sugiro fortemente que vá buscar ajuda. Isso não se aprende sozinho. Porque hoje em dia o diálogo não é algo natural. Natural é cada um com seu celular, seus problemas, suas necessidades, seus desejos... Já que o diálogo se perdeu. Praticamente morreu.

Existem pais que não sabem como desenvolver uma conversa com os filhos. Seja sobre a escola, seja sobre as dificuldades, medos, ideias. Simplesmente, quando tentam a conversa dura duas frases e olhe lá.

Parece que todo mundo tem medo de se expor, expor sentimentos, fragilidades, ou o oposto. Tem medo de expor conquistas e vitórias porque pode criar expectativas ou soar falta de humildade.

Então vamos colocar em prática a empatia.

Coloque-se no lugar de seus filhos. Lembre-se de você quando adolescente. Faça esse exercício. Como você gostaria que seus pais tivessem se comunicado com você? Eu garanto que, apesar de o século ter mudado, a expectativa é a mesma. Assim como teria sido o ideal para você na época, certamente é o ideal pro seu filho hoje.

Mas tem aqui uma variável importante: cada pessoa é diferente da outra. E, portanto, a forma com que interagem e se comunicam também é diferente. Há pessoas, sim, mais tímidas, mais fechadas, há aquelas que querem e gostam de um tom mais alto e firme, há os mais sensíveis, os mais duros, os mais formais, os mais expansivos. Identificar a sua essência e a de seus filhos é o primeiro passo. E verbalizar essas diferenças é um alívio para todos porque faz com que todos aceitem com compreensão e amor as diferenças.

Com meus filhos, eu costumo começar por mim. Eu inicio o diálogo contando algo que me aconteceu no dia. Como me senti. Como agi ou reagi. Seja qual for a idade dos meus filhos.

Apenas adapto o linguajar, e mesmo assim não muito. O mundo já infantiliza demais nossos filhos. Só vamos educá-los para serem maduros, autônomos, empáticos, se os tratarmos como pensantes. Porque, acreditem, eles pensam, entendem tudo, leem nossas almas, e sentem nossas emoções.

Continuando. Depois que conto algo, percebo o quanto se mobilizaram emocionalmente e então faço minhas perguntas.

Uma vez por semana, aos sábados, praticamos o dia sem celular, sem TV, sem filminhos, sem eletrônicos. E é fabuloso! Almoçamos de cabeça reta, olhando nos olhos uns dos outros. Sentamo-nos no sofá e conversamos sobre tudo. Porque não tem mais nada ao redor para nos distrair. É uma experiência em que todos participam. Se existe essa boa vontade na família em se criar esse movimento, garanto que a experiência vai mudar absolutamente toda dinâmica familiar e impactar de forma muito positiva os relacionamentos em casa.

28

OS VÍNCULOS SÃO IMPORTANTES?

O objetivo deste capítulo é oferecer uma exposição que ajude pais e mães a melhorar os vínculos afetivos com seus filhos. Esperamos que ajude na sua reflexão e seja de utilidade no seu dia a dia. Manter uma relação saudável com seu filho implica trabalhar para reforçar um vínculo afetivo com ele. O vínculo afetivo é uma relação de amor, comunicação e carinho e que se estabelece entre pais e filhos, e que vai se criando desde a infância, se desenvolvendo ao longo da vida.

WALDYANE ZANCA COUTINHO

Waldyane Zanca Coutinho

Contatos
waldyanezanca@gmail.com
Instagram: @walzancacoachmentora
71 99961 2050

Formação Internacional em *Coaching* Integral Sistêmico pela Febracis, em parceria com a Florida Christian University e pela Parent Coaching Brasil. É especialista em performance familiar e em *coaching* escolar. Pós-graduanda no curso de Educação Parental e Inteligência Emocional pela Academia Parent Brasil. É formada também em Turismo e Gestão Pública e mestre em Direção de Empresas Hoteleiras pela Universidade de Barcelona. Possui mais de 20 anos de experiência em Hotelaria, Gestão e Liderança. É conferencista na área de Turismo e Hotelaria. Além disso, é treinadora organizacional, tendo treinado e implantado programas de qualidade em hotéis em Salvador, Rio de Janeiro, Teresina e Búzios. Atualmente, também é ministrante autorizada dos livros *Educar, amar e dar limites*, *O poder da ação* e *Decifre e fortaleça seu filho*.

Ao longo da vida, criamos vínculos, sejam eles positivos ou negativos, com todos os que passam por nossa vida. Os primeiros vínculos são criados com os nossos pais, depois com os familiares e posteriormente com a comunidade (amigos, professores, cuidadores etc.).

O que faz com que nos tornemos adultos emocionalmente fortes e saudáveis são justamente esses primeiros vínculos. São eles que nos dão base para sermos ou não adultos equilibrados. Esse contato com os pais, seja ele forte ou não, positivo ou negativo, nos transformará em indivíduos conscientes ou não do mundo em que vivemos.

Segundo Vieira (2021, p. 25), a maternidade e a paternidade são, de fato, um dos papéis mais subjetivos do ser humano. E tanto quanto são um papel subjetivo, também são determinantes na sociedade.

Ainda de acordo com o mesmo autor (2021, p. 21):

> [...] experiências como conexão de amor, missão, crescimento e generosidade também precisam ser proporcionadas de maneiras diferentes se um dos seus objetivos como mãe ou pai for criar um filho saudável emocionalmente, forte e feliz, pronto para vencer desafios e preparado para conquistar os próprios objetivos.

Mas, afinal, o que são os vínculos? Segundo o dicionário Michaelis, vínculo significa o que liga afetivamente duas ou mais pessoas; relação, relacionamento. Ou seja, o vínculo (do latim *vinculum*) é a união, relação ou ligação de uma pessoa ou coisa com outra.

O vínculo é relação, é estar com o outro, é o afeto. É também compartilhar com o outro, é a troca de experiência, é a relação que cria os indivíduos. É com o vínculo que se estabelece que tipo de funcionamento que nós vamos ter um com o outro.

De acordo com Vieira (2021, p. 29):

> A forma como você educa seu filho está diretamente ligada ao adulto que ele se tornará. A comunicação verbal e não verbal, e tudo aquilo que ele vê, escuta, sente e pensa na infância, o tornarão um adulto feliz e forte emocionalmente, ou não.

E como podemos formar os vínculos? O primeiro vínculo estabelecido do indivíduo é o vínculo com a mãe, é o vínculo que apresenta a criança para o mundo. É a partir desse vínculo que surge a possibilidade de vínculos com as outras pessoas. O vínculo seguro para o bebê é fundamental para ele se sentir amado, amparado, e com isso ele sente que não falta nada a mais para ele do que precisa. Essa formação de vínculo seguro o ajudará em toda sua vida.

Outro vínculo importante para o bebê é com o pai, de acordo com Mahler (1993, p. 68, *apud* BENCZIK, 2011):

> É reconhecido como importante o papel do pai no desenvolvimento da criança e a interação entre pai e filho é um dos fatores decisivos para o desenvolvimento cognitivo e social, facilitando a capacidade de aprendizagem e a integração da criança na comunidade.

Ainda de acordo com Bowlby (1984, p. 72, *apud* BENCZIK, 2011):

> Se uma pessoa teve a sorte de crescer em um bom lar comum, ao lado de pais afetivos dos quais pôde contar com apoio incondicional, conforto e proteção, consegue desenvolver estruturas psíquicas suficientemente fortes e seguras para enfrentar as dificuldades da vida cotidiana.

Se o indivíduo está seguro, ele se vincula bem com os demais, se relacionará bem com as outras pessoas. Caso contrário, esse vínculo não se sustenta, esse relacionamento dura pouco.

Segundo Vieira (2021, p. 17), ao longo da vida passamos pelas mais diversas experiências, colecionando momentos que podem ser classificados como felizes, tristes e triviais.

Ainda segundo os mesmos autores (2021, p. 17), todos esses momentos são transformados em memórias e armazenados em nossa mente.

Um vínculo fortalecido cria boas memórias nos nossos filhos, e quando isso ocorre, quando se tem uma base emocional forte, conseguimos direcionar nossos filhos a um caminho para a vida plena. Um vínculo fortalecido entre pais e filhos gera confiança e traz segurança para a criança.

Um indivíduo emocionalmente equilibrado suportará melhor as adversidades do dia a dia. É sabido que o dia a dia, a vida em sociedade não é fácil, que não teremos tudo que queremos, mas, se formos pais presentes, que ouvem seus filhos, que conversam com eles, que dão atenção às crianças, isso com certeza os ajudará a serem pessoas melhores, com discernimento entre o certo e o errado, sabendo tomar as melhores escolhas.

Uma das necessidades básicas da criança é a segurança, se sentir segura, e através do vínculo afetivo podemos atender a essa necessidade da criança.

A relação dos pais com os filhos e a estabilidade da casa, quando falamos da emoção, de quão estável emocionalmente essa casa está, ajuda a criança na criação e o fortalecimento do vínculo afetivo.

A criança precisa sentir que faz parte daquela família, precisa se sentir ouvida, precisa do apego, precisa ser compreendida, considerada e, claro, amada. Quanto mais fortalecido o vínculo afetivo, mais a criança se sente pertencente, segura e aceita. E uma criança segura, provavelmente se tornará um adulto igualmente seguro de si, capaz de amar e de ser amado.

De acordo com Oliveira (2013, p. 95), de fato, todos precisamos ser amados, pois essa é uma necessidade básica.

Segundo Vieira (2021, p. 84), a qualidade da interação familiar que se estabelece sobretudo durante os primeiros anos de vida da criança possui grande impacto em quem ela é e em quem poderá se tornar.

Ainda segundo o, mesmos autores (2021, p. 27), é essencial ter memórias positivas desde a infância para a formação de crenças fortalecedoras em um indivíduo.

A conexão com seu filho levará a ter vínculo com ele, e quanto mais conexão, mais forte será o vínculo. Quanto mais tempo você passa com seu filho, quanto mais qualidade tiver nesse tempo, mais conexão você cria com ele e mais vínculos vocês terão.

As atitudes simples podem fazer toda a diferença principalmente quando falamos em construção de vínculos.

Os vínculos desenvolvidos na primeira infância podem pautar as relações sociais futuras, por isso é que o modo como os relacionamentos se formam na primeira infância são tão importantes. A negligência nessa fase do desenvolvimento e do bem-estar da criança pode ser altamente prejudicial. A criança precisa de um ambiente amoroso e acolhedor, e interagir com outros adultos atenciosos.

Os vínculos positivos e fortes devem começar na infância, que deve ser construída com base nas relações com os adultos de referência durante os primeiros anos de vida.

A família como um todo é importante no desenvolvimento das crianças. Pai e mãe são fundamentais, mas os avós, os tios e primos também são importantes na criação de vínculos afetivos e sociais. A família é a nossa primeira rede de relacionamentos, e de certa forma nos formará para viver em sociedade.

Uma família presente ajuda no desenvolvimento cognitivo, afetivo e social da criança. Ali ela aprende que nem tudo que ela quer, ela pode. Aprende também que nem tudo que é bom para ela, pode ser bom para o outro.

Na família, a criança aprende a respeitar o espaço do outro, os limites. A família é uma minicomunidade. É na família que a criança verá o que pode acontecer do lado de fora, quando sair de casa. Por isso que é importante uma família presente, unida e atenta às necessidades da criança.

Quanto mais segura a criança se sentir, mais ela vai querer explorar o mundo ao seu redor. Quando a criança tem, desde os primeiros anos de vida, essa segurança, esse ambiente favorável, mais elevada serão suas competências cognitivas, a sua regulação emocional, o seu funcionamento socioemocional e os seus resultados permanecerão em longo prazo. Toda essa evolução é baseada na família.

Por isso é que a rede de apoio é importante, seja ela a família, os amigos e/ou os cuidadores. Esse apoio emocional e social é fundamental e interfere na qualidade das relações que as crianças recebem. Esse é um trabalho feito a muitas mãos.

A qualidade do ambiente inicial de uma criança e a disponibilidade, a experiência e os estímulos apropriados a cada fase são importantes para o desenvolvimento de todo o potencial da criança, pois estabelece a base do aprendizado.

O que nos torna indivíduos fortes e equilibrados são as nossas relações de respeito, afeto e carinho com o outro. Devemos então participar de forma consciente e ativa na educação, no desenvolvimento dos vínculos de nossas crianças.

Já falamos sobre a conexão com nossos filhos, e essa conexão deve ser diária, seja ela com as crianças ou com os filhos adolescentes. Precisamos garantir diariamente experiências positivas, para com isso formar vínculos fortes, positivos e duradouros. Devemos refletir todos os dias sobre como está nossa relação com nossos filhos e como podemos melhorar. Precisamos estar presentes na vida dos nossos filhos, precisamos dedicar tempo, atenção e afeto. E só assim construiremos indivíduos fortes e preparados para a vida em sociedade.

Na adolescência, o jovem precisa de muita atenção, pois agora ele já não depende tanto dos pais para tomar certas decisões e ainda pode ter ajuda externa para isso. Precisamos estar atentos a tudo a que o adolescente tem acesso.

De acordo com Vieira (2021, p. 153):

> O filho que antes aceitava as regras, os costumes e os valores da família começa agora a questioná-los. Recusa-se a usar as antigas roupas e o estilo de outrora parece não lhe agradar mais. Fecha-se no quarto, quer sair sozinho com os amigos. Agora é ele quem escolhe se quer estar com você.

Se esse adolescente, na sua infância, teve os vínculos fortalecidos, poderá ser mais fácil na sua adolescência ele construir vínculos externos positivos, mas, se não teve na sua infância esses vínculos positivos com os pais e familiares, será mais difícil criar vínculos saudáveis com outras pessoas.

Segundo Oliveira (2013, p. 93):

> Quando nos sentimos carentes, é comum embarcarmos em relacionamentos confusos, pois buscaremos no outro o amor que não conseguimos desenvolver para sustento pessoal. Quanto mais carentes, menos gostamos de nós e mais desesperada será a busca pelo outro para preencher a nossa vida.

É importante ressaltar que não existe espaço vazio na atenção ao seu filho, na educação dele; acredite, se você não dá atenção ao seu filho, ele encontrará alguém que dará e esse alguém pode ser um contato positivo ou negativo, que poderá levar seu filho a fazer coisas boas ou não. Nos dias atuais, muitos filhos estão sendo criados pela rede mundial de computadores e isso dá margem a muita gente ruim, que não tem boas intenções, a aproveitar esse espaço e atrair crianças e jovens.

Segundo Vilela (2019), ter um filho adolescente é ter atenção redobrada. Ao contrário do que fazem os pais, não é se afastar, mas sim criar mais intimidade através de um forte sentido de pertencimento à família.

A todo momento, surgem coisas novas na Internet nas redes sociais, e nem sempre são iniciativas positivas; por isso, os pais precisam estar atentos ao que seus filhos procuram nessas redes.

De acordo com Vieira (2021, p. 158), entender que os filhos ainda estão em processo de maturação reforça a importância de nossa presença, paciência e auxílio neste momento da vida.

O dia a dia dos pais não é fácil, sabemos que os afazeres diários, as obrigações, não nos deixam muitas vezes com tempo para a família; mas é preciso estar atento aos sinais que nossos filhos nos passam. As vezes, até o silêncio deles é uma forma de nos falar que algo não está bem.

Segundo Vilela (2019):

> A atenção nessa fase será diferente das fases anteriores, que podia ser mais física, com abraços e beijos. Agora o carinho dos pais deve ser expressado na atenção e na empatia, mostrando ao filho que você compreende o que está acontecendo naquela fase da vida dele e que não é indiferente a esse momento.

Como pais, precisamos perceber os sinais e se possível conversar mais, passar mais tempo com os filhos, e que esse tempo possa ser de fato um tempo de qualidade, de conexão, de amor, e tudo isso interligado criará vínculos, fortalecerá os relacionamentos e desenvolverá pessoas capazes de tomar as melhores decisões no futuro.

Para Oliveira (2013, p. 92), a carência de afeto pode ser definida como um processo de "anorexia emocional" ou de desnutrição de alimento essencial para a saúde mental.

Os vínculos positivos precisam ser fortalecidos da mesma forma com que nos preocupamos em dar alimentação, água e proporcionar um bom tempo de sono para as crianças. Um vínculo positivo é vital para o seu desenvolvimento. A criança precisa se sentir ouvida, precisa ser compreendida e precisa ser considerada.

Muito ainda precisa ser estudado sobre a importância do vínculo na vida das crianças e dos adolescentes. Mas, com este texto, é possível perceber que o impacto das relações entre pais e filhos é vital para o bom desenvolvimento de indivíduos fortes e equilibrados.

Referências

BENCZIK, E. B. P. A importância da figura paterna para o desenvolvimento infantil. *Rev. psicopedag.*, São Paulo, v. 28, n. 85, p. 67-75, 2011. Disponível em: <http://pepsic.bvsalud.org/scielo.php?script=sci_arttext&pid=S0103-84862011000100007>. Acesso em: 8 dez. de 2021.

DUFAUX, E. *Emoções que curam: culpa, raiva e medo como forças de libertação*. Psicografado por Wanderley Oliveira. São Paulo: Dufaux, 2013.

VIEIRA, P.; BRAGA, S. *Educar, amar e dar limites: os princípios para criar filhos vitoriosos*. São Paulo: Gente, 2021.

VIEIRA, P.; BRAGA, S.; TÁVORA, V. V. *Decifre e fortaleça seu filho: tudo o que você precisa saber para entender o seu filho e prepará-lo para o sucesso*. São Paulo: Gente, 2021.

VILELA, J. *O papel crucial dos pais na adolescência dos filhos*. São Paulo, 04 jun. 2019. Disponível em: <https://jacquelinevilela.com.br/o-papel-crucial-dos-pais-na-adolescencia-dos-filhos/>. Acesso em: 9 dez. de 2021.

INFÂNCIA SUBJUGADA
INFLUÊNCIA DA PARENTALIDADE NA EDUCAÇÃO DOS FILHOS

A essência do que somos é a alma da criança que fomos. Neste capítulo, abordaremos a forma como a educação que recebemos dos nossos pais reflete na forma com que educamos nossos filhos. Educar não é um ato instintivo. Educar é ensinar princípios e valores, é ser exemplo, ser o espelho que refletirá a imagem no seu filho. E, para isso, é necessário nosso autoconhecimento e entendimento do outro, ou seja, entendermos como é o funcionamento da criança que está sob nossa responsabilidade.

ZENIR PELIZZARO

Zenir Pelizzaro

Contatos
zenirpelizzaro.com
zenir.psy@gmail.com
Instagram: @zenirpelizzaropsicologa
54 99616 0209

Psicóloga graduada pelo Centro Universitário da Serra Gaúcha – FSG, com ênfase em Saúde e Educação. Pós-graduada em Psicopedagogia Clínica e Institucional pela Universidade de Caxias do Sul – UCS, em Psicologia Social pela FAVENI e em Psicologia Positiva, Ciência do Bem-Estar e Autorrealização pela PUC-RS. Graduada em Administração com habilitação em Recursos Humanos pelo CNECBG. Certificada em Clínica do Paciente Adolescente. Especializanda em Psicoterapia Positiva Clínica pela FASURGS. Formação integral em Educação Parental Positiva. Coautora do livro *Primeira infância – O que os pais precisam saber sobre a fase que é o alicerce da vida*. Atua na área clínica, como psicóloga, com adolescentes e adultos, e orientação a pais. Atendimento presencial e on-line.

> *É na educação dos filhos que se revelam as virtudes dos pais.*
> COELHO NETO

A maternidade e paternidade são, ou deveriam ser, um capítulo muito especial na história de vida do adulto. Contudo, sabemos que nem sempre o nascimento de uma criança é um evento tão positivo, coroado de momentos sublimes, encantamento e magia. Há que se entender o histórico parental incutido nesses pais, que muitas vezes trazem na sua bagagem e em seu histórico cultural o peso de uma infância assinalada por punições severas e traumas, entre outras coisas.

A educação dos filhos é um tema de extrema relevância na vida dos pais, gerando muitos anseios, angústia e insegurança. Não é novidade que os pais sempre se preocuparam em dar uma boa educação aos seus filhos, porém, no passado, educar era sinônimo de punir, castigar, civilizar. Atualmente, a educação está intrinsecamente atrelada à capacidade de desenvolvimento cognitivo e intelectual, baseando-se em uma postura firme e empática. Portanto, o ponto de partida é sempre nossa origem, ou seja, a família é o nosso alicerce, onde aprendemos a amar, respeitar, confiar, nos relacionar. É na dinâmica familiar que reina o nosso lugar de pertencimento, de existência, constituição e relação social. É no seio da família que aprendemos sobre valores, crenças e comportamentos saudáveis, positivos, toleráveis, aceitáveis ou não.

Embora o contexto familiar tenha passado por diversas mudanças no decorrer do tempo, é inegável que este ainda guarde em seu núcleo a responsabilidade de formação socioemocional dos filhos em sua tutela. Constituir filhos emocionalmente saudáveis requer um mergulho sob as camadas do autoconhecimento, isto é, se faz necessário um encontro com o seu interior, uma vivência com as suas experiências inter e intrapessoal. A infância é a etapa da vida na qual alicerçamos as bases de tudo o que virá posteriormente. É um período mágico, em que construímos memórias cheias de significado que irão perdurar por toda a nossa existência. Mas também pode ser um período de construções frágeis, fragmentadas, dependendo dos elementos empregados nessa estrutura. Como pais, desejamos construir relacionamentos afetuosos, duradouros e cheio de bons significados com nossos filhos. Para isso, é fundamental conhecer e entender a interconexão existente com nossos pais, compreender que emoções construímos nessa relação.

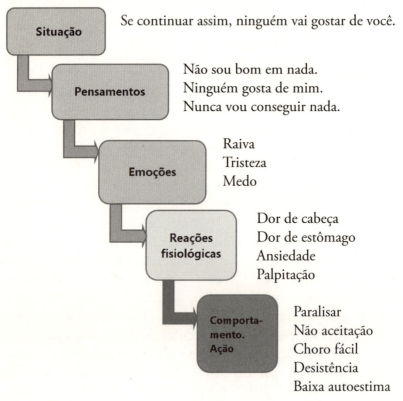

Figura 1: Esquema representativo do comportamento emocional, a partir de uma fala impensada e generalista.

Engana-se quem pensa que a infância é uma etapa da vida que fica para trás, ou seja, que está desassociada da vida adulta. A infância é um ciclo que volta, se renova, se ativa. Quando nos tornamos adultos, ouvimos os ecos da criança que fomos ressoando em nós durante toda a nossa existência. Ao tornarmo-nos pais, nos posicionamos em um lugar de "suposto" saber, como aqueles que têm sabedoria, vivência, experiência, que se encontram de posse de conhecimento o bastante para transferir, ensinar, educar e direcionar aquele sujeito que acaba de chegar. E, muitas vezes, nos fechamos à possibilidade de escutar, de enxergar, observar, entender. Construímos muros, ao invés de pontes. Se desejamos formar filhos emocionalmente saudáveis e seguros, devemos nos abastecer de amor... muito amor. Nos munir de autoconhecimento, nos despir de pré-conceitos, abastecer nosso repertório dialógico com regras e limites claros e consistentes. A essa altura você deve estar pensando: "Mas o que isso tudo tem a ver a educação do meu filho?". Te contarei a seguir um pouco mais acerca do reflexo da educação que você recebeu sobre a educação do seu filho.

Educação emocional dos filhos: meus pais *versus* seus pais

Quando nasce um filho, nasce também um pai e uma mãe. A chegada desse filho confere aos novos pais uma importante missão: a de cuidar, nutrir, proteger e formar essa pessoa. Percebe que aí recebemos uma grande responsabilidade? E qual é, e até onde vai nossa responsabilidade como pais? Ser pai e mãe é uma missão sublime! Mas é também uma decisão, uma escolha. Assim como outras coisas na nossa vida, decidimos se queremos, se fazemos, e escolhemos como, quando, por quê...! E, levando em conta que toda escolha e decisão deve ou deveria ser pensada, planejada, desejada, você deve estar se perguntando: "Como assim?". Calma! Vou explicar. Quando decidimos por algo e temos plena consciência e clareza de que aquilo que virá para nossa vida é importante e fará uma diferença positiva, nos preparamos para receber e dar o nosso melhor.

O que quero dizer com isso é que ter um filho é uma escolha ou decisão nossa, seja consciente ou inconsciente. Mas não nos tornamos pais por acaso. Embora saibamos que existe uma pressão social na decisão de ter ou não um filho, a escolha ainda permanece com você. Destaco aqui a importância de se entender a diferença entre ser mãe, pai e maternar, paternar. Tornar-se mãe é a escolha que faço em gerar, gestar, conceber um filho. Maternar envolve doação, cuidado, amor, dedicação, educação e formação desse ser, até que tenha condições físicas e psicológicas de se tornar independente e autônomo.

Uma parcela importante da população dirá que recebeu todo esse conjunto de cuidados essenciais para o desenvolvimento e sobrevivência humana. Não discordarei jamais de você. Mas abro espaço para uma reflexão: você acredita que recebeu amor, cuidado, respeito, carinho, afeto e tantos outros, para se desenvolver emocionalmente saudável e com habilidades de se relacionar positivamente com outras pessoas? Ok, vamos imaginar que você entenda que sim.

Pergunto a você: hoje, como pai ou mãe, como percebe sua relação com seu filho? Tem uma relação saudável, positiva, com base no diálogo, na confiança, respeito, troca, afeto mútuos? Sinceramente! Eu estou aqui torcendo muito para que você diga que sim, que a resposta para essa questão seja positiva.

A provocação tecida acima tem o intuito de entendermos como a estrutura alicerçada em nós, através dos ensinamentos recebidos dos nossos pais, pode afetar o modo como nos relacionamos com nossos filhos hoje. Sabemos que educar filhos é uma tarefa no mínimo desafiadora, e por que não dizer provocativa? É, isso mesmo! Educar, ensinar, formar, seja lá o nome que queira definir, tudo te desacomoda, te instiga, tira da zona de conforto, te sacode, te põe em lugares onde não queria ou não imaginava estar. Por outro lado, essa função também te proporciona momentos lindíssimos, te oportuniza viver e ser quem e/ou aquilo que não se imaginava capaz, ou até já tinha desistido. Te faz chorar e sorrir. Te intimida diante de muitas circunstâncias, mas te tira do casulo, quase que a fórceps. Às vezes, te joga no chão como que com a força de um furacão e te coloca em pé como o toque de uma pluma, suave como a brisa. E é nesse ritmo desenfreado, entre dar com a testa no muro e receber um afago, que nos perdemos como pais.

Sim, nos perdemos na desafiante missão de sermos, por ora, formadores, educadores, mas também aprendizes. Ensinar, transmitir conhecimento, instruir envolve também escutar, observar, entender o outro. É isso mesmo. Quando assumimos a função de pai ou mãe, é imprescindível nos posicionarmos na condição de "ensinantes", mas também de "aprendentes". Nesse momento, irá acontecer uma interferência dos ensinamentos que recebemos no papel de filho, com os ensinamentos que estamos repassando como pai ou mãe. E é importante estarmos atentos ao modo, a como e ao que estamos transmitindo ao nosso filho. Às vezes nos deparamos com reações ou atitudes dos nossos filhos diante de alguma ordem ou ensinamento que nos tira do prumo, e é exatamente essa "re-ação" que deve nos colocar na poltrona da reflexão. Como assim? É isso mesmo que você está imaginando. Os pais não colocam os filhos na cadeira do pensamento quando estes "desobedecem" a uma ordem? Pois bem, enquanto pais – mas não somente, porque também ocupamos um lugar de filhos e aprendizes, e consequentemente erramos, falhamos –, nos perdemos nessa nobre missão de "ensinar". Por algum momento, precisamos nos recolher desse papel de "ensinantes" em tempo integral e nos sentarmos na nossa poltrona para pensar, refletir sobre os valores aprendidos na nossa infância. Quais foram os ensinamentos que recebemos dos nossos pais, de que forma nos foram transmitidos? Será que a conduta utilizada naquela época pelos nossos pais ainda está valendo 100% hoje? Atualmente, na condição de adulto e ocupando o papel de pai ou mãe, aprovamos totalmente o modo como nos transmitiram os ensinamentos que nos tornariam uma pessoa íntegra?

Nesse ponto, enfatizo a importância de nos conhecermos, de fazermos um mergulho para o nosso interior, conhecermos bem de perto a nossa criança. Ao encontrarmos a nossa criança, estendermos a mão a ela, olharmos bem no fundo dos seus olhos, a abraçarmos suavemente como em um afago, ao mesmo tempo a apertamos como em um gesto de amparo. E, então conhecendo verdadeiramente a nossa criança interior, ou melhor, a criança que fomos um dia, mas que permanece viva e atuante no nosso inconsciente, mudará nosso foco da versão "ensinante", detentor do conhecimento, vestindo-nos de humildade e guiando-nos para o caminho da aprendizagem. Nesse momento, deixaremos de ser filhos, somente filhos, e verdadeiramente assumimos o nosso papel como pais. Agora sim, convido você a olhar para dentro de si, à sua volta e todos os lados que quiser e, então, finalmente vista-se de pai ou mãe, mas não com aquele modelo que sempre carregou como único e verdadeiro. Coloque a sua roupa de pai ou mãe posicionando-se a partir dos modelos recebidos e conhecidos, jamais esquecendo seus valores, princípios, raízes – tudo aquilo tornou você quem você é hoje. Mas use somente o que serve para esse momento da vida, filtre e deixe para trás tudo aquilo que se tornou obsoleto.

Equilibrando razão e emoção: os pais como modelo para os filhos

Educar um filho emocionalmente equilibrado é, de fato, uma tarefa complexa e desafiadora. Já que educar não é instintivo, como pais e mães desenvolvem essa habilidade tão importante na constituição do ser humano? Talvez essa comunicação ocorra por osmose! Ou quem sabe por telepatia? Bem, seja qual for o modo que desenvolvemos para ensinar, educar o filho que acabamos de receber no colo, é imprescindível entendermos que tudo passa por nós pais. E, ao passar pelo nosso crivo materno/paterno, assumimos a responsabilidade de lapidar uma joia brilhante ou apenas deixarmos a pedra bruta ainda mais áspera. Refiro-me a aprendermos a equilibrar nossa razão e emoção de acordo com as circunstâncias que surgirem. Como pais, sabemos o quão desafiador é mantermos o equilíbrio diante de muitas incongruências, ainda mais intensa agora com a tecnologia digital.

A ciência nos mostra que temos um lado do cérebro responsável pela emoção e o outro responsável pela razão de modo a sustentar essa tese, creio que, como pais, temos ou podemos desenvolver condições de equilibrar esses dois hemisférios para atuar na formação educacional dos filhos. Como? Iniciando pelo nosso autoconhecimento, reconhecendo nossas emoções, nossas forças e fragilidades e aprendendo ajustá-las. Isso pode ser bastante difícil de ser praticado diante de tantos afazeres diários, tantos compromissos a serem atendidos, mas é fundamental para o desenvolvimento de uma educação emocional saudável do futuro adulto.